贵州师范大学法学文库

GUIZHOU SHIFAN DAXUE FAXUE WENKU

纪检监察学研究

李运才　主编

厦门大学出版社　国家一级出版社
XIAMEN UNIVERSITY PRESS　全国百佳图书出版单位

图书在版编目（CIP）数据

纪检监察学研究 / 李运才主编. -- 厦门 ：厦门大
学出版社，2025. 5. -- ISBN 978-7-5615-9736-1

Ⅰ. D262.6

中国国家版本馆 CIP 数据核字第 2025NM1706 号

责任编辑　甘世恒
封面设计　李嘉彬
美术编辑　蒋卓群
技术编辑　许克华

出版发行　厦门大学出版社
社　　　址　厦门市软件园二期望海路 39 号
邮政编码　361008
总　　　机　0592-2181111　0592-2181406(传真)
营销中心　0592-2184458　0592-2181365
网　　　址　http://www.xmupress.com
邮　　　箱　xmup@xmupress.com
印　　　刷　厦门集大印刷有限公司

开本　720 mm×1 020 mm　1/16
印张　20.25
插页　2
字数　300 千字
版次　2025 年 5 月第 1 版
印次　2025 年 5 月第 1 次印刷
定价　85.00 元

厦门大学出版社
微信二维码

厦门大学出版社
微博二维码

前　言

　　推动纪检监察学科建设，是落实习近平总书记关于党的自我革命的重要思想和全面从严治党重要论述的现实需要，也是加快培养纪检监察人才、繁荣纪检监察学术研究的迫切需要。2022 年 9 月，国务院学位委员会发布《研究生教育学科专业目录（2022 年）》，正式将纪检监察学设立为法学门类下的一级学科，标志着我国纪检监察工作的理论研究和实践探索进入了新的发展阶段。2023 年 2 月，中共中央办公厅、国务院办公厅印发《关于加强新时代法学教育和法学理论研究的意见》明确提出，"坚持依法治国和依规治党有机统一，加强纪检监察学、党内法规学学科建设"。

　　作为一项开创性事业，纪检监察学科建设刚刚起步，首要任务和基础性工作就是坚持以习近平新时代中国特色社会主义思想为指导，推动纪检监察理论研究走深走实走细，形成相对独立、自成体系的纪检监察学理论体系、知识基础和研究方法，构建中国自主的纪检监察学知识体系。但是，正如中国纪检监察协会纪检监察学科建设分会副会长兼秘书长常保国教授指出的，纪检监察学科建设总体还处于初创阶段，存在学科建设目标和路径不清晰，教材、课程和师资队伍的质量有待提升，理论研究和实务部门共同推进学科建设的工作机制还不健全等问题。本书以"纪检监察学研究"为题，旨在为纪检监察学科建设交流提供平台，打造创新交流、探索争鸣的学术园地，推动纪检监察学达成广泛的共识和学术影响力。

　　国务院学位委员会第八届学科评议组、全国专业学位研究生教育指导委员会编修的《研究生教育学科专业简介及其学位基本要求（试行版）》指出，纪检监察学一级学科主要设置纪检监察理论、党的纪律学、监察法学、廉政学等 4 个二级学科。基于学科建设的需要和特点，本书设置纪检监察学科建设、纪检监察理论、党的纪律学、监察法学、廉政学等 5 个版块，重点征集纪检监察学科建设的一般性理论，纪检监察基本原理与发展规律，党的纪律、监察法律法规的原理与实践，党风廉政建设与反腐败的对策分析等前沿性研究成果，经授权同意汇集成册，以期助力推进纪检监察学学科建设高质量发展。需要特别说明的是，本论文集收录的文章均是专家学者对相关问题思考探究的成果，更多聚焦学术研究，希望读者朋友客观对待。

本书的出版获得贵州省高校人文社会科学研究基地项目的资助，得到厦门大学出版社领导的关心支持，得益于责任编辑甘世恒的认真编辑。衷心感谢各位领导、专家、学者的鼎力支持和辛勤付出！

李运才

2025 年 2 月

目　录

一、纪检监察学科建设

二、纪检监察理论

三、党的纪律学

四、监察法学

五、廉政学

一 | 纪检监察
学科建设

纪检监察学学科发展：历程回顾、理论分析与对策建议 *

任建明 **

2022 年 9 月 13 日，国务院学位委员会、教育部联合发布《研究生教育学科专业目录（2022 年）》。在该目录中，纪检监察学成为一级学科，廉政学是其下的二级学科。纪检监察学尤其是廉政学设立为正式学科，不仅在中国，就是从全世界来看，都是一件开天辟地的大事件。考古发现腐败现象已经存在了 3000 多年时间。自中国秦王朝正式建立御史大夫制度、监察权力与反腐败起算，人类正式反腐败也已经有 2000 多年的历史。基于腐败的顽固性，未来人类或许还要持续反腐败数千年。可是，这样一项复杂的、长期的、有很多人从事的重要工作，迄今为止却还没有成为一个正式专业，没有专门的学科予以支撑，全世界都如此。可见，中国的率先之为必定影响深远。纪检监察学、廉政学被设立为正式学科，并不意味着接下来的学科建设就是一条坦途。这么说至少有两个方面的原因：一是学科设置本身还存在一些值得商榷的问题；二是在学科建设过程中，大概率还会出现这样那样的偏差或失误。因此，为了未来的学科建设与发展能够少一些波折，多一些顺畅，未雨绸缪地进行一些分析，提出前瞻性的建议，是十分必要的。

一、纪检监察学学科发展历程回顾

在探讨未来的学科建设之前，回顾本学科的发展历史是十分必要的。2022 年 9 月 13 日只是纪检监察学学科发展进程中的一个标志性的时间节

---

* 本文发表于《广州大学学报（社会科学版）》2023 年第 6 期。
** 任建明，北京航空航天大学教授，博士生导师，主要从事廉政建设、政府管理研究。

点，但设立为正式学科显然不可能是一天完成的。本学科发展的历史起点至少要前移到 2000 年。基于主要事件及特征，可将这 20 多年的发展历程大致划分为三个阶段。

第一阶段，2000—2012 年，主要事件是一些高校先后成立专门的廉政研究机构。2000 年 10 月，清华大学率先成立了廉政研究机构，自 2001 年开始招收多学科博士后，出站约 30 人。自 2007 年起，高校成立廉政研究机构的速度加快，这些研究机构分别依托不同的学科如管理学、政治学、法学等。据 2010 年前后的一次统计，全国有超过 100 所高校成立了廉政研究机构。这些机构开展理论与政策研究，举办学术会议或论坛，通过官方或民间平台开展交流，个别高校开设了廉洁教育课程等。这一阶段还有两个重要事件。一是中央纪委、监察部于 2010 年 10 月成立中国纪检监察学院。在学院成立初期，曾计划与两三所高校联合培养硕士研究生，生源主要面向在职纪检监察干部并准备积极参与和推动学科建设。遗憾的是，2012 年换届后随着反腐败工作重点的调整，这些计划都未能实施，学院甚至退回到了原先的培训中心的办学模式。二是廉政学会的成立。2009 年 8 月，依托近 20 所高校的廉政研究机构，成立了中国廉政研究与教育学会，2013 年更名为中国管理现代化研究会廉政建设与治理研究专业委员会（简称廉政学会）。虽然全国先后成立了约 5 家国家级同类学会，但廉政学会几乎是唯一一个持续致力于研究与教育活动的学术共同体，且一直是廉政学科发展的积极推动者。

第二阶段，2013—2020 年，主要事件是出现了自主学科建设活动，一些高校开始设立目录外二级学科或交叉学科，开展研究生教育。例如，清华大学、北京大学、北京航空航天大学等高校先后在公共管理一级学科博士点设廉政方向，培养博士生。湖南大学 2013 年设立目录外廉政学交叉学科、廉政法学二级学科，培养博士生。中国政法大学 2014 年开始在政治学一级学科下设目录外纪检监察学二级学科，2018 年调整为国家监察学交叉学科，培养博士和硕士研究生。西南政法大学 2018 年开始招收培养监察法专业硕士、博士研究生。

第三阶段，2021—2022 年，主要事件是正式学科设立被提上日程并如期完成。2021 年 1 月，国家学位管理部门正式启动了纪检监察学一级学科的设置论证，计划于当年 6 月底前完成论证工作。该学科专家论证组成员构成比较特殊，包括 7 位专家学者和 7 位实务干部。

2021 年 6 月 1 日，大学科组（第六组）召开增设纪检监察学一级学科专题论证会，与会专家高度一致地通过了学科增设决议。2022 年 6 月，国务院学位委员会会议批准了相关学科增设方案。2022 年 9 月 13 日，新版学科目录发布，自 2023 年起实施。该阶段还发生了一些高校成立相关学院，以及开设本科专业或设立博士点等重要学科建设事件。例如，江苏大学 2022 年 2 月依托法学院成立了纪检监察学院。截至 2022 年 11 月，已成立纪检监察等学院的高校还有云南民族大学、西北政法大学、海南大学、湖南科技大学、四川师范大学、福建师范大学等。其中，四川师范大学纪检监察学院成立于 2022 年 4 月，是一所独立的、专门的学院，规划专职教师编制 30 人，3 年内基本完成师资队伍建设。2022 年 8 月，清华大学成立纪检监察研究院，依托公共管理学院，由马克思主义学院、法学院、社会科学学院等参与建设。2022 年 10 月 12 日，中国人民大学召开自主审核新增纪检监察一级学科博士学位授权论证会，与会专家通过了相关论证。该校的学科建设工作由法学院牵头，马克思主义学院、公共管理学院、国际关系学院共建。2022 年 2 月，内蒙古大学获批增设纪检监察本科专业（030108TK），2022 年 9 月，首届共招收 45 名学生，依托法学、马克思主义理论、政治学、行政管理学等学科进行培养。2022 年 8 月 8 日—9 月 7 日，其他 16 所高校增设纪检监察本科专业申报材料被公示。①

需要说明的是，上述阶段划分并不是特别严格，部分重要事件可能出现在两个阶段。例如，一些高校在 2013 年以前就开始了人才培养工作。又如，在第三阶段之前，源于党的纪检体制、国家监察体制改革等因素，个别高校就成立了名称不同的学院：湖南大学 2020 年 7 月依托法学院成立纪检

---

① 《2022 年度普通高等学校本科专业申报材料公示》，https://zwfw.moe.gov.cn/dynamicDetail?id=1552476756538032139 & title=1，最后访问日期：2022 年 8 月 20 日。

监察学院，西南政法大学 2018 年 4 月依托行政法学院成立监察法学院，南京审计大学 2018 年 7 月成立监察学院，等等。

总之，在过去的 20 多年时间里，围绕学科建设发生了很多重要事件，都为纪检监察学、廉政学等成为正式学科作出了重要贡献。这些历史对未来的学科建设与发展也将发挥重要的影响，值得重视。

二、纪检监察学学科的定位与特点分析

针对纪检监察学学科的学理分析，是设立及建设该学科的基础性工作，我们主要从以下两个方面进行分析。

（一）凝练学科的思路与学科名称

在凝练纪检监察相关学科方面，主要有部门和学理两个视角。无论是哪个视角，都应当进行一定程度的提炼。部门视角就是要对相关部门的主要职能、任务进行一定程度的概括；学理视角则是要明确学科研究的对象与问题。

与纪检监察学学科对应的一个主要部门就是党政机关中的纪检监察机关。作为党和国家的专责监督机关，纪检监察机关的基本职能就是监督。根据现行法规，纪检监察机关的监督对象是党员和公职人员。从行为角度来看，监督党员是否很好地遵守了党的纪律，包括政治、组织、廉洁、群众、工作、生活等六项纪律；监督公职人员是否正确行使了公权力，具体包括是否发生了公权私用或腐败行为，是否有失职、渎职等乱作为，以及是否不作为等（《监察法》第 11 条）。纪检监察机关的工作任务主要有三类：反腐败，重点是公职人员的腐败；作风建设，主要对象是党政领导干部；为党和政府重大决策部署执行提供监督保障，近几年如脱贫攻坚、疫情防控等。

基于部门视角的分析或提炼，可能的学科名称主要有三个：廉政学、监督学、纪检监察学。专家建议过的相关学科名称也主要是这三个。[①] 从学理视角来看，这三个学科名称对应的研究对象或问题还是存在很大的差异的。

---

① 任建明：《廉政学科及其发展路径研究》，载《北京航空航天大学学报（社会科学版）》2015 年第 2 期。

廉政学研究的对象是腐败，核心问题是如何有效反腐败。监督学研究的对象是公权力，核心问题是如何有效监督公权力。相比而言，纪检监察学研究的对象和问题比较宽泛，只能粗略地说其研究的对象是纪检监察机关及制度，核心问题是纪检监察机关如何很好地履行其职能。

借用数学中的概念集合工具，将上述三个学科名称对应的研究对象和问题分别看作一个集合，则会发现，三者之间是两两部分重叠的关系（见图1）。

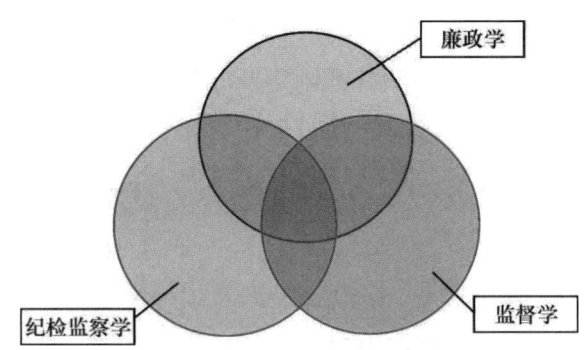

图1　不同学科名称研究对象及问题异同

有鉴于此，一级学科名称就必须要有所取舍。综合来看，选用廉政学这个名称是最好的，尽管在学科正式设立之初选择了纪检监察学。选择廉政学名称有以下两个理由：第一，研究对象明确且聚焦；第二，具有最大的包容性。前面介绍表明，在纪检监察机关三类任务中，反腐败是最重要的，腐败的危害性有多大，反腐败就有多重要。人类数千年的历史教训表明，决定政权生死存亡、国家治乱兴衰的根本因素是腐败。在纪检监察机关现有任务部署中，作风建设是单列的。尽管腐败和作风之间的关系比较复杂，但可粗略地把作风问题看作是轻微的腐败问题。从一些实践经验来看，只要能有效治理腐败问题，作风问题也就不存在了。例如，新加坡和中国香港地区都主要是反腐败，而没有怎么抓过作风建设，反腐败成功之后，中国内地领导干部的作风问题在他们那里基本上是没有的。政治学、经济学等领域的诸多研究表明，腐败是个权力现象，监督权力一直是反腐败的题中应有之义。从反腐败措施、工具角度来看，权力监督只是反腐败的一项措施。狭义的权力监督还有较大的局限性，要解决权力衍生的各种问题，权力配置、权力激励甚至是更为重要的措施。这说明，廉政学对监督学也有很好的包容性。

使用监督学名称看似研究对象和问题比较明确，但其实很宽泛，必须要予以限定。监督是一个广泛存在，监督主体多种多样，远不只是纪检监察这样的专责监督机关才有监督职能。例如，在党和国家的监督体系中，就包括众多监督主体，每个监督主体都负有监督权力和责任。又如，家长要监督未成年子女，老师要监督学生，上级要监督下级等。即便是讨论纪检监察监督，如前所述，也需要明确或限定监督的对象与行为。

选择纪检监察学这个名称问题可能更多。首先，研究的对象和问题比较宽泛、不够明确。其次，直接使用党政机关名称会带来另外一些问题。一方面，未来随着体制改革，党政机关的名称很可能会发生变化，学科名称要不要调整呢？从历史来看，党内监督机关和国家监督机关的名称都数次变更，党内监督机关名称也曾用过"监察"，如五大选举产生的"中央监察委员会"、1955年3月党的全国代表会议决定成立的中央和地方监察委员会。在前文中提及个别高校的学科名称与调整，其调整的主要根据就是党和国家机构改革以及机关名称的变更，此种调整的问题是显而易见的。如果各国、各地区都使用实务机构名称，相关学科在新加坡就变成"贪污调查学"，在中国香港地区则是"廉政公署学"，韩国则无所适从，因为其反贪机构与名称的变化过于频繁。从学理角度来看，学科在不同国家（地区）之间应当具有共通性和一致性。如果直接使用机构名称，无疑会变得十分混乱，不利于学科的交流互鉴。另一方面，既然依托纪检监察机关可设立学科，那其他党政机关是不是也可以或必要呢？如统战学、宣传学、组织学、发改学等，显然不应当是这样的。

需要说明的是，选择廉政学作为一级学科名称，只是沿用了一个惯用词，并不是说只有公权力才会引致腐败。事实上，任何委托权力都有可能引发腐败。腐败虽然由委托权力引发，但可能腐败的主体却要广泛得多，而不是只有权力的代理人。可能腐败的主体包括任何组织，以及凡是具备人的基本智力与行为能力的个体。使用廉政学名称，就像香港的反贪机构使用廉政公署名称一样，廉政公署自成立以来，其反腐败就坚持对香港社会全覆盖。内地的反腐败也应当实现对政府、企业和社会的全覆盖。当然，为了避免这样的误解，不妨换一个名称，如廉政学。

（二）学科的基本特点与客户类型

鉴于纪检监察学的研究对象和问题比较宽泛，短期内也难以达成共识，我们讨论学科基本特点时，就主要侧重于廉政学。廉政学有两大突出特点：一是跨学科，二是实践性。

廉政学的跨学科特点是由腐败和反腐败的特性决定的。腐败具有复杂性、隐蔽性、顽固性、危害性和传染性等特性，这也决定了反腐败具有复杂性、困难性、长期性和（政治）敏感性等特点。廉政学的跨学科特点主要体现在学科和实务两个方面。

从学科角度来看，腐败和反腐败需要多学科共同研究。传统上也正是如此，政治学、经济学、法学、管理学、社会学、历史学、心理学等学科都在研究。虽然有多个学科参与研究，但由于这些学科都有自己的研究对象和问题，因而对腐败和反腐败的研究就难以做到专门化，这正是为什么有必要设立专门学科研究廉政的根本原因。跨学科特点决定了该专门学科应当具有多学科交叉的特点。在国际学术界，跨学科和交叉学科在本质上是一样的，甚至术语都共用。跨学科特点决定了廉政学的学科归属，应当是交叉学科门类，而非单一学科门类。恰好我国自2021年年初增设了交叉学科门类。若将廉政学归属于任何单一学科门类都会制约其学科的发展，同时也只能授予单一学位。反之，归属于交叉学科门类十分有利于该学科的发展，相应的也可授予法学、管理学、经济学甚至工学等学位，从而有利于人才培养以及满足实务部门与教研机构的多专业人才需求。

在我国廉政学学科建设过程中，其跨学科特点的痕迹也随处可见。例如，湖南大学的廉政学，中国政法大学的国家监察学等一些目录外学科都是自主设置的交叉学科，分别由3～4个相关一级学科共同建设；中国人民大学在自主审核增设博士点时决定由4个学院共建，而这4个学院也都有自己对应的一级学科。从实务角度来看，无论是反腐败还是纪检监察工作，都需要多个学科或专业人才。关系密切的学科与专业包括政治学、法学、管理学（工商管理学、公共管理学、会计）、应用经济学、金融、公安学（侦查学、犯罪学）、教育学、工学（计算机科学与技术、软件工程）等。单一专业人才不可能胜任一个学科。香港的实践经验说明反腐败需要多种专业人才。香港廉政公署自成立之初起，就高度重视专业化。廉政公署 75% 的雇员走专业通道，共划分为三大或五大职系：廉政主任职系（细分为调查主任、防贪主任、廉政教育主任 3 个小类或子职系），廉政调查员职系，法证会计师职系。[①] 廉政主任职系是廉政公署所独有的。尽管廉政公署是全世界反贪机构专业化建设的样板，但从调查主任、防贪主任这个专业划分来看，还不够细致。从事不同部门、不同行业或领域的腐败调查或预防，除了腐败和反腐败专业知识以外，还必须具备与这些行业或领域有关的专业知识。反过来，就应当根据行业或领域，至少是大行业或领域，再细分调查主任、防贪主任的专业职系。

廉政学的强实践性特点很好理解。本学科具有广阔的实践应用场景，国家、企业、社会，任何具有一定规模的组织都需要开展廉政建设、廉洁管理或合规管理工作。相应的，就需要大量的实务专门人才或应用型专门人才。这些专门人才是要从事相关实务工作的，应当具备坚实的专业基础和较强的实践技能。相反，本学科虽然也需要学术人才，但需求量要小很多。基于跨学科特性，学术人才也应是多学科背景的。下文关于人才就业去向或客户分析、主要学位类型中的部分内容，针对专业硕士学位设立、专业硕士培养以及实务部门作用等的分析和建议，也都是廉政学强实践性特点的具体体现，此处不再重复。

本学科所培养人才的主要就业方向或客户可分为四大类。其中，应用型专门人才主要面向三大类客户：党政机关（或群团组织）中的纪检监察机关（从事纪检监察专业工作或领导管理工作）；国有企事业单位中的纪检监察机构；其他组织，主要是规模较大的民企、外企、社会组织等（从事廉

---

① 任建明、薛彤彤：《廉政公署专业化建设经验与启示》，载《河南社会科学》2021 年第 8 期。

洁合规管理专业工作或领导管理工作）。从学位类型来看，这三大类客户所需要的人才应当以专业硕士为主，当然也可能需要少量的本科甚至专科人才。学术人才的主要客户则是高校或科研机构——第四类客户，从事廉政学等学科的教学及科研工作，学位类型主要是学术博士。

廉政学学科的基本特点决定着本学科的主要学位类型：第一类是专业硕士，第二类是学术博士。专业硕士需求量很大，是最主要的类型。遗憾的是，在学科设立之初，并没有设专业硕士。根据客户的不同，可考虑设两种专业硕士学位：一是纪检监察专业硕士，生源和就业主要面向前两类客户；二是廉洁（或合规）管理专业硕士，生源和就业主要面向第三类客户。两类专业硕士应主要采用在职学习方式。从工作性质和专业要求来看，其实第二类客户和第三类客户更接近。由于体制和人员身份方面的特殊限定，才把前两类客户归并到一起。学术博士需求量很小，还容易饱和，其生源应当面向多学科的学术硕士或本科生，根据培养学科的不同，可授予法学、管理学、经济学等学术博士学位，就业主要面向第四类客户。

从各学科现有学位类型来看，有本科、学术硕士和专业博士。廉政学科是否设置这些学位类型，应当根据本学科特点和客户需要决定，而不能基于惯性思维，更不能盲目跟风。各高校在决定开办专门本科专业方面要非常慎重。第一，是否开办本科专业应当主要由学科性质决定，而不必与一级学科捆绑。如果是理论或基础学科，如数理化、文史哲等，通常必须办本科，如果大家都不办本科，研究生招生就会出现生源缺乏问题；如果是应用学科，如管理、工程等学科，就不一定要办本科；而如果是跨学科，甚至无法办本科。第二，就纪检监察学学科而言，其是典型的跨学科，纪检监察或反腐败工作需要的人才专业口径很宽，一个本科专业难以包打天下。在学制相同的条件下，一个本科学生不可能完成多学科课程的学习，假如每个专业学两三门课程，结果很可能变成"四不像"，缺乏竞争力。第三，本科生直接就业是比较困难的。倘若再聚焦到前两类客户，尤其是第一类客户，就更加困难。本科生进党政机关，首先要过"公考"关；要进纪检监察机关，在现行合署办公体制下，还必须要过入党关。能同时过这两关的，一定是极少数的学生。另外，各级纪检监察机关通常都是满编的，没有多少初级公务员招聘名额。中央和省级纪检监察机关还越来越少地直接招收本科生，而主要通过系统内遴选方式补充职位空缺。这些情况都必须考虑进来。如果本科生的主要出路是考研或选调，可能很快就会遭遇招生难。招生难、生源质量差、就业更难，就会陷入恶性循环。早些年前，某重点大学就曾同省纪委合作办过本科专业，结果很快停办，其教训应被后来者充分汲取。第四，从成本—收益视角来看，办本科的成本是比较高的。本科通常是4年学制，需要开设30～40门课程，如果招生规模较小，相对成本会更高。就廉政学学科而言，学术硕士可适当招收，但数量不宜多；是否要设置专业博士，可根据实务部门的需求来定，如果确有需要，是可以设置和培养的。

总之，在学位类型取舍方面，有以下三点具体建议：第一，应当尽快增设专业硕士学位，短期内各高校可借用本校现有的相关专硕点；第二，必须提高学术博士的培养质量，否则很可能变成无效需求，因为高校招聘师资的门槛越来越高，这已是常态；第三，应慎重开办专门本科专业，除非能够解决相关难题。

在结束本部分之前，还想提及现有二级学科设置议题。前三个二级学科都可能面临不小的挑战。一个共性挑战是人才培养和就业去向问题。学科名称极少使用"理论"，"马克思主义理论"是特殊例外。"纪检监察理论"学科的人才由谁培养，如何培养，去向是哪里？都是很大的挑战。"党的纪律学"也面临着同样的挑战。此外，就学科角度而言，相关学科或许应当命名为"纪律学"而非"党的纪律学"。作为与法律对应的存在，纪律有着更加广泛的应用场景，几乎所有的组织都可以制定和运用纪律。例如，国内各高校普遍都有分别针对老师和学生的纪律，大部分公司都有员工纪律等。因此，专门设立纪律学学科是十分重要的。基于中国特色，可在纪律学科中将党的纪律学作为重要内容。与前两个二级学科相比，"监察法学"似乎好一些。但监察法学能否成为独立的二级学科，还是作为一门课程就足够？倘若可设置为二级学科，归于法学一级学科是否更合适？这些都是需要探究和回答的问题。

三、推进纪检监察学学科建设的若干建议

纪检监察学学科已经正式设立，接下来就需要相关责任主体开展实实在在的建设工作。学科建设与发展的相关决策要服从学科建设的基本规律，尤其不能出现重大偏差或失误，正确的决策还要执行有力；否则，学科建设与发展都难以顺利推进。基于前面两个部分的介绍和分析，我们提出如下具体建议。

学科一经设立，建设的责任主体主要就是高校。是否建设纪检监察学学科，首先需要由大学层面作出决策。大学在作出建设决策时需要重点考虑的因素包括：本校学科发展的总体规划与战略，纪检监察学学科的建设基础，承办学科建设的具体载体，拟议申办的具体学科，培养人才的类型、规模与重点客户等。

从目前有建设意向或行动的高校来看，"双一流"高校相对较少，而地方重点高校较多。这主要是由各高校及其学科发展总体战略态势所决定的。一般来看，"双一流"高校学科资源已经很多了，通俗地讲，就是已经有很多的博士点和硕士点，发展和运行好现有学科并不轻松。换句话说，这些高校对增设新学科并没有太大的积极性和紧迫性。而地方重点高校，特别是其中的一些学科资源还不那么多的高校，就既有动力，相对条件也较好，所以增设新学科的可能性就最大。一些已经采取行动的地方重点高校正是把建设纪检监察学学科列为本校下一阶段的重点任务，视为新的学科增长点。

纪检监察学学科建设的现有基础主要还是与廉政有关的研究与人才培养。在学科发展历程回顾部分，我们已经对此进行了介绍。这方面已有20多年的积累，应当说，已经形成了较为丰富的师资和研究人才资源。但一个突出问题是，这些研究人才和师资资源分布在全国100多所高校，是相当分散的，需要一个资源聚集的过程。这需要大学和个人两个方面的同向发力。师资是学科建设的核心资源。正如清华大学老校长梅贻琦所说："所谓大学者，非谓有大楼之谓也，有大师之谓也。"没有师资，学科建设就是一句

空话。因此，大学要积极吸引人才、引进教师，包括从海外引进。当然，也可以从本校现有相关学科的教师中遴选。同时，从事廉政研究的专家个人，亦当顺应潮流、把握机遇，主动选择那些决定开办纪检监察学学科的高校。

关于学科建设的基本载体，毫无疑问就是独立的、专门的实体教研机构，即学院或系。因此，决定建设纪检监察学学科的高校就要及早谋划，甚至在第一时间就应成立学院或系，至少是作出相关谋划。当然，完成专门学院筹建肯定需要时间，短则两三年，多则四五年甚至更长时间。因此，作为过渡，也可依托某个学院或某几个学院共建或孵化，一旦孵化成熟就应尽早成立专门的学院或系。反之，长期依托、共建，或者依然选择研究机构模式，都是不可取的。后几种方式，学科建设的载体最终都可能是虚体，不仅会导致学科建设困难或波折，而且一到学科评估，就可能会因为无师资、无科研成果等很难通过而夭折。专门学院或系的名称应主要根据所申办学科而定。从目前一些高校成立的学科承办机构来看，都是学院，名称主要有纪检监察学院、监察学院、监察法学院等。其实，名称也可以是系。例如，某个大学仅申办廉政学二级学科，而且主要依托公共管理学院或经济管理学院，可在相关学院下成立系，名称可以是廉政管理系或合规管理系等。鉴于学科名称用廉政更合乎学理，基础也更扎实，因此学院名称也可使用廉政学院或廉政管理学院。

申办哪些具体学科也是大学要考虑的重要议题。按照目前的学科设置，纪检监察是一级学科，其下共有4个二级学科。按照常规，各高校可决定申办一级学科或某个、某些二级学科，可选博士点或硕士点，选项还比较多。鉴于前三个二级学科都可能面临一些挑战，因此各高校可主要考虑申办纪检监察一级学科或廉政学二级学科，有条件直接获得博士点自然是最好的，如果没有条件，可先从硕士点开始。申办方式不外乎两种：一是自主审核设立，如中国人民大学；二是向学位管理部门报批或报备。方式二中的报批类型需要获得学位主管部门的行政审批，可能需要一定的时间，或许还要几年时间。作为过渡，在未获得新学位点之前，可借用本校现有的相关学科博士、学术硕士或专业硕士学位点，相近的专业硕士点有公共管理、工商管理、法律硕士等。借用方式上，可在现有学科点下设纪检监察或廉政方向，校内调剂招生名额，调整部分专业课程等。

相比而言，选择方式二中的报备类型，高校就有较大的自主权，时间周期也会大大压缩。近些年来，国家在学科发展上越来越持开放态度，鼓励各高校举办目录外学科，学位主管部门通常只作形式审查。有意愿的高校可以在自己的某个或某几个优势一级学科下主张增列目录外二级学科——后者即为交叉学科，通过校内组织的专家论证后即可向学位主管部门报备。鉴于纪检监察或廉政学科的跨学科特点，建议有意愿的高校优先考虑目录外交叉学科。这样可能更有利于本校的学科建设，也有利于全国的学科交叉发展。

各高校在开展人才培养工作之前，必须首先明确所培养人才的市场定位或客户。各高校尤其要对重点客户的实际需求以及相关的政策法律进行较为深入细致的调查研究，而不能想当然、跟着感觉走。部分已决定开办纪检监察本科专业的高校，可能就没有做好这些功课。我们在前文中，主要区分了四类客户。该区分主要基于领域因素，显然还不够全面。前三类客户还可根据人才类型、地理空间等因素进行细分。人才类型可划分为领导型人才、管理型人才、专业技术型人才等。中国国土空间很大，而地理空间通常也是影响甚至决定生源和就业的重要因素。不同领域、人才类型、地理空间等因素排列组合起来，就可区分出很多细分的客户群。例如，某地方高校可能将自己的重点客户确定为本省域内的中大型民营企业，且重点培养专业技术人才和中层管理人才。

对教育和人才培养工作来说，课程设置是重中之重。学位教育项目的课程，通常都划分为三大类，即基础课、专业基础课和专业课。纪检监察学学科也大体如此。从过去几十年和今后一个时期人才需求的趋势、特点以及高等教育的职责、使命来看，重点课程类型应当是基础课和专业基础课，而不应该是专业课程。过度强调专业课程的重要性，甚至本科专业都安排很多专业课程，期望本科毕业生一毕业就能很好地胜任纪检监察机关的监督检查、审查调查等实务工作甚至是能很好地掌握谈话技巧等，^①既不现实，也与大学的使命与擅长不符。清华大学的老校长蒋南翔在20世纪50年代就曾提出一个十分重要的教育理念，即"猎枪与干粮"说。他主张清华大学不但要提供给学生"干粮"，更重要的是要教会学生掌握不断获取干粮的"猎枪"。^②换言之，大学要十分重视教授学生基础理论，重点培养学生的基本技能和解决实际问题的能力，而不是完成各种实务工作的具体方法和技巧。20世纪80年代以来，随着现代科学技术的突飞猛进，世界的变化日益迅速，为了增强学生的适应性，越来越多的大学开始推广和强化通识教育，同时不断降低专业课程的比重。纪检监察学学科作为教育领域的新来者，更应顺应潮流，在人才教育培养中应当侧重于打好专业基础，而不是过度偏重于专业技能。

下面我们主要针对纪检监察学学科的专业硕士项目，聚焦部分专业基础和专业课程提出一些建议。

反腐职业或权力监督职业具有相当的特殊性，对人才的性格、特质、动机及价值观等均有特别的要求，应当高度重视职业伦理课程的开设与建设，应当将其列为重要的专业基础课程，其重要性甚至超过其他的专业基础课和专业课。古往今来，尽管环境、任务在不断变化，但这个职业的伦理要求却可以说是高度一致的，尤其是其中的核心部分。古代御史有很多楷模，"黑脸"包拯是其中之一。包拯本是白面书生，之所以会演变并固化为"黑脸"形象，正是该职业对一个人的个性、特质等的特殊要求使然，如刚正不阿、直言敢谏、不畏权贵、铁面无私等。党的十一届三中全会后恢复重建的中央纪委首任书记陈云，就对纪检监察干部提出了明确要求：要以毛泽东提倡的"五不怕"的精神即"不怕杀头，不怕坐牢，不怕开除党籍，不怕撤职，不怕离婚"，再加上一个"不怕撕破脸皮"的精神，开展抓党风的

---

① 一方面，审查调查中的谈话技巧应当是很重要的专业技能，需要经由专门的培训而获得，并非大学教育的专长，也不应由大学来提供；另一方面，目前纪检监察机关办案过度依赖谈话技巧，既有特定反腐败制度安排的原因，也有历史的原因，随着制度变迁，相信其重要性会有所下降。

② 《清华名人名言之蒋南翔：不仅是给干粮，更应给猎枪》，https://www.tisinghua.edu.cn/info/1366/81548.htm，最后访问日期：2023年1月9日。

工作，"怕字当头、模棱两可、和稀泥、随风倒，是做不好党的纪律检查工作的"。① "做纪律检查工作的干部应当是有坚强的党性、有一股正气的人；应当是能够坚持原则，敢于同党内各种不正之风和一切违法乱纪行为作坚决斗争的人；而不应当是在原则问题上'和稀泥'，做和事佬、老好人的人。"② 新时代纪检干部的伦理要求浓缩为六个字，即"忠诚、干净、担当"。香港廉政公署是当今世界最卓越的反贪机构之一，对其职员也有特殊的伦理要求。例如，要"打击贪污、不惧不偏"，要"白过白色"。纪检监察工作尤其是办案工作不仅辛苦，还具有一定的风险性——一些纪检干部因为得罪权贵而受到打击报复，个别地方纪委因此还为本地纪检监察干部制定了特殊的保障措施。更多的事例则是反面教训。党的十八大以来，党中央和中央纪委开始直面纪检监察机关和纪检监察干部自身的问题，即所谓"刀刃向内"，每年查处的纪检监察干部不在少数。据历年中央纪委全会工作报告披露的数据，2018—2021 年，全国纪检系统每年处理的纪检干部都在 1 万人以上（包括组织处理和纪律处分两类），年均处理人数达 1.4 万余人。反腐败工作的职责和使命是维护社会公平正义以及国家和社会的廉洁，纪检监察干部应当首先坚守廉洁，这应当是本职业最基本的伦理要求。总之，反腐败权力被滥用的腐败是最不应该发生的。不仅在教育培养环节要重视并开好伦理课程，甚至在招生选拔环节就要对学生的个性、特质及相关素质予以测试和筛选。

作为专业硕士项目，自然是要开设专业技能方面的课程，尤其是要补上重要专业知识和技能的缺口。例如，与腐败相关的基本概念、多学科的理论与知识，与反腐败相关的战略、对策、策略、工具与技能，与腐败、反腐败相关的纪律、法律知识，针对不同的工作领域及岗位开设相关的专业选修课程，以及一定的专业技能训练课程等。纪法专题课程应融合党纪条例、刑法、监察法、监察官法等中的相关内容，列为一门到两门课程就足够了。

---

① 《陈云提倡以"六不怕"精神抓党风工作》，http://dangshi.people.com.cn/n1/2017/0227/c85037-29109974.html，最后访问日期：2022 年 10 月 17 日。

② 《陈云提倡以"六不怕"精神抓党风工作》，http://dangshi.people.com.cn/n1/2017/0227/c85037-29109974.html，最后访问日期：2022 年 10 月 17 日。

多数专业基础课和专业课都应当重点采用案例教学方式，为此，重视教学案例的开发就成为本学科建设的一项基础性任务，既需要大学共同体的重视与投入，也离不开实务部门的支持与协助。

学科建设自然离不开科学研究工作。无论是反腐败还是权力监督工作，都还有一些重大理论和实践问题有待研究与破解。例如，反腐败成功的目标、标准和指标是什么？如何实现？用党的二十大提出的战略目标表述就是，如何打赢反腐攻坚战？具体而言，治标难题或瓶颈如何破解或突破？制度层面治本难题如何破解？文化层面治本难题如何破解？文化反腐如何有效实施？在治标方面，无论是遏制增量还是清除存量，都遇到了一定的瓶颈。在制度治本层面，一类重点研究课题是如何破解两大权力监督难题，即"一把手"监督和同级监督；另一类重点研究课题是针对若干腐败高风险领域，拿出可行、管用的制度改革方案，从而显著降低腐败机会。

就学科建设与发展而言，实务部门的主要角色是客户。但这些客户尤其是前三类客户比较特殊，都可以在学科建设中发挥重要的作用。他们的主要作用包括以下三个方面。一是制定人才教育培养的包容和支持政策。前文论及，专业硕士项目的生源主要面向前三类客户，这些客户应当出台相关的政策。最基本的，应当对本机构有需求的工作人员报考专业硕士项目持开放、鼓励和支持的态度，而不是禁止与限制。在此基础上，如果能够纳入本机构的人才发展战略，兼顾工作任务约束和人才开发计划，有序安排人员接受专业硕士教育，就会更好一些。更进一步，如果能够对本单位接受专业硕士教育的人员提供一定的学费补助，无疑是更加友好的支持性政策内容。二是为大学开发教学案例提供必不可少的支持。毫无疑问，教学案例的基本素材是实务部门的案件材料或其他工作档案。倘若以保密为由，简单拒之门外，教学案例开发工作将难以进行。实务部门首先应当理解教学案例开发的重要性。其次，在处理好保密要求的基础上，对一些涉密案件和档案资料进行匿名化处理之后，应当尽可能地向大学教学案例开发人员开放。三是制定其他的吸纳纪检监察学学科专业人才的政策。例如，为纪检监察学学术硕士及本科毕业生就业开辟可能的通道；又如，制订实施选调生计划，在公务员招录名额中拿出少量名额支持该计划等。

从最近的一些动态来看，不少高校十分重视学生的实习，希望与实务部门建立合作关系，由实务部门提供实习机会。对此，本文持有不同的看法。首先，实习机会缺乏是很多专业的共同问题，并非纪检监察专业才有。其次，纪检监察工作或反腐败工作有着严苛的授权和很高的保密要求，这都增加了提供实习机会的难度。其实，大学不必纠结于此。一方面，大学的教育使命或擅长之处在于专业基础而非专业本身；另一方面，学生进入实务部门之后，完全可以在实际工作中通过师徒方式或专业培训来解决实务工作技能不足的问题。当然，有条件的大学，可以在重视案例教学的基础上，建立必要的实验室或模拟训练中心——类似于法学院的模拟法庭等，从而为学生的专业教育提供更好的支持。通过这些弥补措施，应该就能较好地满足专业人才培养的需要。

纪检监察学科理论人才短缺的形成与解决

——基于中国博士和硕士学位论文全文数据库的考察[*]

蒋来用[**]

纪检监察学是新时代设立的新学科，受到党和国家政策的关照和支持。2022 年 1 月 1 日起施行的《中华人民共和国监察官法》第 32 条规定："国家加强监察学科建设，鼓励具备条件的普通高等学校设置监察专业或者开设监察课程。"以法律的形式对学科建设作出规定并不多见，这个创造性的举措充分体现了国家对纪检监察有关学科的高度重视。2022 年 9 月，国务院学位委员会、教育部印发《研究生教育学科专业目录（2022 年）》和《研究生教育学科专业目录管理办法》，纪检监察学与政治学、社会学等都是法学门类下的一级学科，首次明确了纪检监察学的学科地位。清华大学、中国人民大学、西南政法大学、湖南科技大学、福建师范大学、内蒙古大学等高校纷纷成立纪检监察学院或研究院，纪检监察学呈现蓬勃发展的态势。一个学科的建立离不开知识形态和组织形态两个条件。[①] 学科可以通过行政组织方式推动建立，但必须有学科基础理论提供支撑。基础理论研究关系学科建设的成败兴衰。学科基础理论的重要性和紧迫性已经受到决策层的高度重视。2022 年 1 月，中央纪委工作报告提出"推进纪检监察学学科设置和建设工作，深化纪检监察基础理论研究"[②]。十九届中央纪委向第

---

　　[*] 本文发表于《中共中央党校（国家行政学院）学报》2023 年第 5 期。

　　[**] 蒋来用，中国社会科学院大学政府管理学院教授、博士研究生导师，中国社会科学院中国廉政研究中心秘书长，主要从事廉政理论研究。

　　[①] 蒋来用：《为何廉政建设缺乏专门学科的支撑？——廉政学发展的历史与未来》，载《廉政学研究》2018 年第 1 期。

　　[②] 赵乐际：《运用党的百年奋斗历史经验 推动纪检监察工作高质量发展 迎接党的二十大胜利召开——在中国共产党第十九届中央纪律检查委员会第六次全体会议上的工作报告》，载《光明日报》2022 年 2 月 25 日第 2 版。

二十次全国代表大会作的工作报告提出"构建中国特色纪检监察理论体系"①。二十届中央纪委二次全会又提出"深化纪检监察基础理论研究"②。决策高层充分认识到纪检监察理论的基础性作用，多次对纪检监察基础理论研究作出部署和安排。人才在纪检监察基础理论研究中发挥着至关重要的作用。到底什么样的人才才是纪检监察学基础理论研究所需要的人才？这种人才的培养状况如何，是否能够满足当前纪检监察学理论研究的需要？当前的学术机制条件和学术生态是否有利于纪检监察学科人才的发展？今后需要从哪些方面着力为纪检监察基础理论人才成长创造条件？本文拟就这些问题进行研究，以求教于学界同仁。

一、理论研究型人才短缺：纪检监察学科发展的"瓶颈"

人才培养一直是纪检监察理论与实务界备受关注的重大问题。随着学科建设的加快推进，这个问题变得尤为突出和迫切。很多人已经认识到人才不足对纪检监察学科建设发展构成的巨大挑战。有的认为学科人才总体数量不足，纪检监察学科人才培养存在短板。③ 有的认为纪检监察学科人才队伍规模整体偏小，队伍建设过程中同时存在人才进入渠道狭窄、人才资源浪费、人才流失等现象。④ 有的将纪检监察学的学科人才按照不同的学历进行了分类，认为当前主要培养硕士、博士人才，本科人才培养非常少。⑤纪检监察学科建设需要培养什么人才，最为迫切和培养的重点对象应是什么，目前学术界对这方面的研究探讨较少。

纪检监察学科与其他学科一样，担负和承载着特殊的功能和使命，党和国家事业发展需要决定了其存在和发展的必要性，同时也决定了纪检监察学科人才培养的方向和目标。人才培养是学科建设的重要目标和任务。从

① 《十九届中央纪律检查委员会向中国共产党第二十次全国代表大会的工作报告——2022年10月22日中国共产党第二十次全国代表大会通过》，载《人民日报》2022年10月28日第3版。

② 李希：《深入学习贯彻党的二十大精神 在新征程上坚定不移推进全面从严治党——在中国共产党第二十届中央纪律检查委员会第二次全体会议上的工作报告（2023年1月9日）》，https://www.ccdi.gov.cn/xxgkn/ldjg/lixi/zyhd/202302/t20230224_248812.html，最后访问日期：2023年1月20日。

③ 岳侠：《纪检监察学科建设及专业人才培养初探》，载《西部学刊》2021年第15期。

④ 曹雪松：《论纪检监察学科人才队伍建设》，载《廉政文化研究》2014年第6期。

⑤ 周艺津：《纪检监察人才培养模式的思考与探索》，载《廉政学研究》2022年第1期。

目前纪检监察学科设置规划和建设实践来看,该学科主要培养以下几类人才。一是理论研究型人才(以下简称"理论人才")。这类人才主要接受思想理论、方法论等方面的训练,开展前瞻性、开拓性、基础性的理论研究,主要任务是建立健全符合学科特征的方法和理论体系,构建学科理论和话语体系,主要需求方是科研机构和高校研究实体或者研究单元。二是实务工作型人才。这类人才一方面是为纪检监察系统培养,主要传授纪检监察业务工作所需要的专业理论、知识、制度、程序、技术、技巧、规则,满足纪检监察高质量发展需要,专业性和应用性较强;另一方面是为非纪检监察系统培养,如党务系统、组工系统、企业、社会组织等。三是教学培训师资人才。这类人才要求具有一定的理论创造性,但主要是对已经形成的并且得到学界普遍认同或官方认可的知识和方法的熟练掌握和传授。高校培养纪检监察方向的博士研究生、硕士研究生和本科生,中小学开展廉洁教育课程等都需要这类专门人才。对广大专兼职纪检监察干部以及其他党政机关、国有企业、事业单位以及社会机构人员进行廉洁合规培训等也需要这类人员。四是智库型人才。这类人才是复合型人才,问题意识强,思维敏捷,既需要较强的理论功底,同时需要广博的知识,并具有一定的管理和组织活动、宣传推广能力,为党政机关和企业社会组织等提供解决具体问题的对策、研究报告,为社会各方提供咨询服务。五是宣传型人才。这类人才满足服务公众和教育公众的需要,运用新闻和媒体等技术向社会传递廉洁知识、传播正能量,引导社会以合理方式积极参与廉洁建设行动。六是其他类型人才,就是以上五类人才之外的人才。这种分类是按照人才所能发挥的作用来区分的,但现实中也需要复合型的人才。有的人才可能兼有多种功能,如理论人才同时也是教学培训师资人才、实务工作人才、智库人才等。但人才的多能或现实对人才多种能力的需要并不影响纪检监察学科人才培养的功能目标设定。学科的人才培养目标和方案主要是根据功能来设计的。学科的功能定位影响和决定着人才培养的目标和方向。例如,如果学科定位于服务纪检监察业务需要,那就要以培养纪检监察实践需要的应用型人才为首选目标。如果功能定位为理论创新,那就得持续不断培养理论和方法创新的人才。

学科建设人才是关键。虽然纪检监察学科建设人才来源渠道很多，可选择的范围比较宽，人才数量也非常多，但从目前纪检监察学科建设和发展进展的情况来看，理论方面有较高造诣、有较大社会影响的学科领军人才数量不足，在国内外有影响力的学科研究团队明显偏少是制约纪检监察学科建设与反腐倡廉学术研究的最大"瓶颈"①。学科建设和发展最为核心的是理论人才。学科建设不在于人多，而在于是否具有关键性的领军人物。有时一个人的研究成果就可能建立一个学科。理论人才在学科建设和发展中发挥着"头雁效应"，具有强大牵引和催化功能，能够对其他类型人才的培养发挥巨大作用。教学培训、宣传、智库人才、实务人才等都处于理论和方法运用环节和层面，只有理论人才处于从无到有的创造性高端和前端。理论人才是纪检监察理论、方法的创造者，是纪检监察学科知识的系统集成者。他们的创新性成果可以源源不断地转化成为其他人才学习、宣传、运用的方法和知识。目前纪检监察实务、师资培训、宣传教育等方面的应用型人才也存在不足，但这些不足可以在短期内通过抽调、集训等方式予以解决。但理论研究型优秀人才的培养和形成很难在短期内完成，甚至很难通过常规的教育渠道和方式培养出来。在目前的纪检监察学科人才队伍中，纪检监察实务、师资培训、宣传教育等应用型人才相对较多，但理论人才极为紧缺，学科建设人才队伍处于严重的结构失衡状态。纪检监察学科处于创建阶段，当前最为重要、最为急迫，也是最为困难的是培养理论人才。这一点最早开设纪检监察本科课程的高校感受可能最为深刻。例如，某高校自 2013 年开始，在原思想政治教育专业的基础上开设纪检监察专业，培养本科生，公开出版《纪检监察概论》《监督学》《职务犯罪概论》《行政监察法概论》《廉政文化概论》《腐败心理学》等教材，但目前遇到了不少困难。

"目前学科定位虽已明晰，但是人才培养模式是否十分妥当还在实践过程中；专业人才缺乏，导致学科建设后劲不足；强有力的学科带头人稀少，

---

① 曹雪松：《论纪检监察学科人才队伍建设》，载《廉政文化研究》2014 年第 6 期。

科研团队层次有待提升；学科发展的平台和支撑力度不够；学科管理也处于起步阶段，有待合理化、科学化。总体来说，学科发展层次相对较低。"①

优秀教师本身是理论人才，也可以说是优秀理论创造性转化的成果。前述某高校面临的问题，是其他开设纪检监察课程教学的高校同样面临的问题，也是几十年来各级纪检监察机关创办高校、培训中心、学院等培养纪检人才所面临的问题。这些问题的根源都在于理论人才的极度缺乏。

二、供给严重不足：纪检监察学科理论人才长期"低产"

高校是纪检监察理论型人才培养的主力军。高校培养纪检监察人才的时间很早。2016 年笔者主持北京市纪委委托的课题"风雨兼程：首都纪检监察工作口述历史"，通过深入访谈 18 位北京市纪委离退休人员了解到，20世纪 80 年代，北京市纪委就创办了实验大学，正式招收全日制的纪检监察学的专科生，颁发教育部门承认的学历。

"实验大学呢，实际是一个大专性质的，学三年，取得大专学历，这是全国纪检系统第一个。就是在高教部备案，能够取得大专学历的，有好些学校，这个大学那个大学，高教部没有备案，毕业的那个证书不是国家承认的学历。我这个是纪检系统里头第一个成立高等教育这么一个学院，叫实验大学。实验大学主要的系是纪检系。"②

但北京市的实验大学开办的时间并不长，因为师资、政策等方面的原因，这所大学并没有继续办下去。20 世纪 90 年代中期开始，中共中央党校开始培养纪检监察研究方向的博士生。通过中国知网检索发现，1995 年马郑刚博士撰写了题为《当代中国廉政建设的经验教训》的博士论文，被中共中央党校授予博士学位。纪检、监察、腐败、廉政等选题与纪检监察学关联度最高。从理论上而言，研究这些选题的博士最有可能成为纪检监察的理论人才。从这个意义上来说，我国纪检监察学科理论人才培养的时间非常早，已经持续将近 30 年。但到目前为止，全国所有高校和科研机构都没

---

① 姚嘉、王舵：《纪检监察专业人才培养路径与模式探究——以西安文理学院纪检监察人才培养为例》，载《今传媒》2019 年第 3 期。

② 初访张敦礼，2016 年 6 月 30 日。

有设立纪检监察学博士学位点，博士研究生完全是凭借自己的兴趣自发进行研究，为学科建设和发展奠定了基础。这些选择纪检监察作为研究方向的博士接受了理论的系统训练，同时又掌握了一定的纪检监察知识，应该是从事纪检监察学科基础理论研究的最好人才。因此，笔者拟选择这些博士作为重要对象来研究分析近30年来我国纪检监察学科理论人才的培养状况。

中国知网专门建立了中国博士和硕士学位论文全文数据库。笔者以这个数据库为数据源，2023年3月18日选择"主题"，在检索框中分别输入"纪检监察""反腐败""监察法""廉政""党风廉政""纪律"等与纪检监察学相关的词语进行检索。检索结果显示，学术期刊论文数量较多，但学位论文很少，尤其是博士论文更少（见表1）。可以看出，从事纪检监察学相关内容的研究成果很多，但培养的纪检监察方向的博士却很少，理论人才培养力度严重不足。

表1　中国博士和硕士学位论文全文数据库选择"主题"检索的结果

输入词语	学术期刊论文/篇	博士学位论文/篇	最早学位授予年度/年	硕士学位论文/篇
纪检监察	3.13万	172	1999	2292
反腐败	4.13万	504	1995	5230
监察法	2582	48	2005	1044
廉政	4.92万	298	1995	3406
党风廉政	3.78万	177	1999	1653
纪律	4.26万	836	1996	3719
反腐倡廉	2.51万	243	1996	2096

注：主题检索是在知网标引出来的主题字段中进行检索，该字段内容包含一篇文章的所有主题特征，同时在检索过程中嵌入了专业词典、主题词表、中英对照词典、停用词表等工具，并采用关键词截断算法，将低相关或微相关文献进行截断。

资料来源：根据中国知网（https://kns.cnki.net）数据整理所得。

为了检验"主题"检索结果的效度，笔者又在中国知网文献检索页面选择"篇关摘"检索，在检索框中同样分别输入"纪检监察""反腐败""监察法""廉政""党风廉政""纪律"等相同词语进行检索，发现与"主题"检索结果基本相同，即学术期刊论文数量较多，但博士论文极少，博士论文授予年度最早仍为 1995 年（见表 2）。从中国知网两次检索结果中我们可以看出，近 30 年来我国培养的以纪检监察为方向的博士论文数量很少，培养的可以从事纪检监察学科建设的理论人才并不多，处于低产阶段。

表 2　中国博士和硕士学位论文全文数据库选择"篇关摘"检索结果

输入词语	学术期刊论文 / 篇	博士学位论文 / 篇	最早学位授予年度 / 年	硕士学位论文 / 篇
纪检监察	2.94 万	70	2002	1476
反腐败	4.28 万	310	1997	4841
监察法	2143	29	2002	831
廉政	7.25 万	267	1995	5037
党风廉政	3.89 万	93	1999	1877
纪律	5.87 万	541	1991	5500
反腐倡廉	2.72 万	175	2002	2678

注：篇关摘检索是指在篇名、关键词、摘要范围内进行检索。

资料来源：根据中国知网（https://kns.cnki.net）数据整理所得。

优秀的学科理论人才都是对本学科领域持续不断进行多年理论研究的人才。对检索出来的论文作者进行分析，我们会发现另外一个特点就是，与纪检监察学研究相关的学术论文虽然不断增多，但能够持续围绕纪检监察领域进行十年以上研究的作者很少，坚持发表十篇以上与纪检监察学相关论文的作者更是凤毛麟角。这说明虽然研究纪检监察学相关问题的学者较多，但长期持续将纪检监察学作为自己的研究方向和学术兴趣的学者很少。理论研究者对纪检监察缺乏持久的研究，可能是为了完成某项任务、评职称、基金申报或结项等临时性的或功利性的需要。纪检监察研究领域大量存在的"过客式"研究现象也是制约理论往深处和高处发展的一个原因。坚持多年持续进行纪检监察理论研究人才的缺乏，表明纪检监察学科建设人才质量也不尽如人意。

三、理论人才流失严重：纪检监察学科发展后继乏人

几十年来，我国培养的能够从事纪检监察学科建设理论研究的博士很

少，某种程度上成为影响和制约纪检监察学科建设和发展的重要因素。但如果培养的纪检监察方向的博士能够在毕业后坚持从事纪检监察学科基础理论研究，真正能够发挥作用并作出贡献，纪检监察学科也会迅速发展起来。因为从事学科建设的人才不一定要求太多，关键是看人才的质量和水平。从很多学科发展的历史来看，有时一个人或者几个人就可能建立起一个学科。在学科建设的实践中，各科研机构和高校学科带头人或者骨干人才也并不太多。近30年来，我国高校、科研机构和党校培养了上百名纪检监察研究方向的博士。从数量上而言，这些博士应该足以承担纪检监察学科建设和发展的重任，但十分遗憾的是，至今纪检监察学科的理论体系仍未构建起来，依然处于起步阶段。纪检监察学科基础理论体系之所以将近30年没有建立和发展起来，理论研究型人才大量流失是十分重要的原因。

首先，我们可以运用中国知网的数据来对纪检监察学理论人才流失程度进行估算。2023年3月10日，笔者登录中国知网中的中国博士和硕士学位论文全文数据库，选择"篇名"进行检索，输入"腐败"，共检索出20篇博士论文。这些论文作者最早是2005年被授予博士学位的，最晚是2022年被授予博士学位的。博士学位获得者，有的继续从事研究工作，有的则从事纪检监察等实务工作。一般来说，不再从事理论研究工作的博士在毕业后往往会没有研究成果，继续从事研究工作的则还有学术成果发表。通过检索中国知网的数据库，我们发现这20位博士学位论文选题为腐败研究的博士中，获得博士学位后在中国知网上显示没有学术成果的共11人，占55%。也就是一半以上的没有再从事学术研究活动，培养的理论人才流失一半多。45%的博士获得学位后继续从事学术研究，但基本没有再发表与纪检监察研究有关的论文。从抽样的结果中可以看出，2005—2022年专门研究腐败的博士中，都没有继续从事反腐败方面的理论研究，人才几乎全部流失。

博士研究生如此，硕士研究生继续从事纪检监察学研究或者学科建设的可能性就更低。2023年3月10日，笔者登录中国知网检索，篇名中包含"腐败"的硕士学位论文共333篇，最早的学生是2000年由中共中央党校授予的。但看这些名单，目前几乎都没有在纪检监察学研究圈中再见到他们在纪检监察方面的研究成果。也就是说，培养的硕士研究生并没有继续沿着硕士论文的方向走下去。中国知网博士、硕士学位论文数据库检索结果不容乐观。

其次，对编写过纪检监察学相关教材的专家和团队进行跟踪，我们也会发现持续不断从事纪检监察学科理论研究的学者很少。目前在纪检监察学科建设中，教材数量较多是监督学。通过在读秀网站检索发现，截至2023年3月18日，我国已经出版了42本监督学方面的教材。监督学之所以能够不断发展成熟，主要原因是有一批学者在持续不断地进行学科基础理论研究。中国人民公安大学毛宏升教授主编的《当代中国监督学》2003年出版后，经2009年和2014年两次修订后再版。中国人民大学毛昭晖教授1989年与他人共同编著出版《中国行政监察》，2008年主编出版《监督学》，2007年又出版著作《中国行政效能监察理论、模式与方法》，长期不断地从事监督学的研究。郎佩娟教授2012年主编出版中央广播电视大学教材《监督学》，2013年与他人主编《监督学案例教程》，2020年又主编出版《监督学》，将近十年在不断磨一把剑。但有的学科的基础理论研究并没有很好地持续开展。例如，1995年法律出版社就出版了《廉政学》。但通过读秀、中国知网的数据库检索可以发现，该书的作者谭世贵教授之后很少有廉政学方面的著作或论文。1989年，中共广西自治区委党校梁宗常教授主编的《论廉政建设》出版。1996年，广西人民出版社出版了赖绍沧、梁宗常主编的《廉政学概论》，但这两位教授之后并没有相关的廉政学研究成果问世。由于廉政学目前缺乏深入持续的研究，目前的学科发展相对滞后。目前从事党的纪律学、监察法学、纪检监察理论、纪检监察史学等二级学科研究的学者或者团队，在纪检监察方向能够持续研究多年的并不多见，积淀的纪检监察学理论并不深厚。

四、吸附力弱：纪检监察学科理论人才缺失的原因分析

20世纪80年代末之后，党和国家反腐败的力度不断加大，对廉政研

究也越来越重视。尤其是党的十八大以来，全面从严治党深入持久推进，反腐败取得压倒性胜利并全面巩固，许多经验需要总结提炼上升为理论成果。全面从严治党永远在路上、自我革命永远在路上等新要求、新理念、新概念、新论述的提出，也需要不断创新纪检监察理论体系来指导新的实践。但通过前面的分析，我们已经发现不仅仅培养的纪检监察研究方向、具有理论研究潜力的博士人才几乎流失殆尽，从事过纪检监察相关学科研究的学者也在大量流失，实践的强烈需求似乎遭受了理论的"冷遇"。目前纪检监察学科对理论人才的吸引力和涵养力都非常弱，一方面难以吸引大量优秀人才，同时又难以留住人才，导致学科建设人才严重缺失现象长期存在。究其原因，主要在以下几个方面。

其一，学科理论人才成长的配套机制不充分。相对于实务型人才，理论型人才的培养难度更大，需要的周期更长。从实践经验来看，从高校毕业的大学本科生或研究生要成为比较成熟的纪检监察业务人才，需要 3~5 年的时间。但要培养一个成熟的学术性纪检监察学科骨干人才，却需要 10 年左右的时间。纪检监察学科属于综合性的新兴学科，对理论人才的能力和素质要求很高。有的提出应该重视本科阶段的纪检监察人才培养、建立学科平台和开展学科基地建设、完善硕士和博士培养体系、创建纪检监察学学科课程体系、建立专业化的师资队伍等建议。[1] 有的提出打破培养单位和实务部门的壁垒，将优质实践教学资源引入培养单位，强化人才对纪检监察基本理论的学习，注重人才在价值、能力、知识三个方面的综合发展，构建分阶段培养与贯通制培养相结合的多元人才培养体系。[2] 这些建议对培养纪检监察实务人才可能比较有效，但对培养纪检监察学科建设人才来说，还远远不够。学术性人才的培养，不仅仅是传授纪检监察及其相关部门或领域事务性工作所需要的实体和程序性知识，更为重要的是要具有学科建设的科研能力和素质。培养学术性人才必须有特定的学术条件的支持，但目前职称评聘、绩效考核体系、成果评比、基金项目获取等学术机制对纪检

---

[1]　周艺津：《纪检监察人才培养模式的思考与探索》，载《廉政学研究》2022 年第 1 期。

[2]　《纪检监察学科的开创性与自主性：专家学者谈纪检监察学科建设》，载《光明日报》2023 年10 月 13 日第 11 版。

监察学者，尤其是年轻的学者来说非常不友好。从事纪检监察学科建设理论人才的学术空间很宽，但目前学术体制能够提供的基础性条件和资源却很有限，纪检监察学的建设和发展受到很多限制。

纪检监察学虽然已经成为一级学科，但目前并没有形成与一级学科相配套的学术体制，而是必须依附于其他学科，按照其他学科要求开展学科建设。政治学、法学、社会学等发展十分成熟的学科，已经形成了比较完善的学科人才培养机制及相应的支持配套体系。纪检监察学刚起步，虽然有一些宏观支持政策，但落实下来的具体学术资源和学术发展条件却较少。受各种因素的制约，纪检监察学理论人才成长周期长、成才概率性较低。早期从事学科建设基础理论研究的人才需要作出相当大的牺牲和奉献，学术成本非常高昂。从这个角度而言，纪检监察学虽然进入门槛并不高，但机会成本却非常高，这也是为生计所迫的年轻理论人才为何暂时选择放弃的一个重要原因。

其二，纪检监察知识的封闭性制约人才成长和进步。纪检监察学研究的领域与政治密切相关，属于上层建筑的内容，与普通人的生活虽然有一些关联，但个人了解和掌握纪检监察实践的机会很少，对纪检监察知识和运作程序非常陌生。纪检监察工作具有较高的保密性要求，系统之外的人要深入了解和知晓纪检监察知识非常困难。纪检监察实务部门与学术理论界之间信息沟通渠道较少，存在严重的信息不对称状态。马克斯·韦伯指出："官僚制行政通常倾向于排斥公开性，尽可能隐秘其知识与行动，以逃避批判。"[1]纪检监察机关具有典型的官僚制特征。虽然《中华人民共和国监察法》《中国共产党党务公开条例（试行）》等国家法律和党内法规对纪检监察机关信息公开作了明确的规定，但从研究机构的调查结果来看，地方各级纪检监察机关组织机构和人员、部门收支、工作报告、通报曝光等信息公开不充分、不均衡，尤其是基层纪检监察机关信息公开透明度更差。[2]纪检监察系统使用的话语体系也具有自己的特殊性，其"纪言纪语"不同于

---

① ［德］马克斯·韦伯：《支配社会学》，康乐、简惠美译，广西师范大学出版社 2010 年版，第 70 页。
② 中国社会科学院中国廉政研究中心编：《中国反腐倡廉建设报告 No.8（反腐倡廉蓝皮书）》，社会科学文献出版社 2018 年版，第 98~99、110~112、124~125 页。

学术语言，也不同于其他党政机关的语言体系，既有法学语言的规范性和严谨性，也有政策规定的原则性和灵活性，不同于一般的政治术语和概念，独立成为一套具有纪检监察职业特色的话语体系。但目前纪检监察理论与实践又尚未形成自己稳固的概念体系，关键性的表述和概念在不断丰富和发展，基本概念的内涵与外延也在不断调整和变化。对于一般人来说要熟悉和了解比较困难，准确理解和掌握并不容易，要形成学科理论的概念体系更是难上加难。

其三，高度政治敏感性加重了学科建设的负担和风险。纪检监察学研究的问题很多与现实政治相关，尤其是腐败、不正之风等社会关注的热点问题。习近平新时代中国特色社会主义思想强调问题导向的立场和方法，理论研究必须具有问题意识，要善于发现和提出问题并且勇于面对和解决。腐败、不正之风等问题与我们党的性质和宗旨背离，从科学有效解决这些问题的角度而言，此类问题研究应该值得鼓励和支持，不应成为敏感问题。但历史上人们习惯性地将腐败、不正之风等问题视为极为敏感的问题，研究过程中过多地暴露这些问题可能会影响到一些地方、部门、单位和某些领导的政绩、形象和利益，因此一些人将对腐败、不正之风等问题的研究贴上了"政治敏感性强"的意识形态标签，不愿意问题暴露太多。腐败等违纪违法问题是纪检监察学的重要研究对象，一些人因此认为纪检监察学研究理所当然具有较强的政治敏感性，这样的判断或者看法实际上是提高了学术研究的标准和要求，增加了研究的难度和代价成本。从事研究的学者不仅仅要考虑理论逻辑性和学理性，同时必须兼顾政治性和意识形态的正确性。有的杂志或者出版社基于意识形态风险考虑，不愿意发表或出版纪检监察研究成果，或者只愿意公开出版解读性、宣传性、阐释性的研究成果，对于理论性、前沿性、前瞻性的学术成果则极为谨慎，从严把关审查，给从事纪检监察理论性研究的学者的成果发表和出版带来了困难。

纪检监察学科刚刚起步，目前只有《廉政学研究》等为数不多的学术集刊和期刊，专业性的权威或核心学术期刊等学术平台极其缺乏，专家学者、研究生等从事理论研究的人员研究成果发表本来就比较困难，避免政治敏感性的要求或倾向更是加重了研究成果发表的难度。高校和科研机构的学术考核评价越来越倾向量化考核，不仅看重公开发表的成果的数量，而且极为看重刊发的集刊或期刊是否属于核心或权威。公开发表的学术成果少，就意味着职称评审、评先评优等学术资源、学术机会就较少，在激烈的竞争中就处于劣势地位。公开出版的成果以解读性、阐释性、总结性居多，虽然风险低，但因为思想理论性不够，研究方法比较单一，很难有新的知识体系和方法论，从而不利于纪检监察学理论人才的培养和成长。不少学者基于安全性考虑，对纪检监察学这项研究持敬而远之的心态，担心惹来麻烦事，不愿进入这个研究领域；有的则从功利性方面权衡，认为从事其他学科的研究风险更低，发表成果相对容易，职称评审等学术资源和机会更多，因而选择了其他学科。

其四，学科交叉性增加了人才培养成本和难度。纪检监察学是典型的交叉学科，需要运用哲学、政治学、社会学、经济学、法学、管理学、党建、历史学、马克思主义、审计学、国际政治、心理学、人类学、新闻与传播学、民俗学、语言学等学科中的知识和方法。优秀的纪检监察学科理论人才应该需要掌握多个学科的知识和方法，这无疑增加了人才培养和学科人才成长的难度。从跨学科特性来说，综合性、学科种类齐全的高校更加有利于纪检监察人才的培养，因为这样的高校具有较高水平的各个学科的师资力量，学科建设成本相对较低，学生可以有条件地比较便利地学习到纪检监察研究所需要的多学科知识。专业性较强的高校就可能面临师资缺乏等方面的困难，理工科为主的高校面临的困难将会更多，需要增加的投入将会更多。学科人才的成长需要环境，专业性的高校在其专攻的领域具有优势，但在其他学科领域则并不具有优势，因而吸引和留住这些学科的优秀人才将会存在困难。目前纪检监察学科虽然名义上是一级学科，但因为在组织机构等方面并没有相应配套，纪检监察学科建设人才绝大多数都是法学、政治学、管理学等学科的人才，目前尚未具有独立大量吸纳新毕业的纪检监察研究方向的博士的条件，纪检监察研究方向的博士也只好从他处寻找生存空间和机会。

其五，传统惯性束缚了学科理论创新和发展。目前主要是法学、政治学、管理学、马克思主义等方面的研究院所承担纪检监察学科建设任务。2023 年 2 月，《关于加强新时代法学教育和法学理论研究的意见》提出，坚持依法治国和依规治党有机统一，加强纪检监察学、党内法规学学科建设，似乎有将纪检监察学作为法学之下的二级学科的可能。每个学科都具有拓宽学术空间和领域的渴望。传统的学科凭借已有的学术优势地位，都有将纪检监察学作为其子学科纳入其褊裸的冲动。目前要打破已有的学科布局和资源配置格局，创新学术体制机制，阻力很大、困难很多。目前很少有高校或者科研机构将纪检监察学科真正作为一个崭新的独立的一级学科来对待，往往都是采用在不根本改变原来的学科格局基础上的整合或者做"加法"。这种权宜之计保持了学科之间的平衡，但却让纪检监察学这个新的学科建设实质性推进非常困难，创新发展非常缓慢。在维持既有学科格局的情况下，纪检监察学者仍然按照依托既有学科的学术思维、学术体系和学术标准开展研究，真正具有纪检监察学自己学科特色的理论创新突破非常困难。有的以监察学科的发展为例，指出学者研究所关注的仍然是各自学科领域的问题，由于未能突破部门法学的研究范式，难以准确地揭示监察制度和监察实践的客观规律。[①] 受传统学科惯性影响培养出来的纪检监察人才往往被深深烙下了原有学科的印痕，可能并不一定是纪检监察实践和理论所需要的人才。

其六，重点高校对纪检监察学科理论人才培养力度不够。"211"、"985"或"双一流"的重点大学在人才培养中发挥着头雁效应，是高质量学科理论研究人才的重要来源地。党的十八大以来，随着全面从严治党的不断深入，纪检监察学科建设进入中央和中央纪委决策部署，很多高校开始加大对纪检监察人才的培养力度，有的成立纪检监察学院和研究院，有的开始招收纪检监察学的本科生，培养纪检监察学方向的硕士生和博士生的数量不断增多。但各个学校的重视程度并不相同，培养的纪检监察方向的

---

① 吴建雄、杨立邦：《论监察学学科创建的价值目标、属性定位与体系设计》，载《新疆师范大学学报（哲学社会科学版）》2022 年第 2 期。

博士生数量差别很大。

2023 年 3 月 9 日，笔者在中国知网选择"主题"，输入"反腐败"一词进行检索，共检索到 347 篇博士论文。笔者在对数据进行整理时发现，党建专业比较强的机构如中共中央党校（60 篇），综合性大学如武汉大学（41 篇）、吉林大学（31 篇）、湖南师范大学（18 篇）、东北师范大学（18 篇）、山东大学（15 篇）等，法学类专业大学如西南政法大学（15 篇）、中国政法大学（14 篇）等授予的反腐败方向的博士学位数量相对较多。在目前博士点尚未授予的情况下，纪检监察、反腐败研究方向的博士学位名额都挤占其他学科的指标，各个高校和科研机构的博士名额都比较有限，由博士学位授予的数量可见，各个高校对纪检监察学科理论人才培养的重视程度差异很大。但整体而言，由于缺少博士点，各个重点高校培养的纪检监察方向的博士都相对较少。

表 3　反腐败研究博士授予数量分布

单位名称	博士论文数量 / 篇	单位名称	博士论文数量 / 篇
中共中央党校（国家行政学院）	60	中国社会科学院大学（中国社会科学院研究生院）	5
武汉大学	41	西南交通大学	5
吉林大学	31	浙江大学	5
西南政法大学	15	华南理工大学	5
湖南师范大学	18	湖南大学	4
东北师范大学	18	辽宁大学	4
山东大学	15	东北财经大学	4
中国政法大学	14	首都师范大学	3
华中师范大学	14	中国人民大学	2
华东政法大学	13	重庆大学	2
南昌大学	12	中国矿业大学	2
华中科技大学	11	武汉理工大学	2
复旦大学	11	河北工业大学	2
大连海事大学	10	四川大学	1
苏州大学	9	内蒙古大学	1
湘潭大学	7	清华大学	1

资料来源：根据中国知网数据整理。

五、结论与对策

中国古代的监察御史制度文化以及中国共产党的纪检监察体制在世界上具有独一无二性。纪检监察学是在中国文化土壤中生长出来的具有中国特色的学科。尽管党和国家对这个学科的建立和发展高度重视，通过国家法律和党内法规等方式作出了规定，加强纪检监察理论的要求出现在党的全国代表大会、中央纪委全会的工作报告和中央领导的重要讲话之中，但制约纪检监察学科建设发展的理论人才缺乏的问题并未得到实质性的解决。培养纪检监察学方向的博士是解决理论性人才不足最直接和有效的办法。在没有纪检监察学博士点的情况下，一些高校开始从其他学科中拿出名额培养纪检监察研究方向的博士，但从中国知网查阅的博士学位论文数据来看，目前培养的纪检监察方向的博士数量非常少，处于"低产"阶段。但令人感到不解的是，培养出来的为数并不多的博士几乎都没有继续从事纪检监察学的研究，其中一半以上不再从事理论研究工作，剩下的从事其他学科的研究。一方面纪检监察学科建设急需人才，但另一方面却是培养出来的博士大量流失。导致纪检监察学科理论人才流失的原因是复杂多样的，但主要是目前的学科体制和机制问题。虽然纪检监察学科被定为一级学科，目前却有名无实，缺乏相应配套的学术体制和资源条件，纪检监察学科建设的学者仍然是在别人的"饭碗"中找饭吃，并未形成自己的学科体制。目前的舆论和意识形态环境对纪检监察学科建设发展也并不十分有利。附加在纪检监察研究上的高度的政治敏感性提高了人才成长的标准和条件，其实也束缚了理论发展和解决腐败与不正之风等现实问题的能力和空间。目前学科越来越细分，知识碎片化越来越严重，学术创新需要打破各个学科之间的隔阂。学科交叉与融合是新学科未来发展的趋势和方向，已经成为推动学科建设的重要手段。纪检监察学科自身具有的交叉综合等特性，对在既有学科体系之下培养出来的理论人才来说是一个全新的挑战。一个成熟的纪检监察学科理论人才是成倍心血和汗水付出造就的，对首先需要解决生存问题的年轻学者来说无疑是一道很难迈的坎。在学术条件还存在保障不充分和学术环境还未成气候的情况下，大量纪检监察方向的博士生选择暂时离开可能是迫不得已的选择。

要解决纪检监察学科建设人才严重缺失的问题，必须坚持系统观念，从多个方面着力予以解决。

第一，健全学科发展的配套机制。一个学科的建立和发展必须提供一定的学术条件和资源，尤其对于纪检监察学这种主要是依靠组织形态而不是知识形态自然发展起来的学科，更需要提供大力支持。按照一级学科的要求在科研机构和高校设立相应的研究所、研究院、学院，抓紧培养学科建设理论人才，这是一个非常迫切而重要的任务。由于机构设立、编制等受到严格的限制，需要按照建设中国特色的学科体系的要求对现有的学科进行调整，根据党和国家事业发展的需要相应对科研机构和高校内设研究实体进行改革重组，从组织上提供强有力的保障。纪检监察学博士和硕士是纪检监察学科理论人才的主要来源渠道，很多高校已经开始招收纪检监察学方向的博士和硕士生，但目前并没有授予纪检监察学位的博士点和硕士点，具有很大的不稳定性。只有具备人才培养职能的学位授予单位，才能视为具有比较完整的学科建设布局。[①] 应根据纪检监察学学科理论人才培养需要跨学科知识、与法学或党建关联度较高等规律性特征，在学科门类齐全的综合性高校、法学学科和党史党建较多的高校和研究机构授予博士点或硕士点，采用硕博连读、"申请＋审核制"等方式持续稳定高质量培养学科建设的理论人才。要畅通纪检监察理论性人才发展的渠道，如在纪检监察学专业研究集刊多年办理的基础上，期刊管理部门为科研机构和高校申报纪检监察学术性期刊提供支持，让从事纪检监察研究的成果有更多发表交流的机会。国家社会科学基金、教育部人文社会科学基金等按照新的一级学科发布课题指南，将纪检监察学纳入目录，发布纪检监察学学科建设的重大选题，组织长期从事纪检监察研究和教学的专家进行评审，发挥课题研究的引领和推动作用。

---

① 孟涛：《试论党内法规学与中共党史党建学的关系》，载《教学与研究》2023 年第 2 期。

第二，拓宽纪检监察学科知识体系的应用性。有的高校与纪检监察机关合作积极编写教材，培养纪检监察方向的研究生甚至本科生，但坚持了几届招生和教学工作之后，毕业生的实习就业面临着巨大的难题，就业渠道不畅。[①] 就业率是影响学科发展的重要因素，因而是教育部考核高校学科建设的硬指标。目前一些高校将纪检监察学科建设的人才培养目标主要锚定在纪检监察岗位，课程主要围绕纪检监察业务需要开设，与纪检监察干部培训的知识体系相差不大，都注重纪检监察业务技巧、方法和相关理论，缺乏更广的应用性和可塑性。另外，纪检监察干部基本都是公务员或者事业单位正式编制，实行逢进必考原则。虽然纪检监察方向的本科生想从事纪检监察工作，但大部分纪检监察公务员招聘报名资格多数为研究生以上学历，小部分招聘本科生的又注明需要法律专业、计算机专业或审计专业等。公务员招录报名系统与最新的学科调整并没有及时衔接，招生公告中一般没有"纪检监察学"列入其中，报名系统中也往往没有"纪检监察学"的学科背景选项。纪检监察专业本科毕业生不具有报考资格。一方面应协调纪检监察机关和组织人事部门，给予纪检监察专业本科和研究生就业政策支持，在纪检监察岗位人员招聘时予以适当的倾斜。更为重要的是合理开设课程，纪检监察学科知识体系具有更广的适用性，应该增设马克思主义原理、哲学、伦理学、社会学、法学、会计学、审计学、党史、党建等学科知识，实行跨学科方式培养，全面提升学生的能力和素质。学生可以在纪检监察系统之外更广的范围进行就业选择。纪检监察学的名称某种程度上也影响了家长和学生的选择。社会上一般将纪检监察工作理解为得罪人的工作，将纪检监察学等同于为纪检监察机关培养人才，一些优秀学生不愿从事纪检监察方面的研究，导致每年申请纪检监察学方向的博士、博士后数量较少、质量不高，难以承担繁重而紧迫的纪检监察学科基础研究任务。

第三，推动纪检监察学科理论创新性发展。来自不同学科的学者习惯于以传统学科的范式展开分析，分别从各自单一的视角开展对策研究，往

---

① 岳侠：《纪检监察学科建设及专业人才培养初探》，载《西部学刊》2021 年第 15 期。

往就事论事地提出解决方案，从而使研究成果呈现"离散"状态，难以形成统一的理论。① 学术的进步、学科的发展需要理论的碰撞。但从事纪检监察学、监察法学、廉政学及其相关学科研究的学者各自研究各自的，彼此很少有观点的碰撞和交锋。现在学科并没有统一的理论框架和研究方法，不同的学者虽然研究的可能是同一个问题，但因为其所属的学术训练背景不同，受到既有学科知识体系和方法论的影响和困扰，对同一问题进行的理论阐述和解决方法并不相同，因而缺乏便捷地进行交流对话的概念体系和方法论基础。要走出这种困境，一个比较好的办法就是形成一个大家所公认的概念体系、理论框架和方法体系，对学科体系进行规范，在此基础上培养学科建设理论人才并推进学科理论发展。当前纪检监察研究成果很多，但有理论深度的高质量成果极为缺乏。纪检监察学要带头弘扬党内优良传统，开展学术批评和讨论，形成客观公正的学术评价机制，促进学术理论发展和繁荣。"政治敏感性"的标签束缚了纪检监察学理论研究的发展和深入。纪检监察学是推进国家治理现代化非常需要的学科，虽然研究对象中包含一些目前政治敏感度较高的问题，但该学科研究的问题大都不具有政治敏感性或者敏感程度较低，如纪检监察历史、监察体制的国际比较、社会公平正义、决策部署执行、环境污染治理、欺诈骗保等问题。纪检监察学研究纪检监察实践活动及其成效等内容，天然具有较强的政治性，但"政治敏感性"绝不是纪检监察学最为显著的特征。问题是时代的声音，回答并指导解决问题是理论的根本任务。敏感的问题往往是群众关心关注的热点和焦点问题，是党和国家事业发展迫切需要解决的问题，也是最具有研究价值的真问题。对敏感问题绕着走，不去直接面对，由于深入的理论研究缺乏或不足，问题的实质和深层次矛盾发现不充分、不全面，治理规律掌握不深透、不准确，不利于问题的实质性解决。我们要把握好习近平新时代中国特色社会主义思想的世界观和方法论，坚持好、运用好贯穿其中的立场观点方法，坚持问题导向，增强问题

---

① 吴建雄、杨立邦：《论监察学学科创建的价值目标、属性定位与体系设计》，载《新疆师范大学学报（哲学社会科学版）》2022 年第 2 期。

意识，坚持守正创新，坚决贯彻党的基本理论、基本路线、基本方略，增强"四个意识"、坚定"四个自信"、做到"两个维护"，不断提出真正解决问题的新理念新思路新办法。

新时代纪检监察学学科体系的构建与发展前景[*]

姜新平　王依凡^{**}

引言

习近平总书记在党的二十大报告中指出："加快构建中国特色哲学社会科学学科体系、学术体系、话语体系，培育壮大哲学社会科学人才队伍。"① 中国纪检监察学是系统研究中国纪检监察基本原理和制度实践的学科，是中国特色哲学社会科学学科体系的重要组成部分。新时代背景下，纪检监察学承载着贯彻落实习近平新时代中国特色社会主义思想、推动纪检监察工作高质量发展、塑造中国自主学科知识体系的历史使命。2022 年 9 月，国务院学位委员会、教育部印发了《研究生教育学科专业目录（2022 年）》（以下简称《新版学科目录》），将"纪检监察学（0308）"与法学、政治学等并列为"法学门类"下的一级学科。这标志着多年来围绕纪检监察学科归属问题产生的纷争即告终结，学科建设由各地自主探索的"前学科"阶段向全国统筹推进的"一级学科"阶段迈进。② 鉴于纪检监察学新兴学科的特点，如何在政策与学界取得共识的基础上进一步构建具有中国特色的纪检监察

---

* 本文发表于《河南财经政法大学学报》2023 年第 3 期。

** 姜新平，贵州民族大学法学院博士研究生，最高人民检察院司法案例研究基地——河南财经政法大学司法案例研究院研究人员，主要从事民族地区社会法治建设研究；王依凡，河南财经政法大学法学院硕士研究生，主要从事刑事诉讼法学研究。

① 习近平：《高举中国特色社会主义伟大旗帜 为全面建设社会主义现代化国家而团结奋斗：在中国共产党第二十次全国代表大会上的报告》，https://www.12371.cn/2022/10/25/ARTI1666705047474465.shtml。最后访问日期：2023 年 2 月 19 日。

② 早在目录出台前，全国部分高校、研究机构已经开展了纪检监察学方面的研究。但是由于纪检监察学在学科和专业目录中缺乏"名分"，纪检监察学科多以挂靠在其他学科的形式存在，有学者将这段时期称为"前学科"阶段。参见褚宸舸：《论纪检监察学的研究对象和学科体系》，载《新文科教育研究》2022 年第 2 期。

学科体系、学术体系和话语体系，成为当前亟待解决的问题。

学科体系、学术体系和话语体系是哲学社会科学的"三大体系"。就三者之间的关系而言，学科体系是目标，学术体系是达到该目标的途径，话语体系则从概念、陈述、文本构成等方面为学术研究提供规范的约束和引导。①其中学科体系有着导向作用，其完善程度决定了某一学科的深度和广度。纪检监察学科建设的首要重点是构建具有中国特色的纪检监察学科体系，学界对此展开了较为深入的研究：有学者对纪检监察作为一级学科的理论逻辑进行了阐述，指出纪检监察学科体系应该呈现出以纪检监察制度为逻辑起点，以党和国家的监督体系为基础范畴，以纪检监察权力的行使为核心内容，以纪检监察理论为基础支撑的整体架构；②有学者对纪检监察学二级学科划分进行了研究，在"三维度说""四维度说"的基础上提出"五维度说"，即理论学科、法律法规学科、事实与技术学科、工作实务学科、中外纪检监察制度学科；③有学者对各院校的纪检监察课程建设进行了分析，认为基础学科和领域学科这一现代学科分类更适合于纪检监察学之学科分类；④还有学者对纪检监察学科体系进行了横向比对和纵向考察，从一级学科、二级学科、研究方向等方面描述了纪检监察学科体系的全貌。⑤

上述研究为纪检监察学科建设提供了有利建议，不过仍有进一步探讨的必要。首先，从现有文献来看，在中国知网以"纪检监察学"为关键词进行检索，涉及纪检监察学科建设的文章仅有二十余篇，且大多集中于"新版学科目录"发布之前，这与纪检监察学"一级学科"的最新定位显然不相适应。其次，从实践需求来看，"新版学科目录"的实施极大地鼓舞了各地高校建设本校纪检监察学科的热情和信心，纪检监察学科建设急需更为充足的学术研究来为教学实践提供理论支撑。最后，纪检监察学科与党的执政

① 谢立中：《探究"三大体系"概念的本质意涵》，2023 年 1 月 15 日，http：//www.cssn.cn/skgz/bwyc/202208/t20220803_5460681.shtml，最后访问日期：2023 年 2 月 19 日。

② 张震、廖帅凯：《一级学科视域下纪检监察学体系论》，载《新文科教育研究》2022 年第 2 期。

③ 刘怡达、张文博：《纪检监察学：特质、设计与建设路径》，载《新文科教育研究》2022 年第 2 期。

④ 彭文华：《论纪检监察学的基本范畴、特点和体系》，载《东北农业大学学报》（社会科学版）2022 年第 2 期。

⑤ 褚宸舸：《论纪检监察学的研究对象和学科体系》，载《新文科教育研究》2022 年第 2 期。

理念息息相关，与纪检监察工作开展息息相关，特别是党的二十大以后，如何将最新会议精神融入学科建设中去，成为当务之急。有鉴于此，本文以梳理我国古代监察制度和当代纪检监察学科发展脉络为基础，探讨新时代背景下纪检监察学的学科体系建构，并展望其发展前景。

一、古代监察制度的形成与演变

监察制度是纪检监察学科的主要研究对象，纪检监察学科的形成发展与监察制度密不可分。古代"监察"一词有两种解释：一是动词，指监督视察，如《诗经·大雅·皇矣》中说"监观四方，求民之瘼"；二是名词，指代表君主监察各级官吏、惩贪纠错的官职名称，如唐代著名诗人元稹在《寄隐客》中写道："监察官甚小，发言无所裨。"中国古代的监察制度主要有御史制度和谏官制度，由于监察权在维系政纲、纠弹违法、权力制衡等方面有着积极作用，历来为统治者所重视。但是在封建社会，"君主集立法、行政、司法大权为一身，口含天宪，言出法随，法自君出，司法擅断"①，随着皇权的不断加强，监察制度逐渐沦为了专制统治的工具，人治色彩极为浓厚。若君主英明，则监察效果卓有成效；若君主昏庸，则监察效果大打折扣。此外，古代监察仅仅涉及制度层面的研究，不可能上升为理论和学科层面的探讨。但不可否认的是，古代监察文化和监察经验仍然值得借鉴。中国古代监察制度的演变可以分为以下三个时期。

（一）形成时期（秦汉—魏晋南北朝）

中国古代监察制度起源于秦汉时期。据史料统计，早在春秋战国时期，中国就已经出现具有监察职能的官吏②，但监察真正作为一项国家制度实施还要从秦朝时起。秦朝始创御史制度为国家监察制度，御史大夫为御史之首，位列三公之一，既协助丞相处理政事，又负有监督百官之责。汉代在

---

① 李鸣：《法的回声：从周公到章太炎》，法律出版社 2012 年版，第 5 页。

② 春秋战国时期各国出现一批负责记录的史官，他们的名称并不统一，有叫"御史"的，还有"大史""小史""内史"等称呼。其主要职责为替国君记录朝廷事项，收受和保管文件。不过由于与国君接触亲密，逐渐演变为带有监察性质的国君耳目。如《史记·滑稽列传》中淳于髡答齐威王问："大王当面赏酒给我，执法官站在旁边，御史站在背后，我心惊胆战。"可见那时"御史"所起的作用已远超本职，这也是后世御史制度之滥觞。

延续秦朝御史制度的基础上，基于本朝加强中央集权的需要，颁布《六条问事》等监察法规，并建立刺史出巡制对地方监察制度进行补充。随后魏晋南北朝时期各朝也多承袭汉制。在这一时期，一方面，监察权作为一项与行政权相制衡的国家权力而产生，并得到了巩固和发展，"自皇太子以下无所不纠"；另一方面，监察制度设计由粗糙趋向严密，官吏选拔、官吏管理、监察区域、监察事项等均有规定。

（二）发展时期（隋唐—元）

中国古代监察制度在唐宋时期得到空前发展。唐朝统治者在隋朝监察制度的基础上，结合本朝实际对监察制度进行了大幅度的改革更新，形成了由谏官系统和一台三院系统组成的台谏并立监察体制，其中台、殿两院对中央进行监察，察院对地方进行监察[①]，如图1所示。谏官的主要职责为劝谏天子过失，周代称其为"纳言"，春秋战国时期称"谏"，秦汉时期称"谏大夫"。唐朝极为重视谏官，将谏官制度作为一项重要的国家制度，以左右补阙、左右拾遗等官职将谏官设置于三省之下。谏官不仅可以散朝后与宰相、皇帝共议国事，必要时还可以向皇帝进言宰相不便言说之语，充当宰相口舌。纠察皇帝的司言谏官与纠弹大臣的司察御史两者互不干涉，为唐代的吏治清明奠定了基础，一直到了宋朝这一格局才被打破。宋朝虽承唐制，但与唐朝不同的地方主要在于：一是设立谏院与三省并行，谏官不再是宰相的下属；二是实行"官职差遣"制度，御史与谏官相互兼任，职权混同，谏官开始由原来劝谏皇帝转为纠绳百官特别是宰相，台谏合一趋势出现。[②]

元朝统治者将全国划分为22道监察区，每道设肃政廉访使一职作为地方的监察御史，诸道上设行御史台为地方监察机构，中央设御史台为中央监察机构。御史台不仅纠察百官，也指出君主政治得失。元代统治者特别重视监察法规的制定，曾先后制定颁布了御史台纲《设立宪台格例》和《禁治察司等例》等[③]。御史台、行御史台、肃政廉访司三层次的监察体系适应了

---

① 唐初全国分为10个监察区，称10道（后增为15道），每道设监察御史1人（先后称为按察史、采访处置使、观察处置使等），专门巡回按察所属州县。

② 李青：《中国古代监察机构的演变及其改革的经验教训》，载《国家行政学院学报》2017年第2期。

③ 唐进：《元明清时期地方监察制度的演变》，载《中国机构改革与管理》2015年第2期。

元朝疆域辽阔的现实情况，从组织上保证了对各级官吏实行有效的监察，但是在实际执行中受制于种族制度和吏治败坏，元朝监察制度大多流于形式。

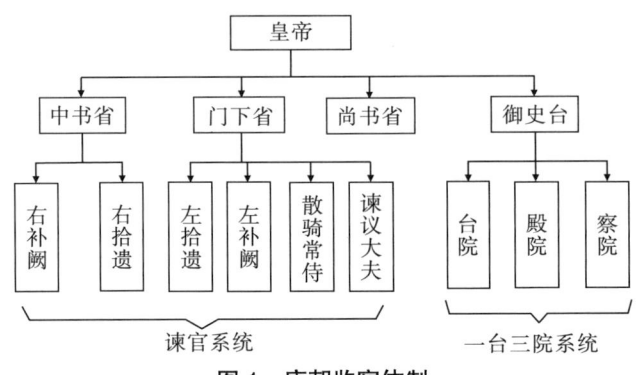

图1 唐朝监察体制

（三）完善时期（明—清）

中国古代监察制度完善于明清时期。明太祖朱元璋吸取元朝灭亡的教训，改国家监察制度为都察院一院制，集中行使监察权。都察院与国家最高行政机关（吏、户、礼、工、刑、兵六部）、最高军事机关（五军都督府）鼎足而立。在都察院下，将全国划分为13道监察区，每道监察区设置监察御史一职，定期对地方进行巡视。此外，明太祖朱元璋还设立了一个新的稽查机构——"六科"，每科设给事中一名，负责对六部官吏进行监察和规谏皇帝。监察御史又称道官，给事中又称科官，科道分职。清朝大体效仿明制，中央监察机关仍为都察院，地方监察方面也实行分道监察体制。[①]与明朝不同的是，清朝在雍正年间将"六科"并入了都察院，六科给事中与各道监察御史合称"科道"，实现了监察权职能的统一。

二、现代纪检监察学科的产生与发展

新中国纪检监察学研究与中国共产党百年纪检监察工作相伴而生。纪检监察工作维护了党在各个历史阶段路线、方针、政策的贯彻落实，为推进

---

① 清朝将全国按行省设15道监察区，每道设掌印御史和监察御史。

党的自我革命和引领中国社会变革提供了强大政治保障。中国现代纪检监察学的形成和发展，可分成如下四个阶段。

（一）初步建立时期（1921—1949 年）

1921—1949 年是我国纪检监察学的初步建立时期。中国共产党作为马克思主义政党，从诞生之日起就高度重视组织和纪律问题。中共一大制定了党的第一部纲领，奠定了"纪律立党"的基调。中共二大在一大的基础上通过了党的第一部正式党章，以"纪律"专章的形式规定了党的组织纪律、政治纪律、工作纪律等内容，突出体现了党对纪律问题的重视。中共五大对党章进行了修改，将监察委员会以及监察委员会的职权写入了党章中。中共七大对以往党的纪律建设积累下来的经验进行了总结，在党章中设"党的监督机关"专章，规定了党的监督机关的产生方式以及领导体制，完善了党的组织体制。[①] 这一时期，马克思、恩格斯关于政党纪律建设的学说以及毛泽东关于廉政的论述，成为纪检监察学的主要研究方向。

（二）曲折探索时期（1950 —1978 年）

1950—1978 年是我国纪检监察学的曲折探索时期。新中国成立初期，纪检监察工作取得了不错的进展。为了加强对党员干部的监督，1955 年 3 月，中国共产党全国代表大会通过了关于成立党的中央和地方各级监察委员会的决议。为了加强对国家公职人员的监察，1954 年 9 月，第一届全国人民代表大会第一次会议通过了关于设立国家监察部的决议。为了加强反腐倡廉思想教育，党中央多次开展了整党整风运动。[②]1952 年，中央人民政府委员会出台了新中国第一部专门惩治贪污腐败的法律——《中华人民共和国惩治贪污条例》[③]。但随着"文化大革命"的进行，纪检监察工作受到严重冲击，纪检监察学的理论研究也停滞不前。

---

① 《中国共产党党章：1945 年 6 月 11 日中共七大通过》，2023 年 1 月 15 日，https://fuwu.12371.cn/2012/09/21/ARTI1348215626066289.shtml。最后访问日期：2023 年 2 月 19 日。

② 新中国成立初期党的整风活动主要有：1950 年整风，主要任务是整顿全党作风，首先是领导干部的作风；1951 年至 1954 年整风，着重进行思想整顿和组织整顿；1957 年整风，主要整顿主观主义、宗派主义、官僚主义，解决全党适应社会主义建设新时期要求的问题。

③ 刘硕：《党的纪检监察工作的百年发展历程》，载《人民论坛》2021 年第 36 期。

（三）重建发展时期（1979—2012 年）

1979—2012 年是我国纪检监察学的重建发展时期。"文化大革命"的深刻教训促使党中央对纪检监察工作进行深刻反思并作出重大改变。在方针上，要求纪检监察工作比过去站得更高、想得更深、做得更主动，做到"逐步解决引发腐败现象的源头和深层次问题，达到标本兼治"[1]。在纪检监察组织体制上，1978 年 12 月，中国共产党第十一届中央委员会第三次全体会议通过了关于恢复设立中共中央纪律检查委员会的决议，纪检工作重新走上正轨。1987 年 6 月，中华人民共和国监察部正式开始办公，形成了党内监督和国家监察并轨而行的纪检监察组织体制。[2] 随后，面对实践中中纪委和国家监察部之间存在的职能交叉、机构重叠现状，1993 年年初，党中央、国务院联合发布通知，决定中共中央纪律检查委员会与国家监察部合署办公，实行一套工作机构、两个机关名称的工作体制。合署后的机构既履行党的纪律检查职能，也兼具政府行政监察职能，强化监督力量的统一行使。[3] 在党的十六大和十七大上，中国共产党将"组织协调反腐败工作"列在党的纪律检查委员会的三项主要任务中，将"反腐倡廉建设"列为党的建设的重要内容，进一步从思想和制度上加强党的自我监督。

纪检监察制度的重大变革极大地鼓舞了学术研究的热情。在研究范畴上，一些学者借鉴西方社会科学领域特别是监督学和政治学领域相关研究成果，对中国纪检监察建设中的一些重大理论和实践问题进行了深入研讨。如任建明主编的《反腐败制度与创新》[4]，在对法治、民主、权力监督、公务员、市场经济、管理利益等重要反腐败制度进行概述的基础上，引用韩、日、美、英等国的制度设计和相关案例，借此讨论某项制度在中国实践的可行性，为中国纪检监察学科建设提供了新的思路。姚兵所著《纪检监察工作

---

[1] 中共中央纪律检查委员会办公厅：《中国共产党党风廉政建设文献选编》，中国方正出版社 2001 年版，第 351 页。

[2] 唐丹、黄斌：《中国共产党纪检监察体制演变的历史回顾与经验总结》，载《安康学院学报》2021 年第 6 期。

[3] 中共中央组织部研究室：《党的组织工作大事记：1993—1997》，党建读物出版社 1999 年版，第 13~14 页。

[4] 任建明：《反腐败制度与创新》，中国方正出版社 2012 年版。

是一门科学：对建设纪检监察的思考与实践》[①]，对纪检监察工作的理论研究、文化教育、文明行业、查办案件、监督预防、制度建设等进行了分篇讲述，以理论联系实践的方式研究了纪检监察理论。在学科建设上，相继形成了"廉政学""监督学""反腐败学""监察学"等学科理论。

（四）全面发展时期（2013 年至今）

2013 年至今是我国纪检监察学的全面发展时期。在政策方针上，以习近平同志为核心的党中央高度重视反腐倡廉工作，着重指出纪检监察机关要"深化转职能、转方式、转作风，要明确职责定位，紧紧围绕监督执纪问责，全面提高履行职责能力"[②]。2014 年 10 月 8 日，习近平总书记提出推进全面从严治党。在监察体制改革上，遵循渐进改革的路径选择。2016 年 11 月，中共中央办公厅印发《关于在北京市、山西省、浙江省开展国家监察体制改革试点方案》，先行先试、探索经验。2017 年 11 月，全国人民代表大会常务委员会通过了关于在全国范围内推进国家监察体制改革试点工作的决定，将实践中已成熟的经验面向全国推广。[③]2018 年 3 月 20 日，第十三届全国人民代表大会第一次会议通过了《中华人民共和国监察法》。随着《中华人民共和国监察法实施条例》《中华人民共和国公职人员政务处分法》《中国共产党纪律检查委员会工作条例》等法律法规的出台，为纪检监察体制改革提供了强有力的法治支撑。在纪检监察学科建设上，2022 年 9 月，"纪检监察学"作为一级学科被列入"新版学科目录"之中。学界研究开始由碎片化探索走向系统化、体系化整合，一批成果相继出现，如《廉政学的学科定位与理论体系：兼论纪检监察学科建设何以可能》[④]、《纪检监察学学科的形成与发展述论》[⑤]、《建构中国自主的纪检监察学知识体系》[⑥]、《一级学科视

---

① 姚兵：《纪检监察工作是一门科学：对建设纪检监察的思考与实践》，中国建筑工业出版社 2006 年版。

② 韩亨林：《明确职责定位 转职能 转方式 转作风》，载《中国纪检监察》2014 年第 14 期。

③ 李霄冰、邓玲莉：《新中国成立后我国纪检监察制度的发展与完善》，载《中共桂林市委党校学报》2019 年第 2 期。

④ 王希鹏：《廉政学的学科定位与理论体系：兼论纪检监察学科建设何以可能》，载《广州大学学报（社会科学版）》2014 年第 2 期。

⑤ 杨永庚：《纪检监察学科的形成与发展述论》，载《廉政文化研究》2016 年第 2 期。

⑥ 王旭：《建构中国自主的纪检监察学知识体系》，载《求索》2022 年第 6 期。

域下纪检监察学体系论》^①等。王希鹏研究员在多年研究的基础上著《纪检监察学基础》^②一书,在书中对纪检监察学的基础理论、发展规律、业务工作等内容进行了系统阐述。

三、新时代纪检监察学学科的体系构建

(一)构建纪检监察学科理论体系的基本理念

首先,构建纪检监察一级学科体系应坚持政治导向。习近平总书记指出:"纪检监察机关要带头加强党的政治建设,坚定维护党中央权威和党的团结统一,围绕现代化建设大局发挥监督保障执行、促进完善发展作用,知责于心、担责于身、履责于行。"^③政治属性是纪检监察机关的第一属性,讲政治也是贯穿纪检监察工作全过程的根本要求。纪检监察学科建设必须始终坚持正确的政治方向,从学科维度深耕学理土壤,厚植人才根基,为实现党和国家监督体系和监督能力现代化提供理论和人才支撑。一方面,纪检监察学科体系中必须体现习近平新时代中国特色社会主义思想的指导地位,注重对习近平总书记关于全面从严治党重要论述的学理阐释,把握党中央推进纪检监察体制改革的政治意图,保证学科建设始终在党的领导下有序推进。另一方面,纪检监察学科划分必须有着更加宏大的格局视野,站在巩固党的执政地位、推进国家治理体系和治理能力现代化的战略高度来谋划,既要着眼于巡视巡察工作如何实现上下联动,法法衔接关系如何正确处理,违规违纪、职务违法、职务犯罪如何精准认定等微观视角,也要着眼于如何持续推动纪检监察工作高质量发展、如何深化纪检监察体制改革、如何将制度效能转化为治理效能等宏观视域。

其次,构建纪检监察一级学科体系应坚持实践导向。纪检监察学科的产生与发展与社会变迁特别是政治体制改革同步进行,纪检监察学科建设本身是党和国家监督体系和监督能力现代化的表现特征。过去五年和新时

---

① 张震、廖帅凯:《一级学科视域下纪检监察学体系论》,载《新文科教育研究》2022年第2期。
② 王希鹏:《纪检监察学基础》,中国方正出版社2021年版。
③ 新华社:《习近平在十九届中央纪委五次全会上发表重要讲话》,2023年1月15日,http://www.gov.cn/xinwen/2021-01/22/content_5581970.htm,最后访问日期:2023年2月19日。

代十年，在以习近平同志为核心的党中央坚强领导下，全面从严治党取得历史性、开创性成就。在充分肯定成就的同时，必须清醒看到，反腐败斗争形势依然严峻，铲除腐败滋生土壤任务依然艰巨。党的二十大报告指出："全面从严治党永远在路上，党的自我革命永远在路上。""只要存在腐败问题产生的土壤和条件，反腐败斗争就一刻不能停，必须永远吹冲锋号。"报告中"党的自我革命""两个永远在路上""三不腐一体推进""以零容忍态度反腐惩恶"等论述①，进一步强调了纪检监察学科是一门面向实践的学科。纪检监察学科应做到时代有所问、实践有所问，学科应作答。可以实践需求为导向，将以往较为成熟、经过实践检验的纪检监察理论提炼整理，形成"基础学科"；以解决实际问题为导向，归纳总结纪检监察工作中的重点、难点，形成"重点学科"；以未来发展为导向，保持体系的开放性，科学预测学科发展前景，形成"前沿学科"。

最后，构建纪检监察一级学科体系应体现中国特色。习近平总书记强调："我们有我们的历史文化，有我们的体制机制，有我们的国情，我们的国家治理有其他国家不可比拟的特殊性和复杂性，也有我们自己长期积累的经验和优势。"②纪检监察学科扎根中国大地，聚焦中国纪检监察事业发展，中国历史文化特别是建党以来的纪检监察史是学科的"根"与"源"，因此学科具有浓郁的中国特色和中国情怀。构建纪检监察学科，一方面要汲取本国长期积累的经验和优势，归纳中国纪检监察发展的特殊规律，使纪检监察学科服务于中国式现代化建设需要；另一方面要体现"吸收外来、面向未来"的大国情怀，为反腐败斗争这一世界性难题贡献符合中国实际和国际社会需求的学科范式。

（二）纪检监察学科理论体系的主要内容

1. 纪检监察学科的研究对象和研究范围。目前，学界对纪检监察学的

---

① 习近平：《高举中国特色社会主义伟大旗帜 为全面建设社会主义现代化国家而团结奋斗：在中国共产党第二十次全国代表大会上的报告》，2023 年 1 月 15 日。https://www.12371.cn/2022/10/25/ARTI1666705047474465.shtml，最后访问日期：2023 年 2 月 19 日。

② 人民日报理论部：《加快构建中国特色哲学社会科学》，载《人民日报》2021 年 5 月 18 日第 014 版。

研究对象尚未完全达成共识，主要存在以下四种观点：第一种观点是从制度和活动两个维度进行确定，认为"纪检监察学有明确且独特的研究对象，即纪检监察制度及相关活动"①；第二种观点是从其他学科的视角考量纪检监察学研究对象，如从政治学视角，认为"纪检监察学具有政治学的基本属性，如何用'纪律'来确保'从严治党'，这才是纪检监察学真正的、永恒的研究对象"②；第三种观点是将研究对象等同于研究范围或者研究内容，认为"纪检监察学科的研究对象应当包括党和国家监督体系、党风廉政建设和反腐败斗争以及纪检监察活动的理论、制度和实践等"③；第四种观点是以现象来概括研究对象，"纪检监察学是关于纪检监察的理论体系，其研究对象是纪检监察现象，包括纪检监察工作、纪检监察制度和纪检监察文化"④。

研究对象是对客体内在本质属性的抽象和概括，它既是一门学科区分其他学科的根本标志，也是建立、发展、完善这门学科的基础⑤。将纪检监察作为一种现象来研究，契合了纪检监察学的人文学科和实践学科定位，也能够使研究对象更为清晰明确。笔者赞同上述第四种思路。不过纪检监察学科的研究对象并非仅限于此。对纪检监察现象进行研究是为了揭示现象背后的纪检监察规律，进而以规律来检验具体制度设计是否科学。因此，纪检监察主体、纪检监察客体、纪检监察程序等各要素之间的关系作为规律的外在表现，也应纳入研究对象范畴。纪检监察学的研究对象可为纪检监察现象以及基于纪检监察现象而产生的纪检监察关系，前者包括纪检监察制度、纪检监察活动以及纪检监察理论研究，后者指基于纪检监察制度和纪检监察活动而形成的一种特定的社会关系。此外，以关系为视角也是对纪检监察中所存在的纪律规范与法律规范、执纪程序与执法程序、纪检机关与监察机关等纪法衔接问题域的

---

① 王冠、任建明：《创建纪检监察学的意义、现状与建议》，载《北方论丛》2022年第2期。
② 杨永庚：《纪检监察学学科属性探讨：关于纪检监察学研究对象的思考》，载《陕西行政学院学报》2017年第2期。
③ 王希鹏：《纪检监察学科建设前瞻》，载《中国纪检监察报》2022年1月20日第6版。
④ 褚宸舸：《论纪检监察学的研究对象和学科体系》，载《新文科教育研究》2022年第2期。
⑤ 任克勤：《公安学一级学科建设与公安高等教育发展》，载《公安教育》2011年第10期。

重视。

纪检监察学的研究范围也与研究对象相关。如图 2 所示，我国纪检监察学的研究范围主要包括以下方面。第一，纪检监察制度以及基于纪检监察制度而形成的纪检监察规范关系。纪检监察制度为纪检监察领域的相关制度规则，为静态的、应然的研究对象，包括政策、纪律、法律等。在这一层次中，制度之间的衔接关系、上下级之间的组织关系以及同级之间的职责分工关系、纪检监察主体与纪检监察对象之间的权利义务分配关系等应为研究重点。第二，纪检监察活动以及基于纪检监察活动而产生的纪检监察事实关系。纪检监察活动为纪检监察领域中的制度运行措施、方法、程序和效果，为动态的、实然的研究对象，包括监督检查、审查调查、巡视巡察、国际追逃追赃、监督惩戒等。在这一层次中，制度规范从应然转变为了实然，由此在主体之间形成的监督检查关系、审查调查关系、巡视巡察关系等实然状态的事实关系应当作为研究重点。第三，纪检监察理论研究。这部分内容主要研究纪检监察学科的指导思想、方法论以及纪检监察制度和纪检监察活动的共同发展规律，包括中国特色社会主义监督道路、纪检监察原理、中外纪检监察制度史、中外纪检监察文化等内容。纪检监察理论研究并不会形成纪检监察关系，但它的研究目的是为纪检监察领域提供具有指导性作用的基础理论。

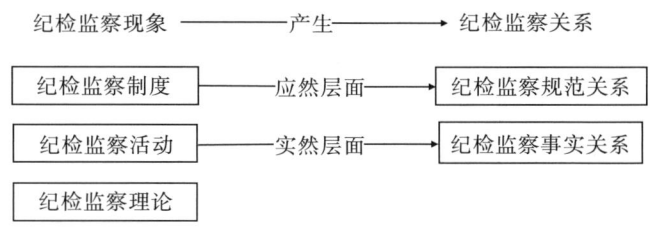

图 2　纪检监察学科研究范围示意图

2. 纪检监察学科的体系设置。学科体系是某一学科的内在逻辑结构及其理论框架，对学科繁荣发展、人才培养和科研的管理、统计、学术评价、学科建设等工作具有重要意义。[①] 纪检监察学科以实现党和国家监督体系和

---

① 　高金虎：《论国家安全学的学科体系》，载《情报杂志》2022 年第 1 期。

监督能力现代化为根本任务，以全面从严治党和推进党的自我革命为指导思想，以党的纪检制度和国家监察制度为制度基础，以纪检监察实务工作为实践基础，以政治学、法学、经济学、中国特色社会主义哲学为学理支撑，目的是揭示纪检监察现象，分析纪检监察关系，探究纪检监察规律，进而指导纪检工作新实践。纪检监察学科属于法学门类，纪检监察学科体系可按理论、制度、工作、中国特色划分，设立4个二级学科为宜，即纪检监察理论研究、纪检监察制度研究、纪检监察实务研究、廉政学研究，如表1所示。

表 1　纪检监察学二级学科设置

学科门类	一级学科	二级学科	研究内容
法学	纪检监察学	纪检监察理论研究	纪检监察原理、纪检监察文化、纪检监察史等
		纪检监察制度研究	党的纪律检查制度与国家监察制度的基本概念、体系构成、理论基础、制定程序、规范衔接、实施要求、领导与组织体制等
		纪检监察实务研究	纪检监察业务、反腐败国际合作、纪检监察证据学、违法违纪心理学、纪检监察技术学等
		廉政学研究	中国历代领导人的廉政思想、习近平法治思想中的反腐理论、中国廉政文化与党的反腐倡廉建设等

第一，纪检监察理论研究。纪检监察理论是纪检监察学科的基础。该方向主要研究纪检监察原理、纪检监察文化、纪检监察史等。第二，纪检监察制度研究。制度是现代社会运行的基础，纪检监察制度是纪检监察工作开展的前提条件。纪检监察制度研究至少涉及两个层次：一是党的纪律检查制度，主要研究纪律检查制度的基本概念、体系构成、理论基础，纪律检查相关规范的制定程序和衔接问题，制度实施的基本内容与要求，纪律检查组织领导体制等。二是国家监察制度，主要研究国家监察制度的基本概念、体系构成和理论基础，监察规范的制定程序和衔接问题，制度实施的基本内容与要求，国家监察组织领导体制等。第三，纪检监察实务研究。纪检监察实务研究着眼于纪检监察实践。纪检监察实务研究既强调学科自身特性，内容包括纪检监察业

务、纪检监察办案规律、反腐败国际合作等;也强调跨学科发展,内容包括违法违纪心理学、纪检监察技术学等。第四,廉政学研究。廉政学是从纪检监察理论中抽出一部分内容进行专题研究,主要内容包括中国历代领导人的廉政思想、习近平法治思想中的反腐理论、中国廉政文化与党的反腐倡廉建设等。

四、我国纪检监察学科的发展前景

2020 年 11 月 3 日,教育部新文科建设工作会议在山东大学发布了《新文科建设宣言》,其中指出:"推进新文科建设,要坚持不懈挖掘新材料、发现新问题、提出新观点、构建新理论,加强对实践经验的系统总结,形成中国特色文科教育的理论体系、学科体系、教学体系,为新一轮改革开放和社会主义现代化建设服务。"①面对当今传统文科"为学术而学术""务虚""学科孤岛"等窘境②,新文科建设所强调的中国特色、实践导向、学科融合为未来中国学科转型提供了新的路径选择。纪检监察学科与新文科建设目标不谋而合。未来,纪检监察学科应当处于中国特色社会科学体系之下,以新文科建设的方针和政策为指导进行学科建设,迎合学术大转型的时代潮流。具体言之,应当从以下几方面出发。

(一)采取顶层设计,稳步推进纪检监察学科建设

近年来,与纪检监察有关的研究平台如雨后春笋般涌现,科研成果也方兴未艾。但可以看到,纪检监察学科作为一种新兴学科,在科学研究、学术队伍、人才培养等方面尚且薄弱。纪检监察学科所承载的历史使命、纪检监察理论的深厚广度、反腐败斗争的永无止境,昭示了纪检监察学科有着巨大的学科潜力,未来的发展趋势是形成学科群。

一方面,加强学科建设统一设计和规划。目前纪检监察学科建设多为各大院校自主探索,虽然在学术资源、师资队伍、人才培养等方面积累了一定经验,但由于院校与院校之间存在着沟通困难,全国性纪检监察学科建

① 教育部:《〈新文科建设宣言〉正式发布》,2023 年 1 月 15 日,http://www.eol.cn/news/yaowen/202011/t20201103/_2029763.shtm,最后访问日期:2023 年 2 月 19 日。

② 王建学:《论监察法学的学科建设与人才培养:以新文科建设为背景》,载《新文科教育研究》2022 年第 2 期。

设交流机会也少之又少，纪检监察学科并没有形成统一的建设方向。笔者建议，纪检监察学科建设应当采取顶层设计，由中央纪委国家监委联合教育部等部门，组织相关专家学者成立指导小组，在对全国开展纪检监察研究的高校和科研机构进行全面调研的基础上，制订与研究方向、课程教材、学位授予点设置、人才培养与就业等方面有关的指导性方案。

另一方面，应当深化跨学科交叉融合。学科交叉融合是当前科学技术发展的重要趋势，某个新研究领域成功地移植成熟学科的研究方法进行探索，有助于促成进一步的科学发现。① 打破学科壁垒对纪检监察研究领域的开拓具有重要意义。纪检监察学科建设应当打破纪检监察学科与其他人文学科之间的壁垒，借鉴其他人文学科的研究方法，包括政治学、法学、经济学、社会学等研究方法，以新的研究思路对纪检监察现象进行分析，发展交叉研究方向。同时，打破纪检监察学与自然科学之间的壁垒，利用计算机、互联网、大数据等高科技手段，为纪检监察理论研究和纪检监察工作实务提供技术支持。

（二）以实践为导向，加强纪检监察人才培养

千秋伟业，人才为本。如今许多地方的纪委监委已经部署了本地区纪检监察业务人才培养计划，旨在培养一批高素质的业务人才，以适应新形势下纪检监察工作的需要。纪检监察工作的持续推进需要形成基础理论扎实的人才梯队，为现代化建设的战略目标提供坚实的人才保障。一方面，应当尽快制定和实施全国纪检监察学科学术人才队伍建设规划。有学者主张，应当大力培养学术领军人物和学术骨干，着重培养中青年学术后备力量，塑造一批高水平的科研创新团队。② 笔者认为，研究项目和研究基地不能仅满足于现在的情况，在此基础上，可以设立与纪检监察相关的国家级、省部级专项课题，激发学科队伍的研究动力。

另一方面，应当深化行业融合，健全"委校合作培养模式"。纪检监察学科建设，不仅是为了培养一批理论功底深厚的学术人才，也是为了培

---

① 第 24 期高校领导干部进修班"高校科技创新"课题组：《高校科技创新浅析》，载《国家教育行政学院学报》2005 年第 5 期。

② 吴建雄：《稳步推进纪检监察学一级学科建设》，2023 年 1 月 15 日，http://ex.cssn.cn/glx/glx/_glll/202203/t20220315_5398702.shtml，最后访问日期：2023 年 2 月 19 日。

养一批能够处理实务难题的实务人才。首先,各级纪检监察机关应当加强与高校的合作,联合制订本地区纪检监察人才培养计划,在条件允许时可以安排高校纪检监察学科教师到当地机关挂职锻炼,组织纪检监察专业学生到当地机关实习;同时,利用高校教育资源,定期开展纪检干部专题培训班,实现合作共赢。其次,各类企事业单位应主动适应加强内部监督、完善内部治理,与当地纪检监察学院合作,增加监察或者监督岗位,扩大就业方向,提高学生就业率。最后,高校应当重视对纪检监察课程体系的设计,针对教学中纪检监察教材多为短期技能培训性质的困境,组织人员进行教材编写,针对教学中多理论课程缺乏实务课程的问题,与实务部门合作,开设案例分析、监察实务等实践课程,培养高素质应用型纪检监察人才。

(三)结合时代需要,与智慧反腐理念相契合

智慧反腐是新时代背景下,将新一代信息通信技术运用到腐败治理领域的一种新型反腐方式,涉及腐败预警、权力监督、制度约束、教育引导等多个环节。智慧反腐适应党的二十大报告"不敢腐、不能腐、不想腐一体推进"的战略部署,对国家治理体系和治理能力现代化具有重大意义。智慧反腐包括两个方面:一是反腐机制,涉及反腐预案、反腐体制、反腐机制、反腐法制等;二是反腐技术,涉及区块链、大数据、人工智能等高新科技在腐败治理领域中的运用。当前,大数据反腐在覆盖面、时效性、精准度等方面较传统反腐手段更为出色,成为智慧反腐领域的重点。借助大数据所具有的"高速度""多样化""大容量"等特点,能够通过构建数据模型、数据分析和对比等方式发现腐败重点治理环节、深挖腐败线索、压缩腐败空间。纪检监察学科建设应积极与智慧反腐理念相结合,探索智慧反腐新模式,适应党的二十大提出的"坚定不移全面从严治党,深入推进新时代党的建设新的伟大工程"目标。

结语

新时代背景下加快推进纪检监察学科建设，对于提高纪检监察工作质量、完善党和国家监督体系、丰富中国特色社会主义理论体系、塑造当代中国学术话语权具有重要意义。党的二十大报告指出，坚持和发展马克思主义，必须同中国具体实际相结合，必须同中华优秀传统文化相结合。"两个结合"是新时代纪检监察学科建设的根本指导思想。马克思主义经典思想家关于反腐败的论述、中国古代监察制度和新中国现代纪检监察实践，共同为纪检监察学科建设打下了坚实基础，党的十八大以后国家监察体制改革、哲学社会科学变革为学科建设提供了难得的机遇。当务之急是对纪检监察学科研究对象、研究范围、研究方法等基本理论问题进行梳理和分析，为推动构建中国特色纪检监察理论体系提供必要的学术支撑。本文围绕纪检监察学科理论体系进行了初步研究，分析了纪检监察学科在学科体系、学科性质、统一规划、人才培养等方面存在的问题，并对纪检监察学科顶层设计、"委校合作培养模式"、智慧反腐进行了展望，意在抛砖引玉，推进我国纪检监察理论与实务研究，有助于落实党的二十大报告中全面从严治党、党的自我革命等任务，实现党和国家监督体系和监督能力现代化。

二 | 纪检监察理论

习近平法治思想中"纪在法前"理念的溯源与实践 *

赵海全 **

"纪法关系"既是中国特色社会主义法治理论研究中的重大理论问题，同时也是关乎全面从严治党与法治中国建设的重大实践问题。习近平总书记指出："无数案例证明，党员'破法'，无不始于'破纪'。"① 习近平总书记通过系统地论述纪法关系，逐渐形成了"把纪律挺在前面""纪严于法""纪在法前""纪法分开""纪法贯通"等正确处理纪法关系、纪法衔接的基本原则。其中，"纪在法前"是坚持法治思维下全面从严治党的新要求，是法治中国建设的新思路。

习近平总书记首倡的"纪在法前"理念，根植于中华民族优秀的传统文化，结合于建党百年管党治党的经验启示，形成于新时代法治中国建设的具体实践。习近平总书记强调："马克思主义和中华优秀传统文化来源不同，但彼此存在高度的契合性。"② 中国共产党人运用马克思主义指导中国革命、建设、改革实践的本质，是在对马克思主义理解和认同的基础上将马克思主义中国化时代化，使其与中国社会相融通的过程。因此，正确理解习近平法治思想中"纪在法前"理念的科学内涵与重大意义，既要将其放置在中国语境解读其中所蕴含的"中国性"意涵，又要立足于马克思主义政党的独有特质，还要关注其在法治中国建设中的特有价值。

---

* 本文发表于《行政法学研究》2024 年第 3 期。

** 赵海全，中国政法大学法学院讲师，法学博士，主要从事党内法规建设研究。

① 习近平：《在第十八届中央纪律检查委员会第六次全体会议上的讲话》（2016 年 1 月 12 日），载中共中央文献研究室编：《习近平关于全面从严治党论述摘编》，中央文献出版社 2016 年版，第 114 页。

② 习近平：《在文化传承发展座谈会上的讲话》（2023 年 6 月 2 日），载《求是》2023 年第 17 期。

一、"纪在法前"理念的思想渊源

"纪在法前"理念有着深厚的优秀传统文化渊源。在传统中国语境下，"纪"的本质是"礼"。虽然中国传统社会没有现代意义上的政党，但中国古代的"礼"有着与党规党纪相同的价值追求，二者都是一种秩序性要求。"以'礼'为先"是传统中国社会独具特色的治理理念。在某种意义上，"纪在法前"理念是对传统中国"礼法之治"政治传统的承继。中国共产党语境中的"铁的纪律"并不是对"列宁式政党纪律"的简单移植，而是与传统中国"礼"相结合的产物。与此同时，传统中国的"为公"观念和"克己"理念也分别为"纪在法前"的生成提供了集体意义与个人层面的价值基础。这均为"纪在法前"理念的提出和实践奠定了丰富的文化基础。

（一）礼法之治："纪在法前"的规范价值渊源

"礼"是儒家思想的核心概念之一，最初起源于古代祭祀仪式。"礼"在以仪式的形式规范祭祀活动时，亦表现出"礼"所蕴含的规范性特质。随着人类文明的渐次发展，"礼"的意涵不断丰富，逐渐扩大到对人行为的调整与社会秩序的建构。《左传·昭公二十五年》载："夫礼，天之经也，地之义也，民之行也。"可以说"礼"源自天道，是"天经地义"的，是人的行为准则。[①]

"礼"对中国社会产生着深远影响。康有为曾言："礼者，犹希腊之言宪法，特兼该神道，较广大耳。"[②]"'礼法'所表征的，是某种由个人的道德修为，到家庭伦理、社会制度、国家体制，再到族群及国家间关系，乃至于天下文明的一整套秩序。"[③]"礼"的本质侧重于道德属性，但并不等同于发挥柔性效力的道德规范。在费孝通看来，礼并不必然带有"文明"，或是"慈善"，也可以很"野蛮"[④]。因此，广义的"礼"，既包含道德规范，也包括法律

---

① 参见俞可平：《礼法合治与中国人的行为方式——制度与习惯的中国式解读》，载《中国治理评论》2021年第1期。

② 康有为：《康有为全集》（增订本）（第5集），姜义华、张荣华编，中国人民大学出版社2019年版，第547页。

③ 梁治平：《"礼法"探原》，载《清华法学》2015年第1期。

④ 参见费孝通：《乡土中国》，湖南人民出版社2022年版，第61页。

准则。①换言之，"礼"是兼具"德教"与"强制性"的社会规范。这恰恰与党的纪律有着功能上的相似性。

"以'礼'为先"是传统中国社会治理实践中的独有样态。在传统中国语境下，"礼"与"法"都是国家治理和社会秩序建构的规范依据。或许受到《说文解字》中"灋，刑也"的影响，传统中国的"法"更多地指涉其刑罚意涵。就"礼""法"关系而言，《后汉书·陈宠传》载："礼之所去，刑之所取，失礼则入刑，相为表里者也。"这表明，礼与法形成了规范意义层面的互补关系。具体而言，"礼"是引导人们做对的事，而"法"是惩罚做错事的人。"礼"与"法"的主要差异在维持规范的力量，"法"依靠国家的权力推行，"礼"则偏重于"传统"。②因此，相较于刑罚意味更重的"法"而言，"传统"更容易使人接受与自觉遵守。也正因为如此，《汉书·贾谊传》载："礼者禁于将然之前，而法者禁于已然之后。"这表明，"礼"相较于法，具有适用上的"在先性"。因此，用现代话语来解释规范适用层面的"礼法关系"，可将其凝练为"礼在法前"。

"纪"起源于习惯，是规范传统中国社会秩序的又一重要概念。对于纪律的意涵，《左传·桓公二年》中载："百官于是乎戒惧，而不敢易纪律。"此处"纪律"意指纲纪法律。何为纲纪？《白虎通·三纲六纪》载："纲者张也，纪者理也。大者为纲，小者为纪。"表明"纪"可作"理"解。《礼记·仲尼燕居》中载："礼也者，理也。"由此可知，"理"通"礼"。同时，《礼记·礼运》载："礼义以为纪。"从这层意义上看，可将"纪"纳入"礼"的范畴。"礼在法前"为"纪在法前"理念的形成奠定了坚实的传统法文化基础。

（二）为公观念："纪在法前"的目标价值渊源

"公"是中华文明中的重要语汇和思想观念之一。对"公"之观念认知的经典语源是《礼记·礼运》中所载的"大道之行也，天下为公……是谓大同"。《辞海》中将"公"解释为无私、共同、国家等意。③日本学者沟口雄三

① 参见俞可平：《礼法合治与中国人的行为方式——制度与习惯的中国式解读》，载《中国治理评论》2021年第1期。
② 参见费孝通：《乡土中国》，湖南人民出版社2022年版，第62页。
③ 参见《现代汉语辞海》编辑委员会编：《现代汉语辞海》，中国书籍出版社2003年版，第350页。

曾从政治、社会、道德等三个方面对"公"的含义进行分类。[①] 陈弱水则是将"公"的内涵划分为"政府、朝廷或政府事务""普遍或全体""'善'或世界的根本原理""承认'私'的前提下的普遍或全体""共同、共有、众人"等五种类型。[②] 由此观之,"公"在中国语境中始终是注重集体意识的观念。

在政治社会语境下,"天下为公"首先应当是一种文明指向的社会秩序的表达。在传统中国,大同社会是一种理想型社会。"天下为公"则是中国儒家先贤所构想的大同社会的表征和条件之一。何为"天下"? 在儒家的"天下观"中,"天下"是关乎世道人心、伦理与政治的总体性存在,其内在之道是"仁"。[③] 在孟子看来,"得天下有道:得其民,斯得天下矣;得其民有道:得其心,斯得民矣"[④]。在这层意义上来讲,民众、民心即为"天下"。换言之,"天下"不仅仅是指地理空间意义上的山河湖海,更是指生活在祖国山河中的民众。"为公"则被视为传统中国理想型社会的共有特征。梁治平认为,"大同之为大同,不只在其'公权',更在其'公产'、'公心'"。是否"为公",被作为"古代政治批判和社会批判的准据"。[⑤] 这意味着,传统中国"公"之观念同时带有很强的伦理和规范色彩。

"天下为公",同时也是一种政权治理层面的概括,其所表达的是政权"属公"之意。作为政权治理概念的"公",是以"国君"为语源[⑥],而后逐渐衍生为公共事务或政府事务之意。《吕氏春秋·贵公》载:"昔先圣王之治天下也,必先公。公则天下平矣。"康有为认为"夫天下国家者,为天下国家之人公共同有之器"[⑦]。这表明,政治含义层面的"为公",不是封建君主主观品格的抽象,而是古代中国国家治理的目标和方式。因此,对"天下为公"

① 参见 [日] 沟口雄三:《中国的公与私·公私》,郑静译,生活·读书·新知三联书店 2011 年版,第 51 页。

② 参见陈弱水:《公共意识与中国文化》,新星出版社 2006 年版,第 76~77、84、89、94 页。

③ 参见张曙光:《"天下为公":在理想与现实之间》,载《北京师范大学学报》(社会科学版) 2016 年第 2 期。

④ 姜国钧:《孟子精讲》,湖南大学出版社 2018 年版,第 155 页。

⑤ 参见梁治平:《"为公"的理念》,载《中国法律评论》2014 年第 2 期。

⑥ 参见陈弱水:《公共意识与中国文化》,新星出版社 2006 年版,第 99 页。

⑦ 康有为:《康有为全集》(增订本)(第 5 集),姜义华、张荣华编,中国人民大学出版社 2019 年版,第 547 页。

作出文义解释,可将其理解为所有人共同拥有"天下"。"为公"在所有人对"天下"拥有层面折射出均平伦理的同时,包含指涉所有人在内的"整体利益观"。

"为公"观念是"纪在法前"理念的目标价值,契合于党"立党为公"的执政理念。"纪在法前"理念兼具治党与治国双重指向。一方面,保障党的团结统一是管党治党时坚持"纪在法前"的价值导向之一。团结统一突出强调的就是整体意识和集体主义观,这与"公"的意涵相暗合。另一方面,执政为民是党领导治国理政时坚持"纪在法前"的终极目标指向。"天下为公"观念与党"立党为公"执政理念的核心都在于"为公"。"为"可作"是"解,亦可表"目的",这使得"为公"成为内含行动者主观意志和行动目标指向的语词表达。党领导的社会主义中国,一切权力属于人民。这与儒家"天下观"中"民"即"天下"的意蕴指向相一致。传统中国"为公"观念与党的"立党为公"执政理念在形成一种思想上传承的同时,也为"纪在法前"理念提供了行动方向的指引。

(三)克己理念:"纪在法前"的行为价值渊源

"克己"是儒学的又一核心概念,其经典论述为"克己复礼为仁"。在儒家思想中,"克己复礼"是一个兼具伦理性和政治性的概念。与"为公"突出的"集体主义"蕴含不同,"克己"意指对个体的规约,强调个人的自我约束和德行修养。"仁"是儒家文化中最高的道德范畴,是儒家先贤所追求的终极目标。子曰:"人而不仁,如礼何?人而不仁,如乐何?"(《论语·八佾》)。在孔子看来,人的内在仁德品格既是合"礼"的前提,又是合"礼"的深层次追求。"克己复礼为仁"被儒家定为一种可供行效之范式,其所期望形成的是以人的能动性为主导、以人的内在仁德为目标和价值追求的理想样态。"克己复礼"则被视为达到"仁"境界的修养方法。

"克己"是对人的主体性要求,是一个涵摄人之表与里、外与内、形与心的理念。具体来说,"克己"兼具"约己"和"修身"两方面命意。一方面,"克己"强调个体的自我约束,或称之为"约己"。西汉扬雄首先提出,"胜己之私之谓克"。朱熹则进一步指出,"克,胜也。己,谓身之私欲也"。私欲,是指不正当的欲望。同时,朱熹强调,"要'克己复礼',便是要克尽私意"。私意,是指私心。因此,"胜私"是"克己"的重要体现之一。在"胜私"的要求下,个体既要"克除私欲",又要"克除私意"。另一方面,"克己"突出个体的道德修养,或称之为"修身"。马融曰:"克己,约身也。"毛奇龄指出:"克者,约也,抑也。己者,自也。"在"克己"理念的影响之下,个人会自觉地将自身行为对标"礼"的要求。由此,个体对"礼"的理解也会逐渐从规则遵守的规范层面,升华为理想信念的价值层面。

"复礼"是对个体行为的规范性和自觉性要求。个人行为符合"礼"之规范是"复礼"的第一层次要求。其中,"复"可解释为"符合"之意,"礼"则泛指人们应当遵守的行为规范。人在遵守"礼"时的动因具有多元性特征,包含个人发自内心的自觉遵守、对道德谴责或其他不利后果的规避、对他人行为的效仿等。但无论何种动因,均会使得人的行为在形式上符合"礼"的要求。然而,在孔子看来,"复礼"所强调的不仅仅是要求个体在形式意义上符合"礼制",更强调个体在自我意识主导下对"礼"的主动遵从。[1] 换言之,个体追求的行为合"礼"性,是以其内心对"礼"的认同为前提,是一种个体对"礼"自觉主动意义的践履。"克己"理念恰恰成为个体从追求行为的形式合"礼"向自觉合"礼"转变的有效范式。

儒家所倡导的"克己复礼为仁"与党员干部"克己奉公"的品格要求具有理念价值与实现路径上的一致性。"克己复礼为仁"的本质是道德意志范畴,强调作为行为主体的人的主观能动性。个体以"克己"的方式,不断提升自我的内在德行修养,实现自身行为的合"礼"性,直至"仁"境。"纪在法前"为党员干部不断锤炼"克己奉公"品格提供规范依据和实现路径上的指引。"奉公"是党"立党为公,执政为民"执政理念在党员干部个体意义层面的语词表达,是党员干部所要追求的"仁"。党规党纪内含"道德性"与"规范性"属性,是各级党组织和党员干部应当遵循的"礼"。"纪在法前"

---

① 参见白奚:《援仁入礼仁礼互动——对"克己复礼为仁"的再考察》,载《中国哲学史》2008年第1期。

要求党员干部以"克己"的自觉内省精神,时刻将自身行为对标党纪和国法的双重规制,以符合"奉公"责任使命中所内嵌的"礼制"和"法制"的要求。

二、政党治理中的"纪在法前"

"铁的纪律"是马克思主义政党话语体系中极具标志性的概念。马克思主义传入中国后,"铁的纪律"成为中国共产党人认识和建设马克思主义政党的标志与依据。党规党纪和国家法律均体现党的意志,二者同属于党的规矩范畴。相较于国家法律,党规党纪属于党的内部规范。在依规治党语境下,优先适用党规党纪是马克思主义政党以"铁的纪律"管党治党的政治传统。在建设长期执政的马克思主义政党的维度中,"纪在法前"是党坚持"立党为公"执政理念与党员"克己奉公"理想信念的必然要求。

(一)铁的纪律:"纪在法前"的规范基础

"纪律",被视为马克思主义政党的生命线。习近平总书记更是强调,"我们党是靠革命理想和铁的纪律组织起来的马克思主义政党,纪律严明是党的光荣传统和独特优势"[①]。"铁的纪律"已经成为内嵌在马克思主义政党内在品格的特有符号。这一语词表达也影响着党的建设以及党员干部对纪律的理解和遵守。因此,准确把握"铁的纪律"的科学内涵是理解"纪在法前"的理论前提。

首先,"铁的纪律"蕴含着维护党的"团结一致"指向的目标。恩格斯在回答什么是马克思主义政党的纪律这一问题时指出,他使用"纪律"一词"并不是指纠正不良行为说的",而是指形成"习惯的团结一致"。[②]列宁指出,"工人阶级的力量在于组织""组织性就是行动一致"。同时,列宁强调,"没有思想的组织性是毫无意义的""没有讨论和批评的自由,无产阶级就不承认行动的一致"。因此,列宁认为党的纪律应当包含"行动一致,讨论

---

① 习近平:《严明政治纪律,自觉维护党的团结统一》(2013 年 1 月 22 日),载中共中央文献研究室编:《十八大以来重要文献选编》(上),中央文献出版社 2014 年版,第 131 页。
② 参见中共中央马克思恩格斯列宁斯大林著作编译局编译:《马克思恩格斯全集》(第 15 卷),人民出版社 1963 年版,第 286 页。

和批评自由"三大要素。① 陈云则认为"如果党不是有铁的纪律的队伍，就不能去团结最大多数的人民群众"②。也正因为如此，《中国共产党章程》(以下简称《党章》)第 39 条将党的纪律界定为，党的各级组织和全体党员必须遵守的行为规则，是维护党的团结统一、完成党的任务的保证。

其次，"铁的纪律"期望实现的并不是一个"惩罚严厉"意义上的纪律。福柯指出："纪律的高雅性在于，它无须这种昂贵而粗暴的关系就能获得同样大的实际效果。"③ 在马克思主义政党话语体系中，时常用"铁的""严明""管党治党的'戒尺'""带电的'高压线'""刚性的规矩"等语词来修饰"纪律"。但是，受到中国礼治传统与党的纪律建设义务中心主义的影响，党的纪律的具体内容带有很强的政治忠诚元素和道德属性。依据《党章》和《中国共产党纪律处分条例》等相关党内法规的规定，对党员违纪行为最严厉的处分是开除党籍。单就党纪处分而言，其更多的是对党员政治生命产生影响力，并不会直接调整党员的财产安全和人身自由，后者是国家法律调整的范围。因此，"铁的"等语词所指向的是党员应当"不打折扣""严格"地遵从和执行党的纪律的规定。党员对党的纪律的遵守绝非仅仅出于对违纪后果的惧怕，而是源于党员的心甘情愿。

最后，"铁的纪律"是建立在党员认同与"自觉遵守"意义上的纪律。习近平总书记指出："讲规矩是对党员、干部党性的重要考验，是对党员、干部对党忠诚度的重要检验。"④ 列宁在回答无产阶级革命政党的纪律是靠什么来维持、检验和加强时指出：一是靠无产阶级先锋队的觉悟和它对革命的忠诚；二是靠无产阶级政党善于同最广大的劳动群众打成一片(密切联系群众)；三是靠这个先锋队所实行的政治领导及政治战略和策略的正确，

---

① 参见中共中央马克思恩格斯列宁斯大林著作编译局编译：《列宁全集》(第 14 卷)，人民出版社 2017 年版，第 121~122 页。

② 中共中央文献研究室编：《陈云论党的建设》，中央文献出版社 1995 年版，第 31 页。

③ [法] 米歇尔·福柯：《规训与惩罚：监狱的诞生》(修订译本)，刘北成、杨远婴译，生活·读书·新知三联书店 2019 年版，第 147 页。

④ 中共中央纪律检查委员会、中共中央文献研究室编：《习近平关于严明党的纪律和规矩论述摘编》，中央文献出版社、中国方正出版社 2016 年版，第 8 页。

而最广大的群众根据切身经验也确信其正确。① 瞿秋白也有相同认识，他指出，党是由有铁的纪律和严格的民权集中所建构的革命秩序团结着的革命组织。这样一种革命秩序的形成和巩固，需要有觉悟的无产阶级先锋队忠实于革命，能够和无产阶级的群众不断地联系着，并且能够有群众自己经验里所解释得明白的可以审查的政治上的正确指导。② 由此可知，马克思主义政党的纪律的生成与实践是建基在党的先锋队属性、全体党员的认同、广大群众的认可等三重要素基础之上的纪律。这就保证了党的纪律能够始终符合党的性质和宗旨的本质要求与党的人民性的根本原则。

（二）立党为公："纪在法前"的目标指向

习近平总书记指出："马克思主义政党不是因利益而结成的政党，而是以共同理想信念而组织起来的政党。"③ 立党为公，是"红船精神"科学内涵的重要组成，也是党的执政理念的有机构成。中国共产党立党与执政的出发点和落脚点均含"为公"之意。可以说"为公"一词既承载了中国共产党人立党的初心使命与执政的价值追求，又是共产主义远大理想与阶段性奋斗目标的统一。如何保证立党为公执政理念的有效落实？习近平总书记深刻地指出，"光靠觉悟不够，必须有刚性约束、强制推动，这就是纪律"④。"纪在法前"则是在党纪国法双重监督模式下保障立党为公理念有效展开的制度原则和创新之举。

首先，"纪在法前"是彰显"立党为公"人民性特质的内在要求。"人民性是马克思主义的本质属性"⑤，是马克思主义政党的最本质特征。习近平总书记强调，"为民造福是立党为公、执政为民的本质要求"⑥。立党为公的

---

① 参见中共中央马克思恩格斯列宁斯大林著作编译局编译：《列宁全集》（第39卷），人民出版社1986年版，第5页。

② 参见瞿秋白：《瞿秋白文集：政治理论编》（第8卷），人民出版社2013年版，第664页。

③ 习近平：《坚定理想信念补足精神之钙》，载《求是》2021年第21期。

④ 中共中央纪律检查委员会、中共中央文献研究室编：《习近平关于严明党的纪律和规矩论述摘编》，中央文献出版社、中国方正出版社2016年版，第5页。

⑤ 习近平：《高举中国特色社会主义伟大旗帜为全面建设社会主义现代化国家而团结奋斗——在中国共产党第二十次全国代表大会上的报告》，人民出版社2022年版，第19页。

⑥ 习近平：《高举中国特色社会主义伟大旗帜为全面建设社会主义现代化国家而团结奋斗——在中国共产党第二十次全国代表大会上的报告》，人民出版社2022年版，第46页。

核心在"公","公"之观念贯穿于党领导革命、建设、改革的实践之中。在新民主主义革命语境中,"为公"的目标指向是实现党的革命理想和取得革命胜利。

在坚持党的长期执政语境下,"为公"的目标则指向保持党的长期执政和实现中华民族伟大复兴。但无论"为公"在何种语境下的目标指向,最终都回归于人民。人民既是"为公"的客体,又是"为公"的目标。换言之,"公"的内核是"人"而不是事,立党"为公"就是"为人民"。党规党纪是将优良道德传统与政党伦理性相结合的产物,其规范内容的生成严格遵循坚持党的人民性和政治性相统一的基本原则。因此,"纪在法前"不仅成为立党为公人民性特质的重要保障,更是坚持以人民为中心的内在要求。

其次,"纪在法前"是塑造"公共观"党内秩序的重要保障。国家法律只是管党治党控制变量的一种方式。在系统论维度下,单纯依靠国家法律无法满足作为治理对象的政党呈现出的"组织严密"(民主集中制)的要求。"纪在法前"是形式理性和实质理性相统一的管党治党方略。党规党纪突出政治伦理性和无私"为公"的特点,使得党员的行为呈现出积极的"党风优良"状态,并整体符合"义务中心主义"基本原则。将党规党纪优先适用于规范政党行为的具体指导框架,更加有利于政党治理与社会组成之间形成相互关联的任务指向,二者共同的抽象服务目的是使党员发挥先锋模范作用与尽到应有之义务。因为,党规党纪所指向的是党员应当对党忠诚老实、奉献、爽直,所引导的是自我批评和团结统一的党内作风,所形塑的是以"公共观"为核心之一的党内秩序。

最后,"纪在法前"是提升党执政"为公"能力的有效工具。列宁指出,"无产阶级是现代社会中唯一彻底革命的阶级,因此它在一切革命中都是先进的阶级"[①]。然而,党的长期执政所依靠的不是"陶醉"于无产阶级天然的先进性之中,而是在党获得权力合法性后持续追求更加充分的合法性,以获得人民群众源源不断的支持。在纪法双重监督模式之下,党的立党为公

---

① 中共中央马克思恩格斯列宁斯大林著作编译局编译:《列宁全集》(第12卷),人民出版社1987年版,第284页。

行为路径被严格地规范在党规党纪与国家法律共同建构的法治轨道之上。党的纪律是"铁的纪律",任何违反纪律的行为都将纳入"严肃处理"的纪律框架内,在此基础之上"谨慎"地处理相关问题。"纪在法前"能够更好地发挥党规党纪将政党整合的强化功能,并持续施加影响以获得更加充分的人民性基础。

（三）克己奉公:"纪在法前"的行动逻辑

"克己奉公"是党员干部党性修养内涵要义的有机构成,是党始终保持人民性底色的重要方式之一。"克己"和"奉公"是个体层面实现与践行党"立党为公,执政为民"执政理念的辩证关系,"克己"是"奉公"的前提,"奉公"是"克己"的目标。习近平总书记指出,"衡量党性强弱的根本尺子是公、私二字"①。因此,"克己奉公"的核心在"公"。在政党治理语境下,"公"观念中存在着党的理想信念中的和谐愿望,体现出了共产主义特质下反对利己的均平伦理。"公"观念所内含的"集体主义"指向,也由此成为党员干部清廉品格的基础性价值。

"纪在法前"是党员干部"克己"的依据和标尺,其核心在于教化而非惩罚。习近平总书记强调,"纪律是管党治党的'戒尺',也是党员、干部约束自身行为的标准和遵循"②。党员干部相较于普通民众被附加更为严格的先进性要求。党规党纪就是这些先进性要求的制度化形式,"纪在法前"则是以更高标准约束党员干部的实践路径。早在新民主主义革命时期,毛泽东同志就曾指出,党员干部应当有"大公无私,积极努力,克己奉公,埋头苦干的精神"③。这类结合优良道德传统并突出政党伦理性的表述,将纪律规范放在伦理性政治的首要位置。从工作开展的外观来看,纪在法前成为规制的外在表现形式,通过纪律要求诉诸党员以防"陷溺之危",通过纪律教育强化成员进行"为公"的自我内省。

---

① 中共中央党史和文献研究院编:《习近平关于全面从严治党论述摘编》,中央文献出版社 2021 年版,第 312 页。

② 《习近平在二十届中央纪委二次全会上发表重要讲话》(2023 年 1 月 9 日),新华网,http//www. news. cn/politics/2023-01/09/c- 1129268488. htm.,最后访问日期:2023 年 6 月 3 日。

③ 毛泽东:《毛泽东选集》(第 2 卷),人民出版社 1991 年版,第 522 页。

"纪在法前"的行动目标是"惩前毖后，治病救人"，为党员干部积极"奉公"提供思想保障。"惩前毖后，治病救人"是正确处理党内问题的宗旨方针。这一原则的核心在"错"而不是"人"，目的是要"弄清思想与团结同志"，目标是为了改造党员的错误，使得广大党员干部可以继续为社会主义现代化建设贡献力量。毛泽东同志指出，"对于人的处理问题取慎重态度，既不含糊敷衍，又不损害同志，这是我们的党兴旺发达的标志之一"[①]。习近平总书记也特别强调，"坚持惩前毖后，治病救人，运用监督执纪'四种形态'，抓早抓小，防微杜渐"[②]。在这种思想影响下，党纪执行原理持续性地指向了"公"的政治原理。[③] 由此，党规党纪的功能指向不仅仅是产生约束作用，同时也是一种动员规范。进言之，党规党纪所负担的不仅是一种约束规范，甚至可能直接承担部分组织和教化社会的重任。

三、法治中国中的"纪在法前"

法治中国，是全面建设社会主义现代化国家的重要目标和显著标志。党规党纪和国家法律同属于中国特色社会主义法治体系的有机构成。在坚持党的全面领导的根本前提下，"纪在法前"不仅仅是管党治党的重要理念，而且是法治中国建设的有效思路。将"纪在法前"理念作用于法治中国建设的伟大进程中，既是更好地发挥党在法治中国建设中的领导作用的内在要求，又是增强人民群众的法治认同感的有效举措。同时，在法治中国建设实践中，"纪在法前"所呈现的是一种符合高质量发展要求的监督模式，为完善党和国家监督体系提供顶层设计层面的智识。

（一）坚持党领导法治中国建设的内在要求

习近平总书记指出，"坚持党的领导，是社会主义法治的根本要求""是全面推进依法治国的题中应有之义"[④]。在法治中国建设的伟大进程中，党

---

① 毛泽东：《毛泽东选集》（第3卷），人民出版社1991年版，第938页。
② 习近平：《决胜全面建成小康社会夺取新时代中国特色社会主义伟大胜利——在中国共产党第十九次全国代表大会上的报告》，人民出版社2017年版，第66页。
③ 参见[日]沟口雄三：《中国的思维世界》，刁榴、牟坚等译，生活·读书·新知三联书店2014年版，第7页。
④ 《中共中央关于全面推进依法治国若干重大问题的决定》，人民出版社2014年版，第5页。

既是法治中国建设的领导者，又是中国特色社会主义法治规范的规制对象。"纪在法前"理念对党领导法治中国建设提出了更为严格的法治标准，有助于实现党的意志和国家意志在法治中国建设层面的统一。

首先，"纪在法前"是确保党领导法治中国建设始终在法治轨道上有序推进的重要保障。坚持党的领导是擘画法治中国宏伟蓝图的根本前提和政治保障，同时法治中国建设也对党的领导工作的开展提出了法治要求。因此，党领导法治中国建设的各项工作应当被严格地限制在党纪和国法双重法治规范体系共同构筑的法治轨道之上。"纪在法前"理念有效地解决了不同制度规范体系在调整党的领导活动中可能出现的制度适用冲突、制度负累等问题。更为重要的是，严明的党规党纪既是党以自我革命引领社会革命的关键内在动力，又是规范党领导法治中国建设的法治之轨。与法律规范不同，以党规党纪为中心的规制框架立足于义务角度构建出权责结构，形成囊括各级党组织和全体党员干部群体在内的有效约束机制。

其次，"纪在法前"是实现法治中国建设中更好发挥民主集中制制度优势的有效举措。民主集中制是党的根本组织原则和领导制度。习近平总书记强调，"善于运用民主集中制原则维护党和国家权威、维护全党全国团结统一"[①]。"纪在法前"是党内的高效组织工具的有效利用，并成为国家治理过程中民主与集中制度运行的良好基石。党规党纪作为政党治理的规范依据，也执行了特定的社会职能。站在组织功能和团结意志层面理解"纪在法前"的作用机理，就能清晰发现纪律工作所发挥的综合治理功能。具体来说，对马克思主义政党而言，领导国家治理工作的展开核心是实施民主集中制原则，而民主集中制的实施需凭借政党政治的运行作为基础，政党政治的政策推行需通过纪律权威的树立与保障得以实现。"纪在法前"的规范适用逻辑更加有利于塑造党集中领导的权威，对党规党纪的遵守与执行成为民主集中制成立的充分条件，体现出团结的艺术。

最后，"纪在法前"是在法治中国建设中实现党的意志和国家意志相统一的有益探索。习近平总书记指出，"要不断加强和改善党的领导，善于使

---

① 习近平：《习近平谈治国理政》（第2卷），外文出版社2017年版，第114页。

党的主张通过法定程序成为国家意志"①。在现有法律体系之下,《中华人民共和国宪法》《中华人民共和国公务员法》《中华人民共和国监察法实施条例》等多部法律法规中均含有"纪律"语词。纪律作为党的政策性语言在纳入法律语言的通用性层面时产生了社会功能角度的语义延伸,在不同的法律文本中精确地体现出该条文的立法目的,并展现出独特的公共政策转化特点和监督工作要求。从法律宣示功能的角度来看,纪律语词向法律内容的转化体现了借由法律规范实现立法者所宣布政治意志的宣告性功能。从行为规制与规范层面来看,通过将纪律处分作为法律责任或者国家义务供给范式,实际上发挥了纪律规范人们行为的治理作用,达成调整社会秩序的目的。具体来说,包含纪律表达的条文主要表现了三层含义:一是经济法层面将纪律责任作为法律责任承担形式之一;二是行政法层面以纪律处分明示该领域执法司法工作纳入监察监管领域;三是社会法层面侧重于促进全社会理想道德及纪律遵从意识提升。可见,法律条文中的纪律语词的呈现与党的意志通过正当程序向法律转化和政治政策主张息息相关,呈现出一种有机的进化状态。

(二)增强人民群众法治认同的有效举措

增强人民群众的法治认同是法治中国建设的目标导向之一。法治认同内涵丰富,但在中国语境下,法治认同的核心要义是人民群众对党的执政地位的认同。以此为前提,重塑人民群众对遵守制度和制度价值的认知,引导人民群众敬畏规则、尊崇法治。特别需要指出的是,受到儒家"礼治为先"治理理念和传统中国"以德化人"德治主张的影响,中国社会长期以来更加注重行为的"道德性"评价。以至于人们对法治进行结构性分析时常转向对"德性"的讨论。习近平总书记更是指出:"必须以道德滋养法治精神、强化道德对法治文化的支撑作用。"②"纪在法前"理念,将有助于人民群众理解法治中国的"德性"面向,以便更好地引导人民群众增强法治认同。

---

① 中共中央文献研究室编:《习近平关于全面依法治国论述摘编》,中央文献出版社2015年版,第22页。

② 中共中央文献研究室编:《习近平关于全面依法治国论述摘编》,中央文献出版社2015年版,第30页。

首先，"纪在法前"是强化人民群众认同党的执政地位的有效举措。认同党的执政地位是人民群众法治认同的重要方面。习近平总书记强调："全面推进依法治国这件大事能不能办好，最关键的是方向是不是正确、政治保证是不是坚强有力。"① 立足于党规党纪的制度功能考量，"纪在法前"理念会促使政府在制定公共政策和回应人民群众诉求的过程中更加注重将清正廉明作为行为逻辑的底色，使得纪律所涉及的政策性问题和体制改革部分能够更好地在法治轨道上发挥协同作用。与此同时，人民群众对于"纪在法前"秩序理性的新认识又将成为一项中介变量，构建对风清气正党内政治生态和正风肃纪政府行动的有效正反馈。这均将有助于通过强化人民群众对依法治国和依规治党有机统一的价值认同，进一步巩固党的执政地位。

其次，"纪在法前"有助于强化人民群众对规则主义的信奉。信奉规则是法治认同的必然要求。将"纪在法前"理念所构建的秩序结构图景内嵌于在法治轨道上全面建设社会主义现代化国家的伟大进程中，有助于进一步强调理性纪律责任和对规则纯粹负责态度，有助于通过两种监督路径的有效衔接克服社会调整手段或者治理方式的不确定缺陷。"纪在法前"将党"坚持真理、修正错误，发现问题、纠正偏差的机制"作为行动的主视角，引导人民群众成为规则主义伦理学的客观见证者，进而实现将信念伦理和责任伦理转化为对规则的认同态度。

最后，"纪在法前"是重构中国特色社会主义法治规范价值的有效模式。在哈贝马斯交往行为理论的框架下，如果将严格执纪执法所带来利益定义为社会利益，那么该类生活秩序真正置于社会交往规范之中才能导致利益需求的满足。② 通过"纪在法前"的执纪执法模式，强化人民对法治的认同和对组织化理性行为的认可，类似于将公共立场上的监督标准转化为生活秩序。可以说，"纪在法前"的工作模式确认了基于社会交往场域下的经验

① 中共中央文献研究室编：《习近平关于全面依法治国论述摘编》，中央文献出版社 2015 年版，第 22~23 页。

② 参见 [德] 哈贝马斯：《交往行为理论：行为合理性与社会合理化》，曹卫东译，人民出版社 2004 年版，第 181 页。

效果,强化了人民观念认同并塑造了深层次的"扶正祛邪、久久为功"的制度价值,促进了秩序构造的真正实现。

（三）完善党和国家监督体系的必然之举

完善党和国家监督体系是法治中国建设的关键环节。习近平总书记强调,"完善监督制度,做好监督体系顶层设计"①。"纪在法前"恰恰就是党和国家监督体系顶层设计的思路创新。"纪在法前"能够确保党和国家监督始终坚持正确政治方向,并且有利于更好地发挥监督工作的预防功能、破除监督工作实践中信息不对称的症结等。同时,"纪在法前"是一种符合高质量发展要求的监督模式,有助于进一步优化党和国家监督体系的资源配置问题。

首先,"纪在法前"理念指导下的监督机制重点在于发挥党规党纪的预防功能。习近平总书记指出:"要加强纪律教育……使铁的纪律转化为党员、干部的日常习惯和自觉遵循。"②党内监督在党和国家监督体系中居于首要位置。"纪在法前"着重强调党内监督机构的内部监管与控制作用,突出其在提升信息传递效率、提高监督质量、减少监督制度运行成本等方面的功能。同时,党规党纪凭借道德层面的严格要求,强化了党员干部对不当行为的风险预防。同样的,在面对可能造成不同风险类型的具体行为时,"纪在法前"秉持的"惩前毖后、治病救人"原则,能够更加细致地对不当行为按照错误性质和情节轻重进行"阶梯性评价",选择批评教育、责令检查、诫勉直至纪律处分等方式,全面地对党内不当行为所致风险概括评价。"纪在法前""纪法衔接"的工作模式相较于法律监督制度中"合法/非法"的二元评价结构更加合理,既体现出对国家法律权威的尊重,又展现出风险控制基础的多层级严密构建。

其次,"纪在法前"能够有效解决政党组织运行中部分信息不公开所导

---

① 中共中央党史和文献研究院编:《习近平关于全面从严治党论述摘编》,中央文献出版社2021年版,第400页。

② 习近平:《重整行装再出发,以永远在路上的执着把全面从严治党引向深入》(2018年1月11日),载中共中央党史和文献研究院编:《十九大以来重要文献选编》(上),中央文献出版社2019年版,第196页。

致的监督不畅问题。党内工作及其文件往来均具有内部性特征和一定范围内的保密要求,这势必要求以更加严格高效的监督模式,阻绝因信息不公开而导致的腐败行为的产生。在波斯纳"规制与管理"理论分析框架下,法律规制框架作为一种强制力工具对特定群体提供价值输出,被管理部分的主体基于同质性的行为和高度相似规避惩罚利益需求,容易形成一致行动。这就使得直接采用法律作为腐败违法犯罪行为的监督工具可能存在管理不足的不良反应。"纪在法前"作为一种监督模式,核心关注点在于违纪违法行为的事前预防与控制层面,能够更好地在信息获取和适当性运用方面产生防御性效果,这与各类不当行为发生并造成违法性后果再依法处理的模式有着显著差异。因此,为充分保障党的"人民性"和"先进性",更加有效的监督管理呼唤需要纪律作为政治过程的有效干预,并通过纪律先行方式对法治思维进行快速更新和补充,为法治思维寻求符合时代需求的具体实践,在监督工作层面相互形成正向循环与促进。

最后,"纪在法前"的制度运行结构展现出合理监督资源配置,并能获得社会最优效率。基于理性经济人假设,纪律检查工作机关和法律监督机构均追求效率及利益最大化,且两类监督机构均能根据获取信息对违法违纪情况进行整治。相比较而言,党规党纪对党员提出了更高的道德要求,能够更好地在可能性层面控制因不当权力运行所导致的社会效益损害。实际上,纪律制度运行成本在理论上比法律制度运行的成本更低,因为在纪律检查制度控制下的不当行为被查处的概率(可能性)越高,纪律工作对于党内不当行为个人容忍程度越低,腐败或者党内不当行为发生的可能性也就越低,对社会总福利的消耗也就会随之降低,进而对纪律检查制度高效运行又形成正向反馈,形成一个良性互动的正向变迁。"纪在法前"的运行逻辑是立足社会公共秩序体系对滥用公共角色或资源行为进行靶向追击的过程。从产生的作用效果来看,纪律检查工作对不当行为或者不当权力寻租及交易的阻绝作用更加高效精准。

结　语

习近平总书记首倡的"纪在法前"理念，是习近平法治思想的原创性贡献之一。"纪在法前"所指涉的不仅仅是纪律相较于法律在适用上的优先性，而且是各级党组织、党员干部日常工作与生活所必须遵照的行动指南，是法治中国建设中应当遵照的有效模式。"纪在法前"是对传统中国"礼法之治"的尊崇和现代表达，是马克思主义政党治党实践的政治传统，这均为"纪在法前"在治理实践中的适用奠定了优渥的传统和思想基础。习近平总书记强调，"人心向背关系党的生死存亡"①。作为一种高效的监督模式，"纪在法前"从本质上体现出中国共产党作为执政党立足"人民性"不断完善权力配置与运行制约机制建设的行动逻辑，体现落实全面从严治党政治责任的行为底色。作为一种现实的体制机制，"纪在法前"制度有效避免了理想丧失、工作怠惰、生活腐化等不当行为造成的政党治理与国家治理的负外部性，破除利益固化藩篱，将机制体制转化为现代化治理效能，在法治轨道基础上强化党的执政合法性。从国家治理角度分析，纪律和法律均为国家治理体系的重要组成部分，"纪在法前"制度运行体现出党的优良工作传统向国家治理体系和治理能力现代化有效转化，反映出纪委监委与司法职能部门的高效协同，是权力监督体制完善的高效实践体制。从中国式法治现代化建设层面来看，构建纪律监督与法律监督相互衔接且"纪在法前"的工作模式，能有效地解决法律监管作为规制工具在政治功能和规制效率方面的不足。

---

① 习近平：《群众路线是党的生命线和根本工作路线》（2013 年 6 月 18 日），载习近平：《习近平谈治国理政》，外文出版社 2014 年版，第 368 页。

清代都察院监察体制的得失及当代启示 *

梁　建 **

都察院是清代极其重要的国家机构之一，其自 1636 年创立到 1912 年撤销，可以说与整个清王朝相伴始终。其在清代权力构架中主要承担监督工作，其主要监察官员给事中和御史（通常二者合称为科道）的监督工作，涉及政务、财经、司法、礼仪等方方面面，他们通过书面监督、现场监督和出巡的方式为清王朝的政治生态保驾护航。但由于封建专制主义固有的局限性，给事中和御史的监督工作远没有达到预期的成效。分析清代都察院运转的经验和教训对于我们今天的纪检监察工作具有一定的借鉴意义。

一、清代都察院监察体制概略

天聪十年（1636），清太宗皇太极仿照明朝体制，建立都察院，并下旨，都察院官员"即所奏涉虚，亦不坐罪，倘知情萌弊，以误国论，如尽心职业，录公矢行，三年考满，定加升赏。凡有政事背谬，及贝勒、大臣骄肆慢上，贪酷不法，无礼妄行者，许直言无隐"①。赋予其广泛的监察权。都察院的最高长官为左都御史，满汉各一员。副职为左副都御史，满汉各二员。②右都御史、右副都御史无京员，为督抚兼衔。据《钦定大清会典》，左都御使和左副都御使的职责是："掌司风纪。察中外百司之职，辨其治之得失与其人之邪正。率科道官而各矢其言责，以饬官常，以秉国宪。率京畿道以治

　　* 本文系国家社科基金项目"国家治理视角下的清代都察院研究"（项目编号 18XZZ008）的阶段性成果。

　　** 梁建，贵州师范大学廉洁文化研究院副教授，博士，主要从事纪检监察理论研究。

　　① 《都察院则例》，杨一凡编：《古代珍稀法律典籍新编》（第 21 册），中国民主法制出版社 2018 年版，第 339 页。

　　② 纪昀等撰：《历代职官年表》，上海古籍出版社 1989 年版，第 336 页。

其考察处分辨诉之事。大政事下九卿议者则与焉。凡重辟，则会刑部大理寺以定谳。与秋审、朝审。大祭祀则侍仪。皇帝御经筵亦如之。临雍亦如之。"①

都察院的下辖机构（专职监察的机构）主要有六科、十五道、五城、稽察宗人府衙门和稽察内务府御史衙门。六科是对吏、户、礼、兵、刑、工六科的简称，六科之制肇于明代，清初沿明制六科自为一署，并不归都察院管理。一直到雍正年间，六科始归并于都察院。六科掌印给事中暨给事中满汉各十二员。清代六科主要负责对对应的中央核心行政部门的吏部、户部、礼部、兵部、刑部、工部六部及京城百司的监察。主要职责为"掌言职，传达纶音，勘鞫官府公事，以注销文卷，有封驳即闻"②。十五道即十五个监察区，包括江南道、山东道、京畿道、河南道、浙江道、山西道、陕西道、湖广道、江西道、福建道、广东道、广西道、四川道、云南道、贵州道等。十五道的职责为"纠察内外百司之官邪，在内刷卷、巡视京营、监文武乡试、稽查部院诸司，在外巡盐、巡漕、巡仓等及提督学政，各以其事专纠察，朝会纠仪，祭祀监礼，有大事集阙廷预议焉"③。十五道的主要官员是监察御史。每道有满汉掌印监察御史各一人，十五道掌印监察御史，满汉共计二十八员（京畿道未专设御史，由其他道御史兼掌），监察御史各道员额不一。五城即五城察院，有时又称"五城御史衙门"或"察院"，是都察院下辖机构中专司稽查北京城的机构。清代的北京城分为内城和外城，皇城和旗民住在内城，非旗籍的民众则居于外城。外城被分为东、南、西、北、中五个城区。五城察院均各设衙门，各衙门的长官为巡城御史，由科、道（给事中与御史）中简派。顺治十年（1653），每城设满洲、汉军、汉巡城御史各一人，巡城御史的最初职责是"各率所属，办理地方之事，厘剔奸弊，整顿风俗"④。其后五城御史的工作范围包括民众教化、诉讼的听断、保甲、纠捕、赈恤、禁令的执行、界址的查勘、对司坊街道的督率等，涉及面甚为广泛。稽察宗人府衙

---

① 《钦定大清会典》卷六九《都察院》。
② 《清史稿》卷一一五《都察院》。
③ 《清朝文献通考》卷八二《职官考六》。
④ 《钦定大清会典事例》卷一〇三一《都察院·五城》。

门又名"宗室御史处"。宗人府是清代管理皇家宗室事务的机构,稽察宗人府衙门即是掌稽查宗人府事务的衙门,衙门初设于雍正五年(1727)。该衙门没有专门的御史,而是以十五道御史中的宗室御史兼管,稽察宗人府衙门御史建制为二人,其中一人为掌印御史,另一人为协理御史。宗人府银库钱粮册籍,每月需分两次提交宗室御史稽查注销,年终还需将稽核过的账目,详细核算奏报。此外,盛京将军为宗室、觉罗的红白喜事领发的银两数目,每年也要在春秋二季分别造册送稽查宗人府御史衙门查核。① 稽察内务府御史衙门设立于雍正四年(1726),"凡七司、三院并上三旗内,佐领管下事务,令其稽察,照各部院衙门注销之例每月抄具题。其内务府一应支销钱粮等项事件,照京畿道刷卷之例,该御史查对磨勘,岁底具题"②。衙门设御史二人,负责稽察工作,由贵州道掌印御史及协理陕西道御史兼任,并铸稽察内务府御史衙门印信。需要特别指出的是,上述这些机构虽与都察院长官为上下级关系,其考核由都察院负责,但其行使监察权时不受都察院长官干扰,具备相当的独立性。

清代都察院的职责较为广泛,其主要职责是对清代政权的运行进行监督,其工作范围涵括行政、司法、财务、礼仪等方面。都察院的行政监督主要包括政务监督和人事铨选监督两个方面。都察院的政务监督首先是通过参与政事决策来实现的。都察院的主官左都御使被赋予了"有大事集阙廷预议焉"③ 的权力。六科给事中也被授予了封驳权。此外,都察院官员均有对国政的建议和监督权力。凡事关政治得失、制度利弊、民生风俗等问题,都察院官员均可陈奏。此外,都察院还通过督催和注销制度来进行政务效率的监督。清代历朝皇帝均十分重视各衙门的办事效率,他们通过比较完善的督催和注销等制度力图提高各部门的行政效率。所谓人事铨选监督即对人事管理活动的监督,主要涉及官员候选资格的监督(主要是各类考试)、官员选任的监督及官员的考核监督,这些活动都察院官员均全程参与。都察院的司法监督主要包括案件侦查、京控审查、会审监督的职责。

① 《钦定台规》(道光刊本)卷三〇《稽察四》。
② 《钦定台规》(道光刊本)卷三〇《稽察四》。
③ 《清朝文献通考》卷八二《职官考六》。

具体来说，可以分为对案件的侦办、案件处理、申告的受理、犯人的管理及刑罚执行的监督。都察院的财务监督主要体现在对各种账目的监督和审查方面。在都察院中，六科和各道均有财务监督权，它们主要通过审计的方式对各类财务收支的真实性、合法性进行监督。都察院的礼仪监督主要包括监察官员对官员参与各项重大典礼、仪式时遵守礼仪规章情况的监督。

为开展监督工作，都察院针对不同的情况，主要通过书面监督、现场监督、地方巡察的方式对清代的整个官制体系进行多层次、全方位的监督。所谓书面监察是指都察院通过审读各部门的相关材料而不必亲临现场的一种监督方式。都察院的书面监督主要通过刷卷和注销的方式进行，而这两种方式之间又有着非常密切的联系。刷卷即照刷文卷之意。照刷是仔细检查的意思，文卷是指各衙门承办事件的档案记录。刷卷是对公务档案进行全面检查和清理，在清代是一种周期性的常规检查活动。清代照刷所涉卷宗范围甚广，包括卷宗和册籍有无涂改、延迟日期、漏使印信、不佥姓名、刑名有无冤屈、磨算钱粮、日常所花费用销算、试卷有无挖补和修改、文义舛误、有无避讳等。[①] 所谓注销，就是对中央各部门完结事件的登记制度，只有经过六科注销登记后，各部门承办的事件在程序上才真正完结。所谓现场监察是指都察院官员必须亲临现场的一种监察方式。都察院工作中有很多是通过现场监督的形式来进行的，如前述礼仪监督即属于此类监督。另在重大考试和钱粮出入方面，都察院也通过现场派员的方式进行监督。所谓地方巡察是指都察院委派御史、给事中等官，到地方进行巡察的监督方式。巡察一般以一年为期。清代巡察分为两类：一类是针对某特别事项的巡察；另一类是普通的地方巡视，其范围较广，包括吏治、民生、兵防、治安等。

二、清代都察院监察体制的成绩与不足

都察院作为清代主管监察的机关，在历朝皇帝的支持下，以比较完善的

---

① 刘志松、王兆辉:《清代监察体制运行的制约与反制约关系——以"照刷文卷"律为例》，载《西南大学学报》（社会科学版）2020 年第 3 期。

法律法规体系为基础,在清代的国家治理中,取得了一定的成绩,特别在清代前期,成绩比较突出。

在维护封建国家机器的正常运转方面,清王朝作为一架复杂的国家机器,其要正常运转,需要各个部门协同配合,都察院作为主要负责监督的中央政府部门,不论是其主官左都御史参与九卿会议,对清政府的大政方针进行建言献策,还是科道官员日常的行政监督、司法监督、财务监督和礼仪监督,都对去除清代封建国家机器上的消极因素,保持其正常运转提供了必要的支持。

在澄清吏治方面,汤吉禾先生据《钦定大清会典事例》《钦定台规》《钦定皇朝文献通考》《皇清奏议》《皇朝经世文编》《清史列传》等六书的统计,共记载了 1200 余篇奏疏,其中由科道官上陈的为 687 篇,约占所有奏疏的一半。这 687 篇奏疏属于弹劾类的奏疏为 223 篇,在 223 篇弹劾类奏疏中,弹劾慈禧太后的有 1 篇,当然最终也无效;弹劾亲王的有 3 篇,其中 2 篇有效,1 篇无效;弹劾正一品官的为 18 篇,有效和无效各为 9 篇;弹劾从一品官的有 48 篇,从数量上来说,是弹劾类奏疏中最多的,其中有效的为 31 篇,无效的为 17 篇;弹劾从二品官奏疏为 46 篇,从数量上来说,仅次于弹劾从一品官员的,其中有效的为 33 篇,无效者为 13 篇;弹劾正二品官的奏疏为 36 篇,其中有效的 25 篇,无效的 11 篇;弹劾正三品官的奏疏为 19 篇,其中有效的为 14 篇,无效的为 5 篇;弹劾从三品官的为 6 篇,其中有效的为 5 篇,无效者 1 篇,余为正四品以下及不入流者。从汤先生的统计来看,223 篇弹劾奏疏中,弹劾对象为三品以上官员的有 173 篇,占所有弹劾类奏疏的 77% 以上。从弹劾生效的情况看,除弹劾慈禧太后的奏疏无效外,其他的弹劾案有效率均比较高。其中,亲王类的有效率为 66.7%,正一品官的有效率为 50%;从一品官的有效率为 64.6%,正二品官的有效率为 69.4 %,从二品官的有效率为 71.7%,正三品官的有效率为 73.6%,从三品官的有效率为 83.3%。① 从三品以上的官员均为高级官员,文官如大学士、尚书、总督、巡抚,武官如都统、提督、总兵、副将皆包括其中。科道官员以较低的品

① 汤吉禾:《清代科道之成绩》,载《中山文化教育馆季刊》第 2 卷第 2 期。

级能对这些高级官员进行弹劾，说明他们在行使职责方面还是比较称职的；而比较高弹劾总有效率说明，都察院及科道官员对于推动清代吏治的整肃还是发挥了比较积极的作用的。

在建言立政方面，据汤吉禾先生统计，有清一代，前述科道官所上 687 篇奏疏中，除弹劾类的 223 篇外，居于主导地位的是言事类奏疏，为 464 篇，占科道奏疏总数的 70%，这些奏疏涉及清代政治生活的方方面面。其中涉及吏治的最多，有 87 篇，被皇帝采纳的有 46 篇，采纳率为 52.9%；论军事及警政的为 81 篇，51 篇被采纳，采纳率为 63%；论财政的有 72 篇，被采纳的有 59 篇，采纳率为 81.9%；关于风化的有 35 篇，25 篇被采纳，采纳率为 71.4%；关于灾荒仓库的有 33 篇，被采纳的有 27 篇，采纳率为 81.8%；论行政规章的有 29 疏，被采纳的有 22 篇，采纳率为 75.9%；关于皇帝本人行动的最少，有 11 篇，被采纳的有 3 篇，采纳率 27.3%。[①] 其余的则包括礼仪及教养、水利交通、工事、司法事件、理藩和外交事件、政府组织等方面。从这些数据中可以看出，除涉及皇帝本人行动的奏疏，因其"独断乾纲"的特殊性外，科道官言事的有效率还是比较高的，这对于维护清王朝的稳固统治是功不可没的。

如前所述，为都察院开展工作，在监察制度的设计等方面，清代在中国的封建王朝中属于较完备的，但从监察实效来看，显然与完备制度并不匹配，成效也并不太高。被称为千古第一贪的和珅，虽然不时被科道官员纠参弹劾，但乾隆皇帝在位期间却一直没有被绳之以法，吏治的腐败也导致了晚清王朝的迅速衰败。

都察院监察效度之所以没有达到制度定位的高度，首先是与以皇帝为核心的封建专制主义机制密不可分的。都察院作为监察机关有较为详尽的法律法规支持其开展工作，监察体系也较为完善，但在皇权高于法律的封建时代，皇权与法律很容易产生冲突，并且这种冲突是无法避免也是难以消灭的。一方面，清代的皇帝屡屡要求和鼓励科道官员建言纠参，并特别授予他们"风闻言事"的权力；另一方面，在实际执行过程中，当科道官员

---

① 汤吉禾：《清代科道之成绩》，载《中山文化教育馆季刊》第 2 卷第 2 期。

真正言事的时候，随时都可能因皇帝个人的认知偏差而受到处罚，甚至是杀身之祸。如雍正朝的御史谢济世出任御史后的第一篇弹章，就为自己引来了大麻烦，因谢济世露章弹劾的对象是当时的河南巡抚田文镜，① 而田文镜是雍正皇帝极为信任的地方大员，雍正皇帝认为谢济世的弹章是在结党原广西巡抚李绂打击田文镜，故他认为"谢济世奸恶狠戾，听其指使，参奏田文镜贪赃纳贿，任意诬蔑，借直言敢谏之名，行其排挤倾陷之计。朕当谢济世陈奏之时，立即洞烛其奸，拿交刑部审问"②。结果刑部议定谢济世为斩立决，而雍正皇帝为免杀谏官之名，决定发配其至阿尔泰军前效力，一直到九年后乾隆皇帝继位，谢济世才获赦免回京。据《钦定大清会典事例》《钦定台规》《清史稿》和《清史列传》四书记载的统计，清代科道官因弹劾而遭到处分的达 319 人。③ 因之，我们经常能看到清代皇帝责备科道官员"终年无一疏"，④ "率多观望揣摩，如不导之使言，则缄默苟容以保禄位，若屡下求言之召，则又或剿袭肤词，以博能功君心之名，甚且结党植援，欲阻挠公事以遂其私"，⑤ "条陈甚少，即有一二奏事者，亦皆非切当之务与无关轻重"。⑥ 这种情况的出现完全是可以理解的，都察院官员长期处于一种不确定的环境中，人之常情的，他们在工作中会趋向于选择风险较小的选项。这对监察工作来说，当然就不可能取得最佳效果，很多时候甚至正常效果很难实现。

其次，有法不依也是影响都察院监察效果的原因之一。在立法层面，清代监察法规体系的完备程度在同时代是可以傲视世界的，但监察执法的情况就远不这么乐观了。以封驳权为例，这是六科传统以来的权力，清代的皇帝和法律也予以承认，但有清一代，由于各种原因，给事中赋的封驳权基本没有行使过，实际上是名存实亡。以御史的选任资格为例，在《钦定台规》等法规中是有详尽而严格规定的，但据《国朝御史题名录》所录的汉御

---

① 谢济世：《梅庄杂著》，广西人民出版社 2001 年版，第 1~3 页。

② 谢济世：《梅庄杂著》，广西人民出版社 2001 年版，序第 21 页。

③ 汤吉禾：《清代科道之成绩》，载《中山文化教育馆季刊》第 2 卷第 2 期。

④ 《清实录·圣祖仁皇帝实录》卷十二"康熙三年五月至七月"。

⑤ 起居注，乾隆朝，乾隆二年，第 263 页，中国第一历史档案馆藏。

⑥ 甄之璜：《奏为整饬台规以收言路之实效事》，中国第一历史档案馆档案，档案号：03-0330-011。

史 2153 人进行考察发现，未依当时规定资格进行补授的就达 106 人。① 另如京控案件逾期未结问题，道光皇帝短时间内先后下发五道谕旨，要求"毋再任意宕延"，但实际上京控逾期问题是一再"任意宕延"。这是典型的由于科道官员疏于职守，而使监察法规成为具文的例证。②

最后，都察院监察体系的某些缺失也导致监察效果不佳。军机处是清朝中后期的权力中枢，但也是监察的盲区，虽然嘉庆朝曾短时间向军机处派驻稽察御史，但该御史的主要职责乃是防止各部门去军机处打探消息，③而不是对军机处具体工作的监督，其他时期甚至象征性的稽察官员都没有。由于清代中后期的重要谕旨都是通过军机处进行传达的，对其监督的缺失一方面导致了对皇权的制约变得微乎其微，另一方面也很容易让军机处成为权力暗箱。在各直省，都察院没有垂直领导的地方监察系统，而是通过让总督兼右都御史、巡抚兼右副都御使来进行地方监察的，但这种兼衔象征性的意味比较多，这种制度安排既缺乏对督抚自身的常规性制度监督，也缺乏督抚对下级官员的常规性制度监督。虽然都察院也曾短时派出过巡方御史和各专项御史弥补地方监察的不足，但比起常规性的制度体系来说，临时性的巡方和巡察是远远不够的。此外，皇亲贵族和旗人作为统治阶级群体，在都察院的监察体系中也享有很大的特权。虽然对皇亲贵族和旗人，清代也曾设置内务府御史宗室御史处、稽察内务府御史衙门和向派驻御史进行监察，但这种监察形式大于内容，因之出现情实绞犯因空室（拘禁皇族人犯的地方）设施太过简陋而轻松逍遥狱外的事情也就毫不为奇了。④ 正是这些监察体系中的缺失，部分导致了都察院监察效果的不佳。

三、清代都察院监察体制的借鉴意义

如上所述，清代都察院监察体制既有成功的经验，也有其时代与体制的

---

① 黄叔璥：《国朝御史题名录》，沈云龙主编：《近代中国史料丛刊》（第 40 辑），台湾文海出版社 1967 年版。

② 焦利：《清代监察法研究》，中国政法大学 2006 年博士学位论文，第 116 页。

③ 《钦定大清会典事例》卷一〇一七《都察院·各道》。

④ 《钦定台规》（光绪刊本）卷十三《宪纲五》。

局限。从国家治理的角度说,这些经验和不足可以为我们当下的监察体制改革提供某些借鉴和启示。

法制化是国家监察治理的常态经验。以法制化为基础构建监察体系的有效运行机制,不仅是清代监察体制完备的重要标志,也是清代监察制度具有生命力和取得一定成效之所在。清代构建了一套以《钦定台规》为中心的监察法体系,《钦定台规》不仅是清代重要的监察法规,而且由于是"钦定"的,因之它成为中国监察史上第一部以皇帝名义颁布的、级别最高的一部监察法规,超越以往任何朝代监察法规的地位,同时它也是中国监察史上最为系统和完备的监察法典。[①] 作为汇编式法典,《钦定台规》"集历代监察立法之大成",[②] 较为详尽地规定了清代中央监察机构机关都察院的性质、法律地位、机构设置、职权划分、监察程序、监察原则、监察范围、监察官员的选拔和升迁等问题。同时配套制订了《都察院则例》《科规九事》《巡方事宜》《五城巡城御史处分例》《满官京察则例》《京察滥举处分条例》《开复革职办法》等一系列监察法规,这些法规为都察院监察工作的顺利开展提供了坚实的基础。虽然清代监察的法制化的成绩因皇权的抵消而显得不是那么亮丽,但其趋势是符合国家治理的常态经验的,这是非常值得肯定的。

对照我们今天的监察体制改革,自《中华人民共和国监察法》颁行以来,国家层面已经相继制订了《中华人民共和国公职人员政务处分法》《中华人民共和国监察法实施条例》《中华人民共和国监察官法》等配套法规,但与"有法可依"的要求显然还存在一定的差距,而我们要实现国家治理体系和治理能力的现代化,必然要求监察制度法制化,因之继续加强相关监察法律法规的制订仍是当下监察体制改革的重要工作之一。

高素质的监察官员队伍是发挥监察机构作用的重要保障。清代为充分发挥都察院的监察作用,非常注重监察官员队伍的建设。从《钦定台规》的规定来看,关于科道等监察官员的任职条件是比较高的,其中汉科道官员

---

① 焦利:《清代监察法及其效能分析》,法律出版社 2018 年版,第 63 页。

② 张晋藩:《中国监察法制史·序》,商务印书馆 2019 年版,第 2 页。

均要求正途出生,在清代 2000 余名汉御史中,80% 以上均是进士出生,[①] 而这 80% 以上比例的进士并非来自新科进士,而是来自有经验的进士出生官员,如有两年以上工作经验的中书科中书、行人司行人、大理寺评事、太常寺博士等编制人员,及地方上经验丰富且政绩突出的推官、知县等。同时对于表现良好的科道官员,也有较为广阔的升转途径和晋升空间,不少地方督抚早年均有科道官员的经历。

当下,随着我国监察体制改革的深入,监察队伍也在不断发展壮大,建立一支高素质的监察官员队伍迫在眉睫。虽然作为《中华人民共和国监察法》的配套法律,《中华人民共和国监察官法》已经出台并施行,其关于监察人员的任职资格、选拔机制、监督机制、处罚措施也有明确的规定,但对于监察官的选任条件和升转还有改进空间。监察工作作为一项专业性很高的工作,要求监察官必须有相关专业背景、良好的学识及具有一定的工作经验,特别是工作经验对于监察工作尤为重要,但《中华人民共和国监察官法》在任职资格中对于工作经验并无要求,建议以后在细化修改任职和选拔条件时,减少从应届毕业生中选拔监察官的比重,逐步增加有经验的在职人员的比重,特别是科级和处级监察人员的比重。同时为增强监察工作的吸引力,在确保监察队伍相对稳定的前提下,要提高监察官的升转流动性,从而激发监察官的工作热情。

精确监察定位是提高监察效率的必要前提。清代都察院本为纠察百官的不法而设置,但清代都察院官员的工作范围却扩大至行政、司法、财务和礼仪等方面,甚至还包括部分民生事务,貌似使都察院系统成为皇帝之下的国家万能机器,国家的各个方面都处于监察之下。制度设计看似完美无缺,但这不仅偏离了都察院的本来性质与任务,也偏离了都察院在国家治理中的应有定位,实际运行效果也远未达到预期。清代都察院真正拥有监察权的专职官员不足百人(左都御史 2 人、左副都御史 4 人,给事中 24 人,御史 56 人),不足百人的核心团队要实现对如此庞大的官员队伍的有效监

---

① 黄叔璥:《国朝御史题名录》,沈云龙主编:《近代中国史料丛刊》(第 40 辑),台北文海出版社 1967 年版。

察,本身已是不可能完成的任务,遑论涉及面如此之广的繁杂工作,因之清代皇帝谕旨中不时指斥科道官员未能尽心尽力,都察院堂官每每奏报某项工作人员短缺,也就完全是意料之中的事。清代都察院监察职能的泛化说明传统中国社会中监察权配置是不合理的,这直接导致了监察效率的低下。

清代都察院的困境提醒我们在今天的监察体制改革中,要注意处理监察定位与监察效率的关系,虽然《中华人民共和国监察法》和《中华人民共和国监察法实施条例》对监察机关的职责和监察范围已经有明确规定,但其中的部分条款可解释空间比较大,如不加以注意,就可能出现监察权泛化的问题,好在监察机关与中国共产党的纪律检查机关合署办公,而党的纪律检查机关在长期的实践中已经注意到纪检监察权的泛化问题,并提出了转职能的要求,相信监察机关的职能问题也能得到很好的安排和解决。

刘向政治伦理思想及其当代价值[*]

——以《说苑·反质》为聚焦点

潘善斌　姜新平^{**}

刘向是西汉时期著名的经学家、文学家和历史学家，官至中垒校尉，史称"刘中垒"，因敢于直谏两次入狱，仕途坎坷。刘向一生博览群书，为我国文献整理、文化传承作出杰出贡献，留下《新序》^①《说苑》^②等经典著作。《说苑》以儒家政治思想和伦理思想为主，兼采道家、墨家无为而治、节俭克己思想。从性质方面而言，《说苑》是一部"谏书"^③，是供古代帝王阅览的政治历史故事书，目的在于劝诫统治者吸取历代兴衰更替的经验教训，实行仁政，力戒奢侈，达到整治朝政、匡救时弊、长治久安的目的。从内容上来看，《说苑》主要记载古代君王、士大夫的言行轶事，内容主要来自先秦，部分取自两汉。《说苑》全书分为二十卷，各卷由若干历史故事组成，总计 723 则。《反质》是《说苑》的最后一卷，包括 26 则故事。《反质》是刘向著述思想的集中展示，其中所包含的政治伦理思想今天仍有借鉴意义。

一、"反质"与古代治国理念

儒家思想中，"质"与"文"相对。"文"，指事物的外表、形式，引申为奢侈、浮华。《论语·雍也》中有具体的论述，"质胜文则野，文胜质则史"，内在的质朴胜过外在的文采，如此未免粗野，反之则难免浮华，理想的状态是

---

* 本文发表于《湖南科技大学学报（社会科学版）》2024 年第 2 期。基金项目：贵州省"中华民族共同体与多民族文化繁荣发展高端智库"项目（GZMUSK[2023]ZK03）。

** 潘善斌，贵州民族大学法学院教授，博士生导师，主要从事民族地区社会法治建设研究。姜新平，贵州民族大学法学院博士研究生，主要从事民族地区社会法治建设研究。

① 刘向：《新序》，马世年译注，中华书局 2014 年版。
② 刘向：《说苑》，王天海等译注，中华书局 2019 年版。
③ 高月：《刘向〈说苑〉研究综论》，载《湖南社会科学》2013 年第 2 期。

"彬彬",文与质互相融合、配合得当,这才是君子的标准。刘向在《说苑》中秉持儒家思想,书中包含了《修文》《反质》两卷。《修文》卷主要收录夏商周和战国时期有关重视礼仪、音乐的轶事和制度,强调"修文"的重要作用,旨在告诫统治者重视修治典章制度,提倡礼乐教化。"夫功成制礼,治定作乐。礼乐者,行化之大者也。""移风易俗,莫善于乐;安上治民,莫善于礼。"① 为防止因"修文"过度而流于形式、奢靡,刘向在《修文》卷后增加《反质》卷,以期调和二者的关系。"反质",即回归事物的本质,保持事物质朴的本性。要实现这一目标,必须防止过分注重事物的外表、形式,具体到为人处世、治理国家,就是要防止讲究表面排场,力戒奢侈、淫靡,做到质朴、节俭。

刘向认为,"质"与"文"的关系包括以下方面:第一,文质相互配合,不可偏废。刘向以《诗经》"君子一仪"为例,君子即使有外在的仪表文饰,也一定不能离开内在的本质。"夫诚者,一也;一者,质也。君子虽有外文,不离内质矣。"② 第二,以质为本,以文为调节。刘向以《易经》"贲"卦为例,真正美好的东西无须雕饰,"丹漆不文,白玉不雕,宝珠不饰。何也?质有余者,不受饰也"。第三,重视质而不重视文。刘向以祭祀为例,相信鬼神的人会失算,相信占卜的人会错过时机;相反,恪守法令、推崇功劳,不用占卜也会吉祥,所以,应当重视质而不重视文,"圣人见人之文,必考其质","重礼而不贵物,敬实而不敬华"。第四,抑制文而推崇质。刘向以舜帝历山耕田、雷泽打鱼、东夷制陶事迹为例,舜之所以受到拥护,是因为抑制奢华而推崇质朴,如此天下得以返璞归真,"圣人抑其文而抗其质,则天下反矣"。第五,先质而后文。刘向通过"隋侯之珠"和"一钟粟"的比较,说明看重无用的东西、喜爱淫巧的东西不是圣人应当做的;做事考虑长久、注重本质才是圣人所追求的。"长无用,好末淫,非圣人之所急也。为可长,行可久,先质而后文,此圣人之务。"③

刘向借助典籍、轶事阐述"质"与"文"的关系,指出二者应当相互融合、

---

① 刘向:《说苑》,王天海等译注,中华书局 2019 年版,第 998~999 页。
② 《论语·雍也》:"质胜文则野,文胜质则史,文质彬彬,然后君子。"
③ 刘向:《说苑》,王天海等译注,中华书局 2019 年版,第 1093 页。

配合恰当，即做到"文质彬彬"。与道家主张"无为而治"不同，儒家是"出世"之学，倡导通过提高个人道德修养、参与社会实践达到影响和改造社会的目的，即《大学》所说的"修身、齐家、治国、平天下"。孔子认为，君子的标准是"文质彬彬"，做到"文"与"质"相互融合，不偏不倚，这既是对君子个人品性的要求，更是对儒家治国理念的表达。"文质彬彬"作为治国之道的体现，是孔子对子产"宽猛相济"思想的推崇①。《左传》中记载，仲尼曰："善哉！政宽则民慢，慢则纠之以猛。猛则民残，残则施之以宽。宽以济猛，猛以济宽，政是以和。"孔子引用《诗经》的话加以佐证："不竞不絿，不刚不柔。布政优优，百禄是遒。"

刘向在《说苑·反质》中列举了两个故事②，以此说明"反质"与治国之道的关系：

其一，卫有五丈夫，俱负缶而入井，灌韭，终日一区。邓析过，下车为教之曰："为机，重其后，轻其前，命曰桥。终日灌韭百区，不倦。"五丈夫曰："吾师言曰：有机知之巧，必有机知之败。我非不知也，不欲为也。子其往矣，我一心溉之，不知改已。"邓析去，行数十里，颜色不悦怿，自病。弟子曰："是何人也？而恨我君，请为君杀之。"邓析曰："释之。是所谓真人者也，可令守国。"

其二，季文子相鲁，妾不衣帛，马不食粟。仲孙它谏曰："子为鲁上卿，妾不衣帛，马不食粟，人其以子为爱，且不华国也。"文子曰："然乎？吾观国人之父母衣粗食蔬，吾是以不敢。且吾闻君子以德华国，不闻以妾与马。夫德者，得于我，又得于彼，故可行。若淫于奢侈，沉于文章，不能自反，何以守国？"仲孙它惭而退。

这两个故事都是关于"守国"的例子。"守国"，即掌管国政、治理国家。《管子·牧民》记载："守国之度，在饰四维。"③哪些人可以"守国"，或者如

---

① 姚晓盈：《子产的治国理政思想及其践行》，载《郑州大学学报（哲学社会科学版）》2022年第1期。
② 刘向：《说苑》，王天海等译注，中华书局2019年版，第1091、1117页。
③ 管仲认为，治理国家的根本在于整顿"四维"，即礼、义、廉、耻。

何治理国家呢？刘向给出了答案。在第一个故事中，通过五丈夫和邓析①的对话，阐明"有机知之巧，必有机知之败"的道理。邓析见五个男子背着瓦罐下井取水浇灌菜地，一天只能浇一块地，便教给他们说，可以制作一种名曰"桥"的工具，一天能浇地百畦，而且人不疲劳。没想到五丈夫直接拒绝了邓析的建议，理由是有机巧的心思，必定会有机诈的心机，不是不懂得这样做，而是不想做。五丈夫的话出自《庄子·天地》："有机械者必有机事，有机事者必有机心。机心存于胸中，则纯白不备；纯白不备，则神生不定；神生不定者，道之所不载也。"治理国家也是这样，如果每个人都追求富足快乐，甚至为达目的费尽心机、尔虞我诈，人和人之间就会失去信任，相互变得冷漠，国家也难以治理好，因此宁可以拙胜巧，保持本性的纯朴与善良。

在第二个故事中，通过季文子与仲孙它的对话，阐述"君子以德华国"的道理。季文子身为国相，妾不穿丝绸，马不吃粮食，仲孙它对此感到不理解，认为季文子这样做是吝啬，国家跟着不光彩。季文子阐述了自己的理由：一方面，看到居民的父母都穿粗衣吃野菜，自己不敢那样做；另一方面，使国家光彩的是君子的德行，而不是妾和马。所谓德，是我能获得他人也能获得的东西，所以能够推行。如果放纵自己奢侈享受，沉迷于文饰章服，不能反躬自省，凭什么掌管和治理国家呢？刘向认为，第二个故事中的季文子、第一个故事中的五丈夫是堪当"守国"大任的人。实际上，两个故事阐明的道理是一致的，都是要保持人的本性，克制欲望，禁绝奢侈，即刘向所说的"反质"。刘向通过这两个故事，把儒家所说的"文质彬彬，然后君子"上升为治国之道，"文质彬彬"不仅是对君子的要求，更是治理国家的基本准则，也是"反质"的目的所在。

二、"反质"政治伦理思想的主要内容

刘向认为，要做到"反质"就必须反对奢侈浪费，而且要以身作则，主

---

① 邓析是春秋末期的政治家、思想家，被誉为法家的先驱，曾自行制作法律并刻在竹简上，史称"竹刑"。

动接受别人的批评建议，故《反质》卷中主要记载的是古代帝王、诸侯勤俭行事、严于律己的故事。《反质》卷集中体现了《说苑》的"谏书"性质，包含丰富的政治伦理思想。

（一）民本思想

儒家积极倡导民本思想，如《论语·颜渊》记载，治理国家依靠充足的食物、强大的军备、人民的信任，三者当中人民的信任是最重要的，"自古皆有死，民无信不立"。刘向继承了儒家的民本思想，在《说苑·建本》"齐桓公问管仲"一则中，刘向借管仲之口阐述了这一思想："所谓天者，非谓苍苍莽莽之天也。君人者，以百姓为天。百姓与之则安，辅之则强，非之则危，背之则亡。"①《反质》中有"鲁筑郎囿"一则，体现了刘向的民本思想。鲁国修建园囿（游猎用的场地），季平子催促赶快完工，叔孙昭子对此予以反对，认为园囿可有可无，不应为了修建园囿而虐待伤害百姓，"安用其速成也？以虐其民，其可乎？无囿尚可乎，恶闻嬉戏之游，罢其所治之民乎？"②刘向借这个故事进一步说明了民本的重要性。

（二）禁欲戒奢

《说苑》"谏书"性质集中体现在劝诫统治者禁欲戒奢，这一主题在书中是最多的。《反质》记载了"晋平公为驰逐之车"的故事，晋平公制作了一辆赛马用的车子，装饰华美，"龙旌众色，挂之以犀象，错之以羽芝"。此车价值千金，立于殿下，令群臣观赏，唯独田差三次经过而不看一眼。晋平公大怒，田差回答说："臣闻说天子者以天下，说诸侯者以国，说大夫者以官，说士者以事，说农夫者以食，说妇姑者以织。桀以奢亡，纣以淫败，是以不敢顾也。"③刘向以桀、纣灭亡的事例，借田差之口尖锐指出淫奢必然导致亡国的道理。

另一则故事是"秦穆公问由余"。秦穆公问由余，古代圣明的帝王得到国家和失去国家，是因为什么呢？这里秦穆公实际上提出了一个历代以来

---

① 刘向：《说苑》，王天海等译注，中华书局 2019 年版，第 156 页。
② 刘向：《说苑》，王天海等译注，中华书局 2019 年版，第 1119 页。
③ 刘向：《说苑》，王天海等译注，中华书局 2019 年版，第 1113 页。

统治者所关心的重大问题。由余的回答很明确："臣闻之，当以俭得之，以奢失之。"[①] 秦穆公又问奢侈和节俭的界限，由余以尧舜禹三个帝王生活越来越奢侈，而不肯臣服的国家越来越多的例子，说明节俭才是正道。刘向对此评价说，秦穆公是个奢侈的君主，但能听从劝谏，所以能够称霸；西戎国王沉溺于乐舞，受小利的诱惑，因此而亡国，是因为背离了质朴的缘故。

（三）以身作则

禁欲戒奢，最主要的是当权者以身作则，带动百姓实行。儒家特别强调以身作则，如《论语》记载："为政以德，譬如北辰，居其所，而众星共之。""其身正，不令而行；其身不正，虽令不从。""君子之德风，小人之德草，草上之风必偃。"《反质》中有一则著名的故事，鲜明地阐述了这一思想。古代有"事死如事生"观念，崇尚厚葬，"丧礼者，以生者饰死者也，大象其生以送其死也。故事死如生，事亡如存"（《荀子·礼论》）。刘向反其道而行之，在历史上较早提倡"裸葬"。杨王孙重病，临死前嘱咐儿子："吾死欲倮（裸）葬，以反吾真。"杨王孙的朋友祁侯前去劝说，认为这样做使尸体受辱，无颜见祖先。杨王孙说，裸葬正是为了矫正世俗之风，"吾将以矫世也"，接下来阐述了自己的理由："夫厚葬诚无益于死者，而世人竞以相高，靡财殚币而腐之于地下……且夫死者终生之化而物之归者也，归者得至而化者得变，是物各反其真。反其真冥冥，视之失形，听之无声，乃合道之情。今费财而厚葬，死者不知，生者不得用。谬哉！"[②] 这则故事是"反质"思想的集中体现，蕴含着朴素的唯物主义思想。

另一则故事是"赵简子承弊车腿马"。赵简子原为晋国大夫，后为赵国君主。赵简子出门坐的是破车瘦马，穿的是黑羊皮的衣服，家臣看不下去，说车子新的才安全，马肥壮的车子跑得快，狐白皮袍温暖轻便。赵简子回答说："吾非不知也。吾闻之，君子服善则益恭，细人服善则益倨；我以自备，恐有细人之心也。传曰：周公位尊愈卑，胜敌愈惧，家富愈俭，故周氏

---

① 刘向：《说苑》，王天海等译注，中华书局 2019 年版，第 1107 页。
② 刘向：《说苑》，王天海等译注，中华书局 2019 年版，第 1124 页。

八百余年,此之谓也。"① 赵简子认为,对君子而言,服饰美好会更加恭谨;对小人而言,服饰美好会更加傲慢,因此平时应当保持质朴、简单的生活方式,且常怀戒备之心,以免产生小人心思,这才是长久之道。

（四）敢于进谏,虚心纳谏

《说苑》褒扬敢于进谏和虚心纳谏。《反质》记载,秦始皇兼并天下后大肆奢侈淫靡,三十五年仍不停止。他修建了气势雄伟的阿房宫,"东西五百步,南北五十丈,上可以坐万人,下可建五丈旗,周驰为阁道,自殿下直抵南山"。又大兴劳役,修建了工程复杂的陵墓,"兴骊山之役,锢三泉之底"。当时的儒生认为,皇上喜欢用刑杀树立威严,臣子为保全俸禄不敢说话,再待下去有性命之忧,于是相约逃亡。秦始皇大怒,活埋四百六十余人。侯生被抓后,秦始皇准备车裂他,侯生大义凛然:"臣闻知死必勇,陛下肯听臣一言乎?"并历数秦始皇的过失:"臣闻禹立诽谤之木,欲以知过。今陛下奢侈失本,淫佚趋末……黔首匮竭,民力单尽尚不自知,又急诽谤,严威克下,下暗上聋,臣等故去。臣等不惜臣之身,惜陛下国之亡耳!"② 秦始皇无言以对,长叹一声,最终释放了侯生。

《反质》有"齐桓公谓管仲"一则。齐桓公问管仲说,我们国家国小财少,但群臣的衣服车马却十分奢侈,我想禁止这种风气,可以吗?管仲回答说,我听说,君主品尝过的东西,臣子们就爱吃;君主喜欢的服饰,臣子们就爱穿戴,"今君之食也,必桂之浆;衣练紫之衣、狐白之裘",这就是群臣奢侈的原因。管仲引用《诗经》说,"不躬不亲,庶民不信",现在您要禁止这种作风,为什么不从自身开始呢?值得称赞的是,齐桓公听从了管仲的建议,"更制练帛之衣,大白之冠朝",群臣纷纷效仿,一年之后,齐国节俭之风由此盛行。

（五）重义轻利

《反质》有"经侯往适魏太子"一则。经侯前往拜访魏太子,左边佩戴着玉饰的宝剑,右边挂着玉环玉佩,两边的宝玉相互辉映,可是坐了好一

---

① 刘向:《说苑》,王天海等译注,中华书局 2019 年版,第 1118 页。
② 刘向:《说苑》,王天海等译注,中华书局 2019 年版,第 1101 页。

会，魏太子既不看他也不问他。经侯忍不住，问魏国也有宝物吗？魏太子说有。经侯问，是什么宝物呢？魏太子答："主信臣忠，百姓戴上，此魏之宝也。"经侯说我问的不是这些，是宝贝器物。魏太子答："徒师沼治魏，而市无豫贾；郪辛治阳，而道不拾遗；芒卯在朝，而四邻贤士无不相因而见。此三大夫，乃魏国之大宝。"经侯听了默不作声，解下宝剑、佩玉，抱愧离去。魏太子派人将宝剑、佩玉送还经侯，转告他："此寒不可衣，饥不可食，无为遗我贼（祸害）。"[1] 经侯闭门不出，竟然羞愧而死。

（六）重在实践

《反质》最后两则是"子贡问子石""公明宣学于曾子"。在"子贡问子石"中，子贡问子石，你不学诗经吗？子石回答："吾暇乎？父母求吾孝，兄弟求吾悌，朋友求吾信。吾暇乎哉？"子贡闻言，放下诗经转而向子石学习。在"公明宣学于曾子"中，公明宣求学于曾子，但是三年不读书。曾子为此责备他，公明宣回答："安敢不学？宣见夫子居宫庭，亲在，叱咤之声未尝至于犬马，宣说之，学而未能。宣见夫子之应宾客，恭俭而不懈惰，宣说之，学而未能。宣见夫子之居朝廷，严临下而不毁伤，宣说之，学而未能。宣说此三者学而未能，宣安敢不学而居夫子之门乎？"曾子离开座位道歉说，我不如你，我只是读书罢了。这两则故事巧妙地说明，儒家倡导的忠孝仁义、恭敬简朴、严己恕人等道德规范，不仅是学习书本知识而已，关键在于实行，用实际行动来践行。《说苑》这一思想与儒家思想如出一辙。《论语》中记载，子夏曰："贤贤易色；事父母，能竭其力；事君，能致其身；与朋友交，言而有信。虽曰未学，吾必谓之学矣。"

三、"反质"政治伦理思想的当代价值

以史为鉴，可以知兴替。刘向经历了武帝鼎盛、宣帝中兴以及汉王朝由兴盛走向衰颓的过程，目睹了上层统治集团的奢侈腐败，为此深感忧虑。他编撰《新序》《说苑》等典籍，意图将历史作为政治兴亡的镜鉴，达到讽谏帝王、激励诸侯、改良风气，实现王朝兴盛的目的。党的二十大报告指出：

---

① 刘向：《说苑》，王天海等译注，中华书局 2019 年版，第 1111 页。

"坚持和发展马克思主义，必须同中国具体实际相结合，同中华优秀传统文化相结合。"在推进中国式现代化建设的今天，刘向政治伦理思想仍具有重要借鉴意义。

（一）坚持以人民为中心

民本思想是中华优秀传统文化的核心理念之一，几乎在所有文化典籍中都有记载。如《尚书》："民惟邦本，本固邦宁。"《礼记》："民之所好好之，民之所恶恶之。"《文子》："治国有常，而利民为本。"《荀子》："君者，舟也；庶人者，水也。水则载舟，水则覆舟。"《新序》："乐民之乐者，人亦乐其乐；忧人之忧者，民亦忧其忧。"《说苑》也包含了民本思想，以轶事传闻、人物事迹的形式反映出这一思想，除直接内容以外，其他如"禁欲戒奢""以身作则""敢于进谏""尊贤礼士"等同样体现出对民众的重视。今天，"坚持以人民为中心"继承了中国古代民本思想的合理内涵并赋予其新的含义，成为马克思主义政治观的重要组成部分。"马克思主义政治观最鲜明的政治立场，就是最直接、最大胆地宣称自己的一切理论和奋斗要代表无产阶级的根本利益，要致力于实现最广大人民群众的根本利益。"[1]习近平总书记指出："中国共产党根基在人民、血脉在人民。坚持以人民为中心的发展思想，体现了党的理想信念、性质宗旨、初心使命，也是对党的奋斗历程和实践经验的深刻总结。"[2]在2024年新年贺词中，习近平总书记说："我们的目标很宏伟，也很朴素，归根到底就是让老百姓过上更好的日子。"这些讲话都是以人民为中心的政治立场的体现。

（二）加强反腐倡廉建设

《反质》思想的核心是劝诫统治者禁欲戒奢，不要激化社会矛盾，以期长治久安，这一思想反映到今天就是加强反腐倡廉建设。马克思认为，无产阶级在夺取政权后，要建立起无产阶级专政的社会主义制度，以此奠定廉洁政治的制度根基。在此基础上，通过精简机构、厉行节约，建立起名副

---

① 戴木才：《论马克思主义政治伦理思想的完整体系》，载《伦理学研究》2019年第2期。
② 习近平：《坚持人民至上》，载《求是》2022年第20期。

其实的"廉价政府"①。中国共产党始终坚持反腐倡廉，从延安时期毛泽东提出"延安作风打败西安作风"②；到新中国成立以后开展"三反五反"运动，严肃查处刘青山、张子善贪污案；再到历届党中央集体反腐败决心；特别是党的十八大以来，以习近平同志为核心的党中央高度重视反腐倡廉，保持高压态势，查处了一大批贪腐分子，保证了党自身的纯洁性。据统计，从党的十八大以后到党的二十大召开之前，全国纪检监察机关共立案 464.8 万余件。其中，立案审查调查中管干部 553 人，处分厅局级干部 2.5 万人，县处级干部 18.2 万人，反腐败斗争取得压倒性胜利③。从法治角度而言，反腐败斗争胜利的根本保障是国家监察体制改革，完善党和国家自我监督体系，包括制定《中华人民共和国监察法》，将反腐败工作纳入法治化轨道，实现了对所有行使公权力的公职人员监察全覆盖。

（三）坚守初心和使命

"反质"思想强调回归事物的本质属性，为此需要加强反省，保持清醒状态，坚守初心和使命。

习近平总书记指出："不忘初心，方得始终。中国共产党人的初心和使命，就是为中国人民谋幸福，为中华民族谋复兴。"④ 强调回归初心使命，与"反质"思想有异曲同工之效。毛泽东同志始终将全心全意为人民服务作为党的根本宗旨，早在革命战争年代，共产党军队就提出"三大纪律八项注意"，人民把军队称为"子弟兵"。改革开放以后，邓小平同志把人民拥护不拥护、人民答应不答应作为各项工作的出发点。党的十八大以来，习近平总书记强调人民对美好生活的向往就是我们的奋斗目标，江山就是人民，

① 赵子林：《马克思恩格斯政治伦理思想的三个维度及现实启示》，载《科学社会主义》2019 年第 4 期。

② "延安作风打败西安作风"出自延安时期毛主席与党内同志的一场谈话。"延安作风"是指清正廉洁、密切联系群众、理论联系实际等共产党作风，"西安作风"是指奢侈浮华、贪图享乐、脱离群众等国民党作风。

③ 《反腐败斗争一刻不能停，必须永远吹冲锋号》，载《人民日报》2023 年 2 月 20 日。

④ 习近平：《决胜全面建成小康社会 夺取新时代中国特色社会主义伟大胜利——在中国共产党第十九次全国代表大会上的报告》，载《求是》2017 年第 21 期。

人民就是江山，"中国共产党领导人民打江山、守江山，守的是人民的心"①。2012 年 12 月 4 日，中央政治局审议通过关于改进工作作风、密切联系群众的"中央八项规定"，对党员干部的言行进行严格规范。党的十九大作出在全党范围内开展"不忘初心、牢记使命"主题教育的重大决策，集中体现了中国共产党践行初心使命的坚强决心。

（四）不断提高执政能力和执政水平

在《反质》"秦穆公问由余"一则中，秦穆公和由余探讨了如何"得国"和"失国"，这是历代统治者十分关心的问题。由余回答："当以俭得之。"秦穆公听从由余的建议，最终称霸一方，"兼国十二，开地千里"。在中国共产党的历史上，1949 年，毛泽东把党中央从西柏坡迁到北平称为"进京赶考"，明确指出"决不当李自成"，告诫全党做到"两个务必"："中国的革命是伟大的，但革命以后的路程更长，工作更伟大，更艰苦。这一点现在就必须向党内讲明白，务必使同志们继续地保持谦虚、谨慎、不骄、不躁的作风，务必使同志们继续地保持艰苦奋斗的作风。"② 这是对踏上执政之路后建设国家、治理国家面临全新挑战的深刻忧思，也是中国共产党加强执政能力建设跳出"历史周期率"的根本要求。众所周知，早在延安时期，毛泽东就给出了中国革命胜利的第一个答案，黄炎培问毛泽东，历代政权"其兴也勃焉，其亡也忽焉"，共产党如何跳出"人亡政息"的周期率？毛泽东回答："我们已经找到新路，我们能跳出这周期率。这条新路，就是民主。只有让人民来监督政府，政府才不敢松懈。只有人人起来负责，才不会人亡政息。"③ 这就是历史上有名的"窑洞对"，是中国共产党人对如何做好"赶考"考题的前瞻思考。"赶考"只有起点，没有终点。中国特色社会主义进入新时代，如何加强党的自我建设和执政能力建设一直是做好"考题"的关键。习近平总书记反复强调："党的作风体现着党的宗旨，关系党的形象，关系人心向背，关系党和国家的生死存

---

① 习近平：《高举中国特色社会主义伟大旗帜 为全面建设社会主义现代化国家而团结奋斗》，载《人民日报》2022 年 10 月 26 日。

② 毛泽东：《毛泽东选集》（第 4 卷），人民出版社 1991 年版，第 1438~1439 页。

③ 黄方毅：《黄炎培与毛泽东周期率对话》，人民出版社 2011 年版，第 59 页。

亡。"①党的二十大报告指出："经过不懈努力，党找到了自我革命这一跳出治乱兴衰历史周期率的第二个答案……确保党永远不变质、不变色、不变味。"②"第二个答案"是党在新的历史时期提出的重要论断，这一论断是马克思主义基本原理同中国具体实际相结合、同中华优秀传统文化相结合的光辉典范。从延安时期毛主席的"窑洞对"到以习近平同志为核心的党中央找到"第二个答案"，反映了中国共产党执政能力和执政水平的不断提升。

结 语

"反质"是古代政治伦理思想的集中体现，在中国古代社会治理中发挥着重要作用，也能为当代社会治理提供参考。习近平总书记曾指出："'观今宜鉴古，无古不成今。'总结历史是为了使全党从历史进程中洞察历史发展规律和时代发展大势，提高认识水平和辨别能力，增强锚定既定奋斗目标、意气风发走向未来的勇气和力量，更加清醒、更加坚定地办好当前的事情。"③2023 年 6 月 2 日，习近平总书记在文化传承发展座谈会上再次强调："中国文化源远流长，中华文明博大精深。只有全面深入了解中华文明的历史，才能更有效地推动中华优秀传统文化创造性转化、创新性发展，更有力地推进中国特色社会主义文化建设，建设中华民族现代文明。"④中华优秀传统文化集中体现在文化典籍当中，其中《说苑》所包含的政治伦理思想就是一座富矿，值得深入挖掘，并为当今社会治理提供借鉴。

---

① 习近平：《改革开放 30 年党的建设回顾与思考》，载《学习时报》2008 年 9 月 8 日。
② 习近平：《高举中国特色社会主义伟大旗帜　为全面建设社会主义现代化国家而团结奋斗》，载《人民日报》2022 年 10 月 26 日。
③ 习近平：《以史为鉴、开创未来埋头苦干、勇毅前行》，载《求是》2022 年第 1 期。
④ 习近平：《在文化传承发展座谈会上的讲话》，载《求是》2023 年第 17 期。

论监督执纪"四种形态"精准规范运用的范式拓展[*]

李运才^{**}

引 言

为了贯彻《中国共产党章程》要求，并与《中国共产党党内监督条例》相衔接，自 2018 年 10 月 1 日起施行的《中国共产党纪律处分条例》第 5 条新增运用监督执纪"四种形态"，即运用监督执纪"四种形态"，经常开展批评和自我批评、约谈函询，让"红红脸、出出汗"成为常态；党纪轻处分、组织调整成为违纪处理的大多数；党纪重处分、重大职务调整的成为少数；严重违纪涉嫌违法立案审查的成为极少数。^① 监督执纪"四种形态"是新时代我们党在构建全面从严治党体系上积累的丰富成果之一。习近平总书记指出，"党的十八大以来，我们坚持真管真严、敢管敢严、长管长严，坚持把纪律挺在前面，坚持纪严于法、纪在法前，运用监督执纪'四种形态'，以高压态势作为坚强后盾，在用好第一种形态上下功夫，强化日常监督管理，发现

---

* 本文发表于《贵州师范大学学报（社会科学版）》2023 年第 6 期。

** 李运才，贵州师范大学廉洁文化研究院（纪检监察研究院）教授，博士，主要从事纪检监察理论研究。

① 自 2024 年 1 月 1 日起施行新修订的《中国共产党纪律处分条例》第 5 条，深化运用监督执纪"四种形态"，经常开展批评和自我批评，及时进行谈话提醒、批评教育、责令检查、诫勉，让"红红脸、出出汗"成为常态；党纪轻处分、组织调整成为违纪处理的大多数；党纪重处分、重大职务调整的成为少数；严重违纪涉嫌犯罪追究刑事责任的成为极少数。该条的修订充实完善第一种形态的内容，增写了"及时进行谈话提醒、批评教育、责令检查、诫勉"的处理方式，重在提示党组织要在用好第一种形态上下功夫，抓早抓小、防微杜渐，主动、严肃、具体地履行日常管理监督职责，真管真严、敢管敢严、长管长严。同时，将第四种形态中的"涉嫌违法立案审查"修改为"涉嫌犯罪追究刑事责任"，使"四种形态"的表述更为精准，更加清晰地表达出纪、法、罪的递进关系和"四种形态"环环相扣、层层设防的要求。中央纪委国家监委法规室：《用贯穿党的创新理论的立场观点方法引领纪律建设——关于〈中国共产党纪律处分条例〉总则修订的重点内容》，载《中国纪检监察报》2024 年 6 月 14 日第 3 版。无特殊注明，本文引用的《中国共产党纪律处分条例》均为自 2018 年 10 月 1 日起施行的《中国共产党纪律处分条例》。

问题及时谈话函询、提醒纠正，让党员、干部真切感受到严管就是厚爱、治病为了救人，更加相信组织、信赖组织，更加严格要求自己"①。党的十九届六中全会将"用好监督执纪'四种形态'"纳入推进党的自我革命的重要内容、全面从严治党的政策策略，上升为党的百年奋斗重大成就和历史经验之一进行总结提炼。监督执纪"四种形态"作为全面从严治党政策策略，要发挥其在新征程上管党治党的利器功效，就必须以精准规范运用为前提。但是，在实践中，由于相关规定具有分散性、原则性、概括性、抽象性，以及不同的纪检监察干部个人学识素养、经验不同等原因，运用监督执纪"四种形态"不精准、不规范的现象并不鲜见，不同形态之间转化随意性较大的问题时有发生。这些现象和问题有违监督执纪政治效果、纪法效果和社会效果有机统一的要求，有损纪检监察机关监督执纪执法的权威和公信力，必须予以全面系统审视。正因为如此，近日，中共中央印发的《中央党内法规制定工作规划纲要（2023—2027年）》明确提出要制定运用监督执纪"四种形态"的具体政策规定，坚持实事求是、宽严相济、统一规范、公平公正，实现政治效果、纪法效果和社会效果相统一。学术界与纪检监察实务界围绕监督执纪"四种形态"的理论基础、历史渊源、实践逻辑、基本内涵、构成要素、重要意义、实践探索等问题展开了一系列研究，取得了较为丰硕的成果。② 但是，监督执纪"四种形态"精准规范运用的基本范式需要进一步拓展，才能确保监督执纪的实事求是、宽严相济、统一规范、公平公正，真正实现政治效果、纪法效果和社会效果相统一的要求。因此，本文围绕监督执纪"四种形态"运用方法、实体标准、案例指导工作机制等的健全完善，对精准规范运用的拓展深化进行探究，以期为运用监督执纪"四种形态"具体政策及法规制度的制定提供理论参考。

---

① 习近平:《论自我革命》，党建读物出版社2023年版，第217~218页。
② 参见罗星:《监督执纪"四种形态"的研究述评及若干前沿问题探讨》，载《廉政文化研究》2020年第4期。

一、建构科学规范的监督执纪"四种形态"运用方法

（一）构建监督执纪"四种形态"运用方法的必要性

监督执纪"四种形态"中的第一种形态（"经常开展批评和自我批评、约谈函询，让'红红脸、出出汗'成为常态"）是党内监督的基础工作，抓住了这个环节，党员干部就能不犯或少犯错误。第二、三种形态（分别为："党纪轻处分、组织调整成为违纪处理的大多数"；"党纪重处分、重大职务调整的成为少数"）落实把纪律挺在前面的要求，按照错误性质和情节轻重，综合运用纪律处分、组织调整等方式，分类处置、层层设防，有效改变要么是"好同志"、要么是"阶下囚"的状况。第四种形态（"严重违纪涉嫌违法立案审查的成为极少数"）体现了我们党以零容忍态度惩治腐败的坚强决心。① 每种形态的处置方式的确定（广义上的量纪）是运用监督执纪"四种形态"的重要基础，但是，每种形态特别是前三种形态的处置方式十分丰富，具有广泛的裁量空间，最容易出现偏差或者失衡。与此相类似的是刑事司法中的量刑问题。量刑出现偏差或者失衡等司法不公的现象是世界各国刑事司法普遍存在的共性问题。② 量刑失衡现象在我国司法实践中同样存在，与衡量司法公正重要判准的"同案同判"相悖的"同案异判"现象时有发生。不少罪名相同、事实相似的案件，不同法院的宣告刑差距却较大；也有在基本事实不变的情况下，二审法院将一审法院宣告刑改判幅度较大的情况。③ 为规范统一法律适用工作，确保司法公正，提高司法公信力，从2004 年开始推行量刑规范化改革，至今将近 20 年。司法机关先后制定《最高人民法院关于统一法律适用加强类案检索的指导意见（试行）》《最高人民法院 最高人民检察院关于常见犯罪的量刑指导意见（试行）》《关于进一步完善"四类案件"监督管理工作机制的指导意见》《最高人民法院统一法

---

① 中共中央纪律检查委员会中华人民共和国监察委员会法规室：《〈中国共产党纪律处分条例〉释义》，中国方正出版社 2018 年版，第 69 页。

② 熊选国：《〈人民法院量刑指导意见〉与"两高三部"〈关于规范量刑程序若干问题的意见〉理解与适用》，法律出版社 2010 年版，第 5 页。

③ 张明：《量刑基准的适用》，法律出版社 2008 年版，第 5~6 页。

律适用工作实施办法》等文件，也分别发布数十批指导性案例。这些规范性文件和指导性案例经历了漫长的实践探索：从长期的传统估堆式量刑模式（又被称为经验操作法、综合估量法）到数量化的电脑辅助量刑模式局部试行，再到"三步法"（依次确定量刑起点、基准刑和宣告刑）规范化量刑模式的确立；从最初确立了"以定量分析为主、定性分析为辅"，后来修改为"以定性分析和定量分析相结合"，再修改为"以定性分析为基础，结合定量分析"，最终确立了"以定性分析为主，定量分析为辅"的量刑方法。[①]

但是，与司法机关不断强化对"同案同判"目标之追求形成鲜明对比的是，司法实践中"同案不同判"并没有因为制度化的努力而得到彻底有效解决。[②]其中的原因之一，就是量刑方法或者说量刑范式的科学性有待进一步论证。上述过程可以说是"转了一圈，又回到了原点"；方案制定部门的摇摆不定，说明了这一问题的难度和复杂性。[③]但总体来看，摒弃完全依赖法官个人的法律意识和实践经验的传统估堆式量刑方法，探索构建定性与定量统筹兼顾的规范化量刑方法，就是法治的显著进步。同样，在大数据、人工智能不断深化运用的时代，采取经验估量或者综合估量的方式运用监督执纪"四种形态"与时代潮流格格不入，与精准规范运用监督执纪"四种形态"的要求相悖。平等、公正是社会主义核心价值观的重要内容，也是包括党员干部在内的广大人民群众对监督执纪工作的一种渴望和需求。结合纪检监察工作的实践经验和创新，借鉴党的十八大以来围绕"努力让人民群众在每一个司法案件中感受到公平正义"要求而开展司法改革的有效做法，探索构建定性与定量统筹兼顾的精准规范运用监督执纪"四种形态"的方法，有利于中国特色的纪检监察体制改革行稳致远，有助于推进中国特色社会主义法治体系建设。

（二）深化运用"纪理"分析法，科学认定违规违纪行为构成要件

准确认定违规违纪行为（以下统称违纪行为）性质，严格划分"失误、

---

① 陈学勇：《认罪认罚可以从宽不是一律从宽》，载《新京报》2021 年 7 月 13 日第 A10 版。
② 孙海波：《"同案同判"：并非虚构的法治神话》，载《法学家》2019 年第 5 期。
③ 闫平超：《量刑规范化体系下的量刑方法改革刍议》，载《法律适用》2020 年第 22 期。

错误"与"违纪、违法"的界线是精准规范运用监督执纪"四种形态"的前提。但是，在实践中，如何准确认定违纪行为性质并未形成统一认识，不同的纪检监察机关对同一行为的性质作出截然不同的性质认定的现象较为普遍。中央纪委国家监委近年来发布的三批执纪执法指导性案例就是典型例证。例如，对于"贺某在新冠肺炎疫情防控工作中搞形式主义、官僚主义问题案"（2021年指导性案例第1号，总第1号），有的认定为违反工作纪律，有的认定为形式主义、官僚主义；对于"崔某骗领财政惠民惠农补贴资金案"（2021年指导性案例第6号，总第6号），有的认定为违反群众纪律，有的认定为贪污、属于职务违法；对于"吴某违规摊派案"（2022年指导性案例第2号，总第9号），有的认定为违反廉洁纪律，有的认定为违反群众纪律；等等。违纪行为性质认定偏差容易导致运用"四种形态"失准失范。

对于违纪行为的性质认定，不能采取"盲人摸象"、以偏概全的方法，应当从整体与部分、部分与部分、整体与环境的相互联系、相互作用中去考察，研究其规定性与规律性，这正是纪理研究的定位与价值所在。[1] 根据纪理分析，对于千差万别的违纪行为，可以从"双层次"（构成要素和辩解事由）、"三阶层"（构成要件的符合性、违规性、有责性）或者"二阶层"（违规、有责）、"四要件"（客体、客观方面、主体、主观方面）等不同角度予以认定。大体而言，"双层次"源于英美法系犯罪认定理论，"三阶层""二阶层"源于德日等大陆法系犯罪认定理论，"四要件"源于我国传统的犯罪认定理论。"四要件"理论在刑法学界和司法实务界引起诸多质疑和争议；"二阶层"在本质上与"三阶层"犯罪认定理论并无显著差异，[2] 并逐渐成为我国当下犯罪认定的有力学说。通过借鉴上述犯罪认定理论建构起违纪行为性质认定方法，深入"纪理"研究，从而为违纪行为性质认定实践提供标准和依据。[3]

中央纪委国家监委案件审理室相关同志认为，可将违纪构成概括为违规且有责，明确实践中党员的违纪行为同时具备违规、有责两部分构成要

---

① 丁英华、刘旺：《"纪理"的概念引入及内涵研究》，载《中国纪检监察》2022年第14期。
② 张明楷：《刑法学》（上册）（第6版），法律出版社2021年版，第134页。
③ 丁英华、刘旺：《"纪理"的概念引入及内涵研究》，载《中国纪检监察》2022年第14期。

素,且不具备排除违规和责任的正当理由时,才可认定构成违纪。①

此种观点与"二阶层"构成理论相似,但又不完全相同。二者的差异在于:在"二阶层"构成理论中,排除违规和责任的正当理由分别属于"违规"和"责任"的范畴,即排除违规的正当事由属于"违规"的消极(否定)构成要素,排除(阻却)责任的事由属"责任"的消极(否定)构成要素。而前述观点是在"违规"和"责任"("有责")认定之后,再单独认定排除违规、责任的事由,这些事由不是"违规"和"责任"的构成要素。但是,在构成要素的体系之外认定违纪行为性质,与违纪构成"法定"原则相冲突,增加了诸多不确定性的风险。

例如,在实施容错纠错机制、落实"三个区分开来"②的要求中,56.1%的人认为"应该不予或免予追究",43.9%的人认为"有可能还是会追究,但是会从轻或减轻责任";超过半数的党员干部认为容错就是免责,一些人认为既然容错了,就意味着不给任何处理处分,甚至连批评教育都不用。③产生上述分歧和争议的原因就在于:相关党组织、纪检监察机关等在认定党员干部工作中的失误错误时,未将"三个区分开来"的要求纳入相应的违纪行为构成要素的体系之内进行考察,也未进一步区分推进改革中因缺乏经验、先行先试出现,推动发展的无意过失,尚无明确限制的探索性试验中的相关失误错误行为的相关事由是违规、责任排除事由还是违规、责任减轻事由。

(三)引入定量分析方法,实现定性分析与定量分析统筹兼顾

运用监督执纪"四种形态"不是抽象的纪法条规的规则规范在具体"案件"中的简单对号入座,而是将抽象的规则规范与具体"案件"相结合并上

---

① 丁英华、刘旺:《"纪理"的概念引入及内涵研究》,载《中国纪检监察》2022年第14期。

② 根据《中国共产党党员权利保障条例》第33条的规定,"三个区分开来"的要求是,对于党员在工作中出现失误错误的,结合其性质和影响,给予实事求是、客观公正的处理,保护党员担当作为的积极性把党员在推进改革中因缺乏经验、先行先试出现的失误错误,同明知故犯的违纪违法行为区分开来;把尚无明确限制的探索性试验中的失误错误,同明令禁止后依然我行我素的违纪违法行为区分开来;把为推动发展的无意过失,同谋取私利的违纪违法行为区分开来。

③ 佚名:《容错岂能一容了之——深刻理解"三个区分开来"的精神内涵》,载《中国纪检监察》2023年第17期。

升到理性具体的过程。采取定性和定量相结合的方法,对纪法罪的事实和裁量情节进行适当量化,将抽象的规则具体化、数据化,改变以往从规则到规则纯粹定性分析的"估量式"方法而造成的泛泛而谈的价值判断现象,防止基层纪检监察机关在运用监督执纪"四种形态"实务中存在"脚大走路稳,官大表就准"的不良倾向,从而真正坚持以事实为依据,以党内法规、国家法律为准绳的原则,区分客观危害性、主观恶性、人身危险性等不同情况,恰当予以处理,做到"过罚相当"。

概括而言,定量分析主要包括两个方面:(1)对每种形态对应的情形,进行适当的定量分析。例如,根据《中国共产党纪律检查委员会工作条例》第31条第2款的规定,"四种形态"主要涉及苗头性、倾向性问题,轻微违纪,一般违纪,严重违纪,严重违纪并构成严重职务违法,严重违纪并涉嫌犯罪等。但是,如何区分苗头性、倾向性问题,轻微违纪,一般违纪,严重违纪则需要适度的量化标准。(2)对相关情节进行适当的定量分析。例如,根据《中国共产党纪律检查委员会工作条例》第31条第2款的规定,对于具有免予处分情节的一般违纪问题,应当适用第一种形态;对于具有主动交代等从轻、减轻处分情节的严重违纪问题,可以适用第二种形态。在基层监督执纪工作中,对何种情节可以免予处分、从轻减轻的幅度如何把握等不明确,容易导致"四种形态"运用不精准。在理论界与实务界,争议最大的问题是:对于严重违纪涉嫌犯罪具有从轻、减轻处分情节的,能否及在何种条件下适用第三种形态?具体而言,对于贪污受贿数额在3万元以上不满20万元、应当依法判处3年以下有期徒刑或者拘役,并处罚金的,甚至数额超过20万元、应当依法判处更重刑罚的,纪检监察机关能否不移送检察机关审查起诉,仅予以纪律处分、政务处分?这些问题都需要通过对相关情节予以量化才能解决。

(四)确立"三步式"方法,统一监督执纪"四种形态"运用步骤

在基层监督执纪实践中,没有形成一套公开的、规范的运用"四种形态"特别是运用每种形态具体处置方式的步骤。这个过程似乎成为一个

"只可意会不可言传"的内心确认活动。一些纪检监察干部往往凭着个人看法进行"估堆",不明白亦不能向当事人说清楚运用监督执纪"四种形态"的思维和过程,当事人对处置方式是如何得出来的也存在疑问,因此,对本来公正的处置方式可能产生不必要的质疑;当然,对于性质相近的违纪行为因"估堆"不准导致监督执纪"四种形态"运用差距较大的质疑,更会影响监督执纪的公信力和权威性。甚至较为极端、片面的观点指出,随着国家监察体制改革的推进,实践中出现一些"以罚代刑"的现象,对法治反腐的权威性造成严重损害;这种现象的出现蕴含某种党政因素的考量,践行的是监督执纪"四种形态"的基本理念。[1] 可以说,运用监督执纪"四种形态"方法不规范、步骤不明确是相关质疑产生的主要原因之一,也是监督执纪实践中处置失衡的重要原因之一。

自量刑规范化改革初步试点(2008年7月至2009年5月)以来,确立的确定量刑起点、基准刑、宣告刑等"三步式"量刑方法和步骤一直沿用至今。这种方法和步骤在运用监督执纪"四种形态"中值得借鉴和参考。易言之,有必要统一、明确"三步式"步骤,建立一套相对科学、规范的方法,确保监督执纪"四种形态"的精准规范运用。一是根据违纪基本构成事实,结合"三个区分开来"的要求,首先确定适用的具体的形态,然后在具体形态相应的处置幅度内确定处置起点(以下统称量纪起点)。二是根据其他影响违纪的客观后果、违纪行为人主观过错程度等基本构成以外的违纪构成事实,在量纪起点的基础上增加处分量确定处置基准点。三是根据违纪事前、事中、事后的相关情节调节处置基准点,并综合纪律建设相关要求、当地政治生态形势等情况,依规依纪依法确定处置方式。[2]

需要指出的是,"三步式"步骤是运用监督执纪"四种形态"的基本步骤,从整个思维和实际操作过程来看,其又包含着具体的小步骤。例如,在确定处置基准点后,具有多个量纪情节的,一般根据各个情节的调节比例,采用"同向相加、逆向相减"的方法调节处置基准点;但是,对于具有影响

---

[1] 参见刘艳红:《〈监察法〉与其他规范衔接的基本问题研究》,载《法学论坛》2019年第1期。

[2] 对"三步式"步骤和方法的论述,参见熊选国主编:《〈人民法院量刑指导意见〉与"两高三部"〈关于规范量刑程序若干问题的意见〉》,法律出版社2010年版,第59页。

客观危害情节的，先适用该情节对处置基准点进行调节，在此基础上，再适用其他表征人身危险性（再犯可能性）等情节进行调节。这既是体现不同情节体系地位的需要，也是为了解决单纯运用"同向相加、逆向相减"方法造成处置的量化结果可能出现零或者负数的问题。对此，下文将予以详述。

二、构筑明确具体的运用监督执纪"四种形态"实体标准

（一）构建运用监督执纪"四种形态"实体标准的必要性

《中国共产党章程》第40条第2款、《中国共产党党内监督条例》第7条、《中国共产党纪律处分条例》第5条、《中国共产党纪律检查机关监督执纪工作规则》第4条等党内法规对监督执纪"四种形态"作出了原则性规定，《中国共产党纪律处分条例》《中华人民共和国公职人员政务处分法》规定违纪违法行为构成要件较为抽象、多数处分种类幅度跨度较大。由于普适性、简洁性、概括性等立法需要，相关党内法规不可能对党内政治生活中千变万化、纷繁复杂的违纪行为的具体情形作出事无巨细的规定。因此，在监督执纪实践中，用好"四种形态"并非易事，[①]统一规范、精准有效适用监督执纪"四种形态"还存在一些突出问题。这主要表现为：一些纪检监察干部在运用"四种形态"实践中"不会用、不敢用""不精准、不规范"。[②]有的认为，"四种形态"是全面从严治党的政策策略，"四种形态"只适用于监督执纪，而"不能"用到监察执法工作中去，即违纪可"柔性"处理、违法只能"刚性"处置；有的认为，第四种形态转化为第三种形态的运用与刑法等有关规定冲突，潜藏政治风险和法律风险，"不敢用"，"用了也不敢说"，[③]等等。

虽然《中国共产党纪律检查委员会工作条例》第31条第2款对每种形态的适用情形及处理方式都作出了较为细化、具体化的规定，2016年出台的《纪检监察机关监督执纪"四种形态"统计指标体系（试行）》也设置了5

---

① 李鹏：《精准规范运用"四种形态"》，载《中国纪检监察报》2021年12月17日第2版。
② 丁永豪：《提升"四种形态"运用精准度》，载《中国纪检监察报》2023年3月20日第7版。
③ 佚名：《如何把四种形态运用到监察工作中》，载《中国纪检监察报》2020年11月19日第6版。

类 56 项统计指标，为统计和反映纪检监察机关运用监督执纪"四种形态"的情况提供了依据；^①但是，每种形态的适用情形认定、每种形态的处置方式的选择（第四种形态例外）并非易事。例如，适用第一种形态的情形主要包括三种：（1）苗头性问题与倾向性问题；（2）轻微违纪问题；（3）具备免予处分情节的一般违纪问题。但是，什么是苗头性、倾向性问题？如何区分轻微违纪与一般违纪问题？免予处分情节有哪些？正如基层纪检监察实务部门的相关同志所指出的，对"四种形态"中各形态的运用尺度把握不准，对各形态之间转化适用的从重、加重和从轻、减轻情节依据把握不准，导致相似案件的处理结果有差异，甚至出现畸轻畸重的问题。^②相关纪检监察实务部的领导同志也指出，少数纪检监察机关及干部对《纪检监察机关监督执纪"四种形态"统计指标体系（试行）》贯彻落实有偏差，甚至片面强调"四种形态"从轻、减轻情节，刻意追求各形态之间的比例关系特别是第一种形态占比的现象，从严要求未得到有效体现和落实。^③另外，这些问题特别是第一种、第二种形态的问题如何始终能够被及时发现和解决也是一个难题。正如党的二十大报告所指出的，我们党必须时刻保持解决大党独有难题的清醒和坚定。我们这个大党必须解决的独有难题之一就是如何始终能够及时发现和解决自身存在的问题。这些问题反映了对政治和法治、纪律和法律关系认识有偏差，^④也反映了监督执纪"四种形态"运用的实体标准亟须进一步具体化、明确化。

（二）明确常见违纪行为的量纪起点

根据《中国共产党纪律处分条例》的规定，党员因犯罪情节轻微被检察院依法不起诉或者法院依法作出有罪判决但免予刑事处罚，或者因罪行较轻被单处罚金的，应当给予撤销党内职务、留党察看或者开除党籍处分。毋庸置疑，在执纪执法实践中，不能仅因为犯罪情节轻微就直接选择给予

---

① 程威：《纪委工作条例第三十一条进一步规范"四种形态"运用机制 精准有效用好监督执纪"四种形态"》，载《中国纪检监察报》2022 年 6 月 1 日第 6 版。

② 郑克虎：《岳池 精准规范运用四种形态》，载《中国纪检监察报》2020 年 12 月 3 日第 8 版。

③ 黄文胜：《实事求是运用四种形态》，载《中国纪检监察报》2020 年 4 月 16 日第 8 版。

④ 佚名：《如何把四种形态运用到监察工作中》，载《中国纪检监察报》2020 年 11 月 19 日第 6 版。

其撤销党内职务的处分。因为，党员犯罪情节轻微而被不起诉、免予刑事处罚或者单处罚金的纪律处分幅度就是前述三种；并且"犯罪情节轻微"在被追究刑事责任时已经被司法机关充分考虑并适用，在纪律处分时不能再适用该情节，否则就违背了重复评价和"纪法分开""纪严于法"的原则。但是，对此究竟是给予撤销党内职务、留党察看还是开除党籍？抑或因为在纪检监察机关核实审查过程中具有《中国共产党纪律处分条例》第 17 条的情形之一而能否减轻处分？当前，因醉酒驾驶构成危险驾驶罪情节轻微而被检察院不起诉的现象较为普遍，对相关党员干部进行纪律处分就面临上述问题。事实上，几乎所有违纪行为的处理都会面临上述问题。因为，为了更好地实现"过罚相当"，《中国共产党纪律处分条例》对绝大多数违纪行为规定了相对确定的处分类型，而很少采取绝对确定的处分类型。① 对于相对确定的处分类型的违纪行为，选择何种处分类型存在着一些认识误区和实践困惑。即使运用"第一种形态"也会面临同样的问题，即究竟采取谈话提醒、批评教育、责令检查等，还是予以诫勉？这些问题要得到正确处理，就必须确定相关违纪行为的量纪起点。

运用监督执纪"四种形态"是一个能动的过程，作为借助"实践理性"知识而展开的监督执纪活动的本质决定了该过程与纪检监察干部的经验判断和主观能动性的发挥不可分离。但不可否认的是，不同的纪检监察干部认识能力存在差异，从而会出现同类案件办理结论不同、同类问题处理方式不一致（以下简称"同案不同处"）的现象，甚至量纪严重不平衡的问题。因此，为了最大限度地缩小因人的认识能力的差异而造成的偏差，完全有必要在一个较为宽泛的违纪行为处置幅度内进行合理细化，确定相对统一的量纪起点幅度，由开展监督执纪的纪检监察干部根据相关规则在相应的幅度内确定量纪起点，为其运用"四种形态"设置一道起码的栅栏，确保在量纪起点阶段不出现大的偏离，尽可能防止量纪畸轻畸重的现象，保障"四

---

① 从《中国共产党纪律处分条例》的规定来看，采取绝对确定的处分类型的主要是严重违反政治纪律的相关行为，处分类型就是开除党籍。例如，《中国共产党纪律处分条例》第 45 条第 1 款、第 48 条第 1 款、第 57 条第 1 款、第 58 条第 1 款、第 59 条第 1 款、第 60 条第 1 款、第 61 条第 1 款、第 62 条第 1 款、第 64 条第 1 款、第 65 条第 1 款等。

种形态"的精准规范适用。①

量纪起点是针对具体的违纪行为而言的,其确定的根据就是该违纪行为的基本构成事实。量纪起点的高低取决于基本构成事实的危害后果大小。对于数额型违纪行为,量纪起点的高低主要取决于数额的大小;对于非数额型违纪行为,量纪起点的高低主要取决于客观要件行为。需要指出的是,基本构成事实不仅仅是指某个违纪类型的基础构成事实,也包括该违纪加重或者减轻构成的基本构成事实。

如果《中国共产党纪律处分条例》等党内法规规定的某个具体违纪行为类型只有单一违纪构成和处分幅度,该违纪行为类型只有一个基本构成事实,其量纪的起点亦只有一个。例如,前述《中国共产党纪律处分条例》对因犯罪情节轻微被不起诉、免予刑事处罚,或者罪行较轻被单处罚金的规定,其违纪行为就只有一个基本构成,即犯罪且情节轻微或者罪行较轻,这也体现了"纪法贯通"的要求;同时,对其纪律处分的幅度也就只有一个,即撤销党内职务、留党察看或者开除党籍。再如,《中国共产党纪律处分条例》第82条对违规组织、参加校友会行为的规定,基本构成只有一个,处分的幅度也只有一个(警告、严重警告或者撤销党内职务);在确定量纪起点时不需要区分组织者与参加者,因为,该条对违规组织、参加校友会的行为并列规定,对其危害性等同视之。即使在监督执纪实践中,需要适用不同形态,也只能根据《中国共产党纪律处分条例》的规定,在下一个步骤——处置基准点的调节环节中予以考量。

如果某个具体违纪行为类型具有多个处分幅度,该违纪行为类型也就具有对应的相应幅度的多个基本构成事实,其量纪的起点也应当是多个。这种现象在《中国共产党纪律处分条例》中更为常见。例如,《中国共产党纪律处分条例》第77条对违反民主集中制原则的行为规定了不同的违纪构成和处分幅度,分别是:拒不执行或者擅自改变党组织作出的重大决定,或者违反议事规则个人或者少数人决定重大问题等,给予警告或者严重警告

---

① 在刑事司法中量刑规范化也采取类似做法。参见熊选国主编:《〈人民法院量刑指导意见〉与"两高三部"〈关于规范量刑程序若干问题的意见〉》,法律出版社2010年版,第68页。

处分;情节严重的,给予撤销党内职务或者留党察看处分。前者是违反民主集中制原则的基础构成,后者是加重构成(或者称为"派生构成")。在基础构成和加重构成中均存在基本构成事实,其量纪的起点分别在"警告或者严重警告处分"与"撤销党内职务或者留党察看处分"中予以确定。

量纪起点应当根据相应的基本构成事实在相应的量纪幅度内确定。量纪起点不是处分幅度的最低点。这是因为违纪行为形形色色,构成违纪或"跳档"的条件也有很多,不同的情形虽然都可以构成违纪或"跳档",但其危害性还是有所不同的;如果没有幅度,就会导致"过罚相当"原则落空。在统一量纪起点幅度的基础上,纪检监察机关及其干部在监督执纪实践中,按照"三步式"步骤,结合行为人具体违纪行为确定明确的量纪起点,选择、调节量纪基准点,并最终确定处置方式。

由于《中国共产党纪律处分条例》分则条文对应100多种具体违纪类型,并且总则也存在"纪法贯通"的违纪处置的实体条款,当前对所有违纪类型都确定量纪起点既不现实也无必要。经过数十年量刑规范化改革,数易其稿、自2021年7月1日起全面实施的《最高人民法院 最高人民检察院关于常见犯罪的量刑指导意见(试行)》,也仅仅确定了现行刑法483个罪名中23个罪名的量刑起点,占比不到5%。[①] 因此,当务之急是结合监督执纪的实践经验,对运用"四种形态"中适用较多、争议较大、偏差较为显著的违纪类型的量纪起点予以确定,从而起到规范绝大部分案件的量纪,总体上确保运用监督执纪"四种形态"的规范化、精准化。

(三)明晰常见量纪情节的适用标准

量纪情节有广义与狭义之分。广义的情节包括违纪基本构成事实以外影响违纪构成的事实,如违纪涉及后果、次数、数额等事实;以及与违纪行为、行为人有关的构成事实以外影响违纪行为的危害性和行为人人身危险性(再次违纪的可能性)的事实。狭义的情节仅指后者,即与违纪行为、行

[①] 有观点指出,据统计,《最高人民法院 最高人民检察院关于常见犯罪的量刑指导意见(试行)》规范的23种犯罪的案件量占刑事案件量的90%以上,这些案件的量刑规范了,也就规范了绝大部分案件的量刑,总体上确保司法公正。参见陈学勇:《认罪认罚可以从宽 不是一律从宽》,载《新京报》2021年7月13日第A10版。

为人有关的构成事实以外的情节。违纪基本构成事实以外影响违纪构成的事实，是指违纪基本构成事实认定后的剩余的构成事实，其主要功能是在量纪起点上增加处分的量，从而进一步确定量纪基准。狭义的情节主要功能是调节量纪基准，并为确定最终的处置处分方式奠定基础。

毋庸置疑，并非所有的事实都能作为量纪情节。作为量纪情节必须符合量纪情节的内在特征和外部特征。在内在特征方面，一是量纪情节要体现违纪行为的危害性和违纪行为人的人身危险性，这是其最基本的特征；二是量纪情节要具有从严（包括从重或者加重）或者从宽（包括从轻、减轻或者免除）处分的功能。在外在特征方面，一是量纪特征要具有客观性，即量纪情节是客观存在的，不以人的意志为转移。这些客观存在的情节不仅包括看得见、摸得着的有形情节，如违纪的数额、后果、手段等，也包括无形的、存在于行为人主观方面的情节，如违纪动机、目的以及认错悔过态度等；二是量纪情节要具有关联性，只能是与违纪行为或者行为人有关的事实情况，如主动交代本人违纪事实、强迫或者唆使他人违纪等。总体而言，量纪情节可以分为违纪前的情节、违纪中的情节和违纪后的情节。违纪前的情节是指出现苗头性、倾向性问题之前的一贯表现、违纪起因等。违纪中的情节是指存在于违纪行为实施全过程，影响处置、处分的事实情况，如违纪的意图表示①、预备、未遂、在共同违纪中所起的作用等。违纪后的情节是指违纪行为完成后到处置结束前这段时间内发生的一些对行为人处置有影响的情节，如主动挽回损失、消除不良影响或者有效阻止危害结果发生等②。

《最高人民法院 最高人民检察院关于常见犯罪的量刑指导意见（试行）》规定了 18 种常见量刑情节的适用标准。例如，对于坦白情节，一般情况下可以减少基准刑的 20% 以下；如实供述司法机关尚未掌握的同种较重罪行的，可以减少基准刑的 10%~30%。又如，对于退赃情节，应当综合考

---

① 在犯罪认定中，犯意表示不能作为犯罪处理。但是，在监督执纪中，根据"纪严于法"的要求，党员违纪意图表示也应当受到相应的处理。我们认为，违纪意图表示正是苗头性、倾向性问题的表现形式之一。

② 在刑事司法中量刑规范化也存在类似分类。参见熊选国主编：《〈人民法院量刑指导意见〉与"两高三部"〈关于规范量刑程序若干问题的意见〉》，法律出版社 2010 年版，第 87 页。

虑犯罪性质、退赃主动程度、数额及对损害结果所能弥补的程度等情况，可以减少基准刑的 30% 以下，等等。这些量化标准对于监督执纪"四种形态"的运用具有一定的启发意义、参考价值。

值得注意的是，量纪情节的适用要区别对待违纪构成事实情节和违纪构成事实以外的情节。这对一个违纪行为存在多个量纪情节时确定情节适用标准具有重要意义。对于同时存在多个从轻、减轻情节或者从重、加重的违纪情节，如果一概采取"同向相加、逆向相减"的方法，处置的量化结果可能出现零或者负数的情况。因此，对此应当按照前述"三步式"步骤，分层分步调节适用，即"部分连乘、部分相加减法"，具体公式为：N（处置基准点）×（ 1+A1%+…… — B1% —…… ）×（ 1+C1%+…… — D1% —…… ）。其中，作为处置基准点的 N，是根据其他影响违纪构成的违纪数额、次数、后果等违纪事实，在前述量纪起点的基础上予以确定；作为第一层次的 A1、B1 等，是根据《中国共产党纪律处分条例》规定的预备、未遂，中止违纪（有效阻止危害结果的发生），在共同违纪中所起的作用，强迫、唆使他人违纪等量纪情节对应从重或者从轻的处分比重。作为第二层次的 C1、D1 等，是根据《中国共产党纪律处分条例》规定的自首（主动交代）、坦白、上交违纪所得、主动挽回损失、消除不良影响、立功、再次违纪等量纪情节对应从重或者从轻的处分比重。第一、二层次量纪情节的从重或者从轻的处分比重，可以参考借鉴《最高人民法院 最高人民检察院关于常见犯罪的量刑指导意见（试行）》的相关规定，并结合监督执纪的实践要求予以确定。有必要指出的是，纪律处分的种类与刑罚的种类存在本质差异，前者主要是处分后的影响期限不同，且具有的确定性（如警告的影响期为 1 年、严重的影响期为 1 年半、撤销党内职务的影响期为 2 年）；后者主要是刑期长短不同（如一般情况下，管制的期限为 3 个月以上 2 年以下，拘役的期限为 1 个月以上 6 个月以下，有期徒刑的期限为 6 个月以上 15 年以下）。因此，上述"部分连乘、部分相加减法"情节适用标准对刑罚特别是有期徒刑的适用具有重要意义，似乎对监督执纪"四种形态"特别是纪律处分种类适用的意义有限。但是，如前所述，监督执纪"四种形态"中每种形态的处置方式的选择具有广泛的裁量空间，最容易出现偏差或者失衡。因此，根据"部分连乘、部分相加减法"情节适用标准计算出的量确定影响期，从而作为确定具体的处置方式的参考标准，可以防止处置方式选择的恣意性。

三、建立健全运用监督执纪"四种形态"案例指导工作机制

（一）建立健全案例指导工作制度的必要性

中央纪委国家监委案件审理室制定出台了《关于发布指导性案例的工作办法（试行）》，截至目前，中央纪委国家监委共发布了三批 11 个执纪执法指导性案例，为案例指导工作制度建设奠定了坚实的基础。相较于抽象的纪法条文规定，指导性案例更加鲜活具体，是对宝贵的实践经验总结，是重要的执纪执法"活的教科书"。……指导性案例统一了部分纪法条规适用问题，解释了执纪执法中的一些具体问题，既是对纪检监察机关的业务指导，也是对广大党员干部的警示教育，同时更容易得到群众的认可和支持。建立健全案例指导工作制度，有利于确保同类案件的纪法条规适用与执纪执法尺度的统一，[①] 对于解决监督执纪实践中"同案不同处"的顽疾、推进精准规范运用监督执纪"四种形态"具有重要价值。

（二）进一步强化指导性案例的拘束力

毋庸置疑，监督执纪执法案例指导制度方兴未艾，相关制度还需不断探索完善。《关于发布指导性案例的工作办法（试行）》仅对指导性案例的编写主体、制定标准、主要内容、体例规范和相关报批、发布程序等 [②] 进行了明确规定。但是，"指导性案例的价值在于指导，生命在于应用"[③]。要真正发挥指导性案例在基层纪检监察实务中的指导价值与应用功能，其"参照适用"的制度亟须进一步健全。

中央纪委国家监委发布的第一批执纪执法指导性案例"编者按"指出，"今后，各级纪检监察机关在办理同类案件、处理同类问题时，应当参照指

---

① 张洋：《案例指导推动精准执纪执法》，载《人民日报》2021 年 8 月 26 日第 7 版。

② 张洋：《案例指导推动精准执纪执法》，载《人民日报》2021 年 8 月 26 日第 7 版。

③ 周根山：《聚焦热点难点问题加强对下业务指导》，载《中国纪检监察报》2021 年 8 月 10 日第 1 版。

导性案例"。① 因此,对于各级纪检监察机关正在办理的案件(以下简称"在办案件"),在基本案情、纪法构成要件、价值取向等方面,与中央纪委国家监委发布的指导性案例相类似的(类案),应当参照相关指导性案例的执纪执法要点、基本案情及处理结果、指导意义等相对应的内容作出处置,即指导性案例对运用监督执纪"四种形态"具有拘束力。

强化指导性案例的拘束力,即指导性案例参照适用,关键在于在办案件是否属于类案的判定。类案判断的方法在于:一是比较案件的基本案情。通过整理分析在办案件的基本案情,确定其与指导性案例之间存在一致性。这是类案判定的前提。二是比较违纪违法类型的构成要件。类案判断的标准应当围绕与基本案情相关的纪法条规进行,以此为框架对比相关违纪类型构成要件的相似性。这是类案判定的基础。三是比较案件处置的价值取向。通过分析指导性案例中的执纪执法要点、指导意义,确定在办案件的价值取向与前述内容具有一致性。只有与指导性案例执纪具备相同价值取向的在办案件才是真正的类似案件。② 这是类案判定的核心。例如,"姚某使用'空白公函'报销案"(2022 年指导性案例第 1 号,总第 8 号)处理的是"吃公函"问题,其中不仅说明了"无公函接待""一函多吃""使用空白公函"等行为性质的认定问题,还详细说明了责任人员的认定范围、执纪执法尺度和涉案财产的处置。同时,该指导性案例对"吃公函"相关违纪违法行为的构成要件、认定方法都进行了较为详细的阐释。因此,对所有符合该指导性案例中"无公函接待""一函多吃""使用空白公函"等"吃公函"的情况,都可以认定为"类案",并参照该案例中的违纪违法性质、责任人员范围、执纪执法尺度、涉案财产的认定、处置方式进行处理,进一步强化严肃整治公务接待中"由风及腐、风腐一体"问题的决心态度和规范统一。

当然,由于指导性案例不具有正式的纪法效力,不属于正式的纪法条规渊源,各级纪检监察机关在参照适用指导性案例时,只需要将指导性案例

---

① 佚名:《中央纪委国家监委发布第一批执纪执法指导性案例》,载《中国纪检监察》2021 年第 16 期。

② 屠凯、张天择:《论执纪执法指导性案例的参照——与最高人民法院指导性案例比较适用问题的视角》,载《山东大学学报(哲学社会科学版)》2022 年第 2 期。

中的相关内容作为处置理由予以阐释，而不能作为处置依据直接引用。但是，为了强化执纪执法指导性案例的拘束力，在问题处置、案件办理过程中，承办部门及相关人员应当查询相关指导性案例，并应当在初核报告、审查调查报告、审理报告等处置型建议文书中对指导性案例检索情况予以说明，或者制作专门的指导性案例检索报告，并随案归档备查。指导性案例检索情况说明或者报告，应当客观、全面、准确，主要包括检索主体、时间、平台、方法、结果等，以及指导性案例的编号和执纪执法要点。

（三）进一步加强指导性案例检索平台建设

与我国的法律条文和每年浩如烟海的案件数量相比较，在10余年时间司法机关指导性案例制度建设中，最高人民法院发布数量仅200余个、最高人民检察院发布数量仅180余个指导性案例，其中部分案例类型过于狭窄，其发挥的指导作用还比较有限。[①]类案检索平台提供的检索结果缺少直观的裁判规则、结果庞杂、匹配不精确，导致无法广泛地参照适用。这启示我们，在执纪执法指导性案例工作制度的健全完善中，可以进一步提升执纪执法指导性案例的发布数量和违纪行为类型的覆盖率，建立分类相对科学、公开便捷的电子信息库等平台，为其查询、检索、参照适用等提供保障，使执纪执法指导性案例能够更广泛、更精准、更有效地应用于监督执纪实践。另外，还需适时对指导性案例进行梳理，建立健全不宜参照适用的指导性案例退出机制。例如，对于与新的纪法条规相冲突或者为新的指导性案例所取代的指导性案例，应当及时注明其不再具有指导作用或者在指导性案例库中予以删除。近日，中共中央办公厅印发的《中央反腐败协调小组工作规划（2023—2027年）》明确指出，加强对反腐败法律适用的指导，通过发布指导性文件、典型案例等方式，指导纪检监察机关、审判机关、检察机关在相关案件中准确适用法律、把握政策。

结　语

[①]　屠凯、张天择：《论执纪执法指导性案例的参照——与最高人民法院指导性案例比较适用问题的视角》，载《山东大学学报（哲学社会科学版）》2022年第2期。

纪律检查机关是党进行伟大自我革命的重要力量，是推进全面从严治党的重要力量，也是管党治党的利器重器，在监督执纪工作中，必须深刻把握"四种形态"的重大意义、深刻内涵、实践要求，把第一种形态作为基础工作，只有抓住了这个关键环节，才能促使党员干部不犯或少犯错误；落实"把纪律挺在前面"的要求，根据错误性质和情节轻重，综合运用组织调整、纪律处分等方式，强化教育提醒；按照第二、三种形态分类处置，强化层层防治；对于严重违纪、涉嫌犯罪的党员、干部，按照第四种形态予以处置，强化以"零容忍"的态度惩治腐败[1]，不得人为搞变通、作选择、打折扣。踏上新时代新征程，应当更加突出运用治理的理念、系统的观念、辩证的思维，进一步强化监督执纪"四种形态"运用的法治意识、程序意识、证据意识，不断提升监督执纪"四种形态"法治化、规范化、正规化建设，在推进形成内容上全涵盖、对象上全覆盖、责任上全链条、制度上全贯通的全面从严治党体系中贡献重要力量。

---

① 关于每种形态的具体处置方式，参见《中国共产党纪律检查委员会工作条例》第31条第2款。

三 | 党的
纪律学

党内法规话语体系建构的逻辑理路与实践进路 *

赵海全 **

引　言

事物的出现往往与叙述该事物的话语体系相伴而生。在福柯看来，"话语乃是必须控制的力量"①。其实质是通过对特定领域话语的争夺，进而掌握话语权。"党内法规"是一个极具本土化特色的概念。作为中国特色社会主义法治实践的产物，党内法规及其话语体系是认知和解释中国法治建设问题的重要面向。党内法规的理论价值和实践价值都要通过"话语"来影响人，从而取得并提升话语权。因此，加快构建党内法规话语体系，使中国共产党建设的实践及其经验逐步成为世界政党建设现代化进程中的"中国范式"，已成为必要之举。

一、党内法规话语体系的功能定位

理论和学科的立场差异性，使得在建构话语体系时会出现"相互冲突和重叠的定义"②。因此，话语体系的功能定位，是决定话语的表达方式和建设方向的重要前提。自党内法规作为我国法治体系的重要组成被提出以来，关于党内法规建设的功能定位问题就成为各界讨论的焦点。但尚未达成共识。有学者认为，党内法规研究的价值集中反映在"法学界尤其是法

---

* 本文发表于《政法论坛》2020 年第 6 期。

** 赵海全，中国政法大学法学院讲师，法学博士，主要从事党内法规建设研究。

① ［法］米歇尔·福柯：《话语的秩序》，肖涛译，载许宝强、袁伟选编：《语言与翻译的政治》，中央编译出版社 2001 年版，第 3 页。

② ［英］诺曼·费尔克拉夫：《话语与社会变迁》，殷晓蓉译，华夏出版社 2003 年版，第 2 页。

社会学研究领域"①。但也有学者表示,党内法规研究首先应当是"一个党的建设问题"②。因而,对党内法规话语体系建构的讨论,首先应当回到党内法规话语体系的功能定位这一"逻辑起点"之中。

（一）基础功能：建构管党治党的制度规范

从党内法规发展的历史维度来看,党内法规概念是党在处理"张国焘严重破坏党纪"问题时,由毛泽东同志提出来的。1938年,毛泽东同志在《论新阶段》一文中指出要将"党规"作为"党的法纪之一部分",来"统一各级领导机关的行动,并使之成为全党的模范"。③ 随后,刘少奇同志在解释"为何要党规党法"这一问题时提出党执行民族统一战线,需要在"政治上思想上之统一"的同时,"条文上应规定法律上非团结不可","并以此党规与党法去教育同志"。④ 尽管二人对党内法规概念的表述存在"党规""党的法纪""党规党法"等不同,但从既有文献来看,二人对党内法规作用的理解是一致的,即党内法规作为党的纪律的补充,用以教育党员、规范各级党组织行动及调整党内各类关系等。

回到党的建设的现实维度,党内法规是党的制度的重要组成。党内法规同党内规矩、党内规范性文件等共同组成了党的制度体系,并被视作其中的"核心部分和高级形态"⑤。党的十八大以来,党内法规建设被列入党的制度建设重点工作之中,建设成效有目共睹。突出以党内法规为中心的党的制度建设,不仅是深化党的制度建设改革的重要举措,更是健全党内制度规范体系的关键环节。不断完善以党章为核心的党内法规制度规范体

---

① 付子堂:《法治体系内的党内法规探析》,载《中共中央党校学报》2015年第3期。

② 周叶中:《关于中国共产党党内法规建设的思考》,载《法学论坛》2011年第4期。

③ 中共中央文献研究室中央档案馆编:《建党以来重要文献选编(1921—1949)》(第15册),中央文献出版社2011年版,第646页。需要说明的是,1991年出版的《毛泽东选集》(第2卷)中,对毛泽东同志的这段表述进行了调整,并将此处"党规"修订为"党内法规"[参见毛泽东:《毛泽东选集》(第2卷),人民出版社1991年版,第528页]。廖奕认为,这一修订是出于新中国成立"中国共产党执政的特殊要求,以及避免将国法与党规混淆"的考虑。(参见廖奕:《中国特色社会主义法学话语体系研究反思——"党内法规"话语为例》,载《法学家》2018年第5期。)

④ 中共中央文献研究室中央档案馆编:《建党以来重要文献选编(1921—1949)》(第15册),中央文献出版社2011年版,第749~750页。

⑤ 杨绍华:《夯实党执政治国和自身建设的制度基础——中共中央办公厅法规局负责人答记者问》,载《求是》2014年第2期。

系，不仅为"运用党内法规把党要管党、从严治党落到实处"①提供制度依据，更是为全面从严治党提供有力的制度保障。

就效力范围维度而言，党内法规主要作用于党内生活，用以规范党内主体及其行为。《中国共产党党内法规制定条例》（以下简称《制定条例》）就对党内法规的调整对象作出了明确规定。其中，2012 年印发的《制定条例》第 2 条规定，党内法规是"规范党组织的工作、活动和党员行为的党内规章制度的总称"②。由此可知，党内法规的调整对象包括两个方面：一是党组织的工作和活动，二是党员行为。2019 年修订的《制定条例》第 3 条将党内法规的调整对象调整为"规范党的领导和党的建设活动"③。这样的改变与新时代党的建设整体布局和思路相契合，也是坚持党的全面领导之必然。将"党的领导"纳入党内法规的调整范围，是"坚持党要管党、全面从严治党"在党内法规制度层面的落实。而"党的建设活动"本身就是党的内部行为之一。因此，对党内法规效力范围的上述调整，并未改变党内法规效力范围主要及于党内关系的格局。

（二）实践功能：完善国家治理现代化的制度保障

党的治理现代化是国家治理现代化的前提条件。"办好中国的事情，关键在党。"④作为国家治理现代化的领导力量，坚持党的领导是国家治理现代化有效推进的政治保障。因此，党的治理现代化建设水平，将直接影响党领导进行国家治理现代化建设的成效。以"党的领导法规制度"⑤为例，其中有多个党内法规涉及对全国人大、各级政府相关问题的指导。特别是党政联合发文现象的存在，使得党内法规在国家治理现代化中的作用不断提高。

国家治理体系和治理能力现代化是国家治理现代化的组成，也是其目

---

① 中共中央文献研究室编：《十八大以来重要文献选编》（中），中央文献出版社 2016 年版，第 178 页。

② 中共中央办公厅法规局编：《中央党内法规和规范性文件汇编（1949 年 10 月—2016 年 12 月）》（下），法律出版社 2017 年版，第 1361 页。

③ 《最新常用党内法规》（第 3 版），法律出版社 2019 年版，第 415 页。

④ 习近平：《在庆祝中国共产党成立 95 周年大会上的讲话》，人民出版社 2016 年版，第 22 页。

⑤ 对于党内法规分类方法，本文借鉴了中共中央办公厅法规局编著的《中央党内法规和规范性文件汇编（1949 年 10 月—2016 年 12 月）》一书的分类办法。（参见中共中央办公厅法规局编：《中央党内法规和规范性文件汇编（1949 年 10 月—2016 年 12 月）》（上、下），法律出版社 2017 年版。）

标。国家治理体系是在党领导下管理国家的制度体系。[①] 党的制度建设是国家治理体系的重要组成部分。在此意义上，党内法规在党的制度体系中的重要地位决定，其已不仅仅是党的治理现代化的制度依据，更是国家治理现代化制度体系的重要组成部分。国家治理能力是指国家权力的实践状态[②]。具体表现为，执政党通过对国家制度体系的安排来实现社会管理的能力。党在领导国家治理过程中，不仅要通过对各类制度安排来实现国家和社会方面的治理，其自身行为亦需通过相关制度来规范和调整，党内法规无疑是党管党治党的必要制度之选。党内法规与国家治理现代化之间密切关联，使得党内法规建设的好坏成为影响治国理政成效的重要因素。在"以党的治理现代化推动国家治理现代化"的现实逻辑之下，党内法规成为推进国家治理体系和治理能力现代化的重要制度保障。

（三）学术功能：推动党内法规学科的有序建设

党的十八大以来，随着全面从严治党、依规治党的不断深化，党规人才的短缺已经成为各级党组织建设面临的现实困境。在对高校和科研机构提出加强党规人才培养要求的同时，建设党内法规学科问题同样成为党内法规研究领域无法回避的话题。2018年9月，国务院学位委员会下发的《学位办〔2018〕33号文件》指出："推进部分有条件的学位授予单位在法学一级学科下自主设置'党内法规'研究方向"，"如条件具备，也可在政治学、马克思主义理论等一级学科下设该研究方向"。从现实情况来看，学界对于党内法规的学科定位目前并未达成共识，尚存独立学科说[③]、交叉学科说[④]、

[①] 中共中央文献研究室编：《十八大以来重要文献选编》（上），中央文献出版社2014年版，第548页。

[②] 刘建军：《体系与能力：国家治理现代化的二重维度》，载《行政论坛》2020年第4期。

[③] 例如，周叶中等从理论指导实践和党规人才培养的角度认为，党内法规学学科独立有助于深入研究党内法规制度的理论和实践问题，有助于科学指导依规治党实践和系统培养党内法规人才。（参见周叶中、邵帅：《党内法规学学科独立论》，载《江汉论坛》2020年第8期，第46~52页。）宋功德认为，尽管目前从概念体系、理论体系和方法体系上看，党规理论研究与成熟的学问之间尚有很大距离，但党规理论研究应当成为一门独立的学科。（参见宋功德：《党规之治》，法律出版社2015年版，第431~433页。

[④] 例如，武小川认为，党内法规不应成为独立学科，而是一个以法学和政治学为主的交叉研究领域，需要在法学与政治学的学科协作下开展研究。（参见武小川：《马克思主义视野下的党内法规性质新探》，载《甘肃社会科学》2020年第3期。）

研究方向说① 等方面的不同意见。近年来,学界关于发展"中共学"②"党内法规学"③ 的呼声日渐高涨。从理论维度来看,有学者直言,从研究对象和研究方法上来说,党内法规理论研究已经具备了"成为一门独立的学问、一个独立的学科"④ 条件。与此同时,无论是从依规治党的实践维度,还是从党内法规人才紧缺的现实维度出发,党内法规都已经初步具备成为独立学科的可能性与迫切性。作为学科建设的党内法规,需要通过具有中国特色的党内法规话语,形成相对独立的党内法规基础理论、知识谱系和理论系统。在对相关概念、理论进行阐释时,离不开具有符合党内法规建设需要的话语表达。质言之,党内法规话语体系的丰富和完善,是党内法规学科建设与学术发展的内生需要和直接动力。

二、党内法规话语体系建构的遵循原则

党内法规话语体系建构的遵循原则,是指在整合党内法规一系列的概念、范畴、词汇以及表述方式等要素的基础上,使其在成为一个完整的表达系统时所应该坚持的立场和准则,以及由此形成的对党内法规的话语表达具有引领和约束作用的基本规范。随着党内法规意涵的不断丰富,其适用的场域亦不断扩大。从实用主义的维度看,不同情境下党内法规话语表达的差异性决定其话语体系建构所要遵循的原则不尽相同。但是从党内法规的功能定位和话语基础功能本身出发,党内法规话语体系建构过程中依然存在一些必须遵循的共性原则。这些基本原则的概括,主要依赖于对党内法规基本立场、基础理论、基本原理的阐释,或是对党内法规具体文本规范

---

① 2018 年 9 月国务院学位办发布《关于推进部分高校授予单位设置"党内法规"研究方向的通知》(学位办〔2018〕33 号),确定中国政法大学、武汉大学等十所高校为"党内法规"研究方向试点单位。目前高校党内法规人才培养工作主要是依托法学、政治学、马克思主义理论等学科展开。如中国政法大学是将其作为宪法与行政法学专业的一个研究方向;武汉大学同时在宪法与行政法、党的建设两个学科进行人才培养;中国人民大学马克思主义学院则将其作为党建学科的一个研究方向。

② 路克利认为,面对海外中共学的发展,国内学界应积极回应国际学界对中国共产党的关切,提升中国共产党研究的国际话语权。参见路克利:《海外中共学成为国际显学》,载《人民日报》2015 年 5 月 4 日第 16 版。

③ 例如,中国法学会会同中共中央办公厅法规局组织 40 余名专家学者共同编撰的《党内法规学》已经公开出版(宋功德、张文显主编:《党内法规学》,高等教育出版社 2020 年版)。

④ 宋功德:《党规之治》,法律出版社 2015 年版,第 431 页。

的抽象凝练。

（一）突出政治性与保持学术性相统一原则

从最开始的"党内法规名称"之争①，到后来"党内法规性质"的认知分歧②，这一系列党内法规基础理论的争论中，学者们都有意无意地将对党内法规的讨论置于政治性和学术性二元对立的境遇之下。此种对立张力的存在，并非党内法规研究所独有的偶然现象，而是我国理论界长期受西方理论和话语体系影响所致的中国本土化表达"失语"的客观映照。且不说早在百余年前，梁启超就在《欧游心影录》中对西方文明提出质疑。2008年的全球金融危机，就足以让世人破除对"西方理论的迷信"，并应当开始致力于对"西方话语体系进行反思"③。特别是当下，中国正处于变革和转型之中，"着力打造融通中外的新概念新范畴新表述，增强在国际上的话语权"④，已经成为中国发展进程中的必然之举。"旗帜鲜明讲政治是我们党的根本要求。"⑤早在1879年恩格斯就尖锐地指出，英国工人运动发展缓慢根源在于英国工联刻意"排斥任何政治行动"⑥。与之不同的是，中国共产党自建党伊始，就重视党的政治建设。1929年古田会议上，毛泽东同志提出

① 关于"党内法规名称"的讨论，主要争议点在于"党内法规"中"法"字的采用是否会使得党内法规有与国家制定法相混淆的危险。参见魏治勋：《论党规的概念、范围与效力等级》，载《法律科学》2018年第2期。

② 关于"党内法规性质"的讨论，目前学界主要存在如下五种观点：第一，党内法规是软法。姜明安等人持此观点。（参见姜明安：《论中国共产党党内法规的性质与作用》，载《北京大学学报（哲学社会科学版）》2012年第3期。）第二，党内法规是高级法。强世功等持此观点。（参见强世功：《从行政法治国到政党法治国——党法和国法关系的法理学思考》，载《中国法律评论》2016年第3期。）第三，党内法规具备法的属性。周叶中等人持此观点。（参见周叶中：《关于"党章是党的总章程"的法学解读》，载《武汉大学学报（哲学社会科学版）》2018年第4期。）第四，党内法规兼具法律和政策双重属性。屠凯等持此观点。（参见：屠凯：《党内法规的二重属性：法律与政策》，载《中共浙江省委党校学报》2015年第5期。）第五，党内法规是政党规范。丁亚仙等持此观点。（参见丁亚仙：《党内法规体系与法律规范体系的结构关系——中国特色社会主义法治体系的文本要件分析》，载《理论学刊》2016年第6期。）笔者赞同最后一种观点，认为党内法规是中国共产党管党治党的自治规范。

③ 李慎明：《厘清国际关系理论中一些话语的本质内涵建立中国特色社会主义话语体系》，载《国外社会科学》2011年第1期。

④ 中共中央文献研究室编：《习近平关于社会主义文化建设论述摘编》，中央文献出版社2017年版，第197~198页。

⑤ 中共中央党史和文献研究院编：《十九大以来重要文献选编》（上），中央文献出版社2019年版，第44页。

⑥ 中共中央马克思恩格斯列宁斯大林著作编译局编译：《马克思恩格斯文集》（第10卷），人民出版社2009年版，第437页。

了"思想建党，政治建军"的政治原则。中共七大上，毛泽东同志更是旗帜鲜明地指出："我们共产党人从来不隐瞒自己的政治主张。"① 新时代党的政治建设被置于党的建设的统领地位。党内法规是党意志的体现，"党规姓党"。突出政治性，是党内法规话语生成和话语体系建构的逻辑前提。无论是作为依规治党和国家治理现代化制度表达的文本话语，还是作为学理表达和学科建设的党内法规学术话语，都应将政治性作为话语体系建构的根本原则。

党内法规话语建构的学术性是其理论面向。理论与话语之间存在天然的联系。"理论是话语的基础，没有理论体系就难以构建完整的话语体系。"② 党内法规话语的学术性，是立足党的治理现代化和国家治理现代化实践，推动党内法规基础理论建设和党内法规学科发展，提高党内法规人才培养质量，提升中国政党治理经验传播力的重要原则。突出党内法规话语体系建构的政治性，并不意味着否定党内法规建设的学术性，其实质是党内法规话语表达所坚持的立场问题和价值导向问题。尽管现阶段来看，党内法规学科建设还存在诸多需要完善的地方，"党规理论研究与成熟的学问之间尚有很大距离"③。但也正因为如此，当下急需毫不动摇地坚持正确的政治方向，不断完善党内法规概念体系、知识体系、理论体系，创设具有中国特色的党内法规学术研究体系。

（二）注重规范性与秉持通俗性相兼顾原则

作为顶层设计，中共中央明确提出党内法规制度建设要"做到内容翔实、措施管用，逻辑严密、表述准确，文字精练、格式规范，具有针对性、指导性和可操作性"④。其实质是要求党内法规建设过程中做到兼顾规范性与通俗性原则。

制度规范，是党内法规话语最直观的表现形态。规范性是党内法规话

---

① 毛泽东：《毛泽东选集》（第 3 卷），人民出版社 1991 年版，第 1059 页。
② 胡键：《"一带一路"的实践与中国的语言战略研究》，载《学海》2020 年第 2 期。
③ 宋功德：《党规之治》，法律出版社 2015 年版，第 433 页。
④ 中共中央办公厅法规局编：《中央党内法规和规范性文件汇编（1949 年 10 月—2016 年 12 月）》（下），法律出版社 2017 年版，第 1373 页。

语应当具备的基本属性。"党规是一个规范体系"①，党内法规话语的规范性包含形式规范和实质规范两个方面。就形式规范而言，以 1990 年印发的《中共党内法规制定程序暂行条例》为标志，包括党内法规话语在内的党内法规建设开始逐步实现形式规范化。具体表现为，突出党规体系的顶层设计，明确党规制度的效力层级，加强党规执行的保障举措，注重党规执行效果的评估措施，完善党规制度的定期清理机制，统一党规文本的制定主体、解释主体、表现形式、体例结构、文本表述等诸多方面。党内法规在借鉴法律规范制定经验和方式的同时，也形成了独具特色的党规风格。就实质规范而言，党内法规话语体系的建构应当遵循"法治中国"建设的总要求。毫不动摇坚持正确政治方向，已不仅是贯穿于党内法规制定工作始终的根本遵循，更是"衡量党内法规制度质量的第一标准"②。党内法规话语体系建构不能脱离服务于党的治理现代化和国家治理现代化的目标。

从政党治理维度看，通俗性是增强党内法规执行力和提升党内法规话语传播力的必然要求。"马克思主义是很朴实的东西，很朴实的道理。"③党内法规话语的通俗性，包含文本表达的通俗化和传播话语的通俗化两个方面。从语言学的维度，作为制度文本的话语表达属于精英语码范畴，应当具有严谨性、专业性、规范性等特点，其受众群体应当是具有党内法规专业知识的群体。作为注重传播的话语表达则属于"大众化"语码范畴，应当具有通俗性、生动性、易传播等特点，其受众群体应当包含党内外各类人士。然而，现行党内法规的文本表达却呈现出另外一番景象。以《关于新形势下党内政治生活的若干准则》为例，其中提及"理想信念动摇是最危险的动摇，理想信念滑坡是最危险的滑坡""解决好世界观、人生观、价值观这个'总开关'问题"。④这样的话语风格区别于一般意义上的制度规范话语。但是形象化、"接地气"的话语表达与党内法规体例结构的规范性，却也形

---

① 王伟国:《国家治理体系视角下党内法规研究的基础概念辨析》，载《中国法学》2018 年第 2 期。
② 宋功德:《坚持依规治党》，载《中国法学》2018 年第 2 期。
③ 邓小平:《邓小平文选》(第 3 卷)，人民出版社 1993 年版，第 382 页。
④ 中共中央办公厅法规局编:《中央党内法规和规范性文件汇编(1949 年 10 月—2016 年 12 月)》(下)，法律出版社 2017 年版，第 659 页。

成了别具一格的党内法规特色。这更加有利于党员群体对党内法规的理解与遵守，进而更好地发挥党内法规在依规治党和党领导治国理政过程中的应有作用。

（三）贯彻继承性与创新性相结合原则

继承与创新是事物发展环节辩证统一的对偶范畴。新的发生是继承基础上的创新，是创新对继承扬弃与超越的结果。党内法规话语体系的建构，是一个"古为今用、兼收并蓄、推陈出新"的过程。继承性是党内法规话语体系合理性的基础。党内法规话语创新性的实现，是批判继承合理性的结果。在党内法规话语体系建构时，首先，应当回溯到马克思主义理论原脉之中。中国共产党是马克思主义政党，马克思主义的科学性，使其成为指导党领导全国各族人民进行革命、建设、改革的指导思想，也成为党的行动指南。因此，有必要从马克思主义关于党的建设的理论与表述中汲取符合当下党内法规建设实际的概念、理论和话语表达。其次，对中国化的马克思主义进行深度发掘。"马克思列宁主义的伟大力量，就在于它是和各个国家具体的革命实践联系的。"① 深入研究以毛泽东同志等为代表的马克思主义经典作家在运用马克思主义经典理论解释和解决中国问题时所形成的经典文献和重要论述，以及在此基础上升华的中国化的马克思主义，有助于更好地理解和还原现行党内法规话语中相关概念和理论形成的历史原貌和发生动因，进而有利于丰富和完善党内法规话语体系。最后，从党的优良传统中总结。党的优良传统是在党的建设过程中形成的，并应当长期坚持的宝贵品格。现行党内法规中，已经出现将党的优良传统上升为党内法规的情况。例如，《中国共产党廉洁自律准则》中就将"艰苦朴素，勤俭节约"这一党的优良传统规定为党员廉洁自律规范。这不仅有利于党内法规话语表达的通俗化，而且有助于增强党员群体对党内法规的认同感。

创新性是党内法规话语体系永葆生机和活力的前提。脱离时代的话语体系将变得缺乏解释力和说服力。党内法规是符合中国实际的法治创新，更是中国法治建设的优势所在。但是，在固有的政党建设话语体系与法治

① 毛泽东：《毛泽东选集》（第2卷），人民出版社1991年版，第534页。

话语体系之下，很难解释这一"中国特色"的法治现象。例如，为什么党内法规属于法治体系的有机组成部分？又如，如何在党内法规和国家法律的有机衔接过程中实现话语范畴的逻辑自洽？再如，为什么将党内主体和活动作为主要调整对象的党内法规会出现"效力外溢"现象？对上述问题的解释，需要关注时代，着眼中国，通过话语体系和理论创新，凝练出能够解决中国法治建设理论和实践问题的党内法规话语体系。

三、党内法规话语体系建构的实践路径

以科学理论为指导，以学科建设为支撑，回答中国政党治理的实践问题，既是党内法规话语体系建构的必由之路，更是保障党内法规话语体系合理性与科学性的根本之所在。

（一）马克思主义理论是话语体系建构的总指导

正确的理论指导，是党内法规话语体系建构方向正确性的根本保障。党内法规话语体系鲜明的党性决定，坚持以马克思主义理论，特别是马克思主义中国化最新理论成果作为总指导，是其建构的"魂"与"根"。坚持马克思主义理论立场方面的总指导，是党内法规话语体系建构的首要坚持。一方面，突出党内法规话语的人民性。人民本位是马克思主义的基本立场，也是党始终坚持的根本政治立场。党的性质及宗旨决定，人民利益始终是党开展各项工作的首要考量。人民性已经成为党的理论与实践的鲜明品格。在党内法规话语体系建构过程中坚持人民立场，才能使党的建设符合党的宗旨，有助于实现党的主张和人民意志的统一。另一方面，秉持党内法规话语体系建构的开放性。开放性是马克思主义基于人类宏观发展而形成的根本立场。[1] 打造好中国话语体系，既需要"积极学习借鉴世界各国人民的文明成果"，也离不开"以开放的眼光开阔的胸襟对待世界各国人民的文明创造"[2]的思维方式。这就要求党内法规话语体系建构要坚持国际

---

① 张师伟：《马克思主义中国化与中国政治学话语体系的现代建构》，载《江淮论坛》2019 年第 1 期。
② 中共中央党史和文献研究院编：《十九大以来重要文献选编》（上），中央文献出版社 2019 年版，第 114 页。

视野。特别应当加强对西方政党建设话语研究和有益成果的吸收借鉴，寻求不同政治文明话语体系下的共识，进而提升党内法规话语的国际影响力。同时要加强党内法规话语传播，即"党内—党外""党员—群众""国内—国际"的多维传播。在话语交流和话语互鉴过程中，进一步对党内法规话语体系进行完善，进而保证党内法规话语的科学性和生命力。

　　坚持历史唯物主义和辩证主义方法论的总指导，是党内法规话语体系建构的必要遵循。历史唯物主义和唯物辩证法是马克思主义的基本方法，党内法规话语体系建构应当将其作为本体性方法论指导。党内法规作为上层建筑，其话语体系建构无法脱离社会基础而进行。对党内法规话语体系的认知与评判，不能与整体社会脱节。同时，党对社会经济发展的领导地位决定，党内法规应当在社会经济建设中发挥积极效能。通过党内法规规范党的组织和党员的行为，进而保证党能够更好地发挥领导作用。党内法规话语体系建构，既是一个不断反思和总结党内法规建设经验的过程，也是对既有经验批判和扬弃的过程。唯有在正确的方法论指导下，才能使其真正适应党的自身建设和治国理政的现实需要。

　　（二）党内法规学科建设是话语体系科学化的重要保证

　　话语的存在既是理性的呈现，也是对本体的揭示。① 党内法规话语应当是科学理性与本体揭示交互作用的呈现。一方面，党内法规话语是党内法规实践经验的知识呈现。另一方面，学术话语在对知识进行书写时又要完成符合党内法规实践需要的逻辑演绎和研究范式选择。在此基础上，党内法规学科的方法论体系、基础概念体系、基本理论和理论体系就此形成。党内法规学科建设，是党内法规理论发展和话语体系建构的基础性工程。通过对党内法规独立研究对象进行确定，使得党内法规的研究更加聚焦。有助于在形成党内法规领域特有的学术话语表达的同时，更加有利于对党内法规实践中遇到的复杂问题给出理论层面的解释，使解释更加具有说服力。通过对党内法规人才进行培养，使得更多的人可以参与到党内法规的

---

① 赵中源、黄罡：《新时代中国特色政治学话语体系建构的要义与理路》，载《政治学研究》2020年第3期。

理论研究和具体实践之中。这不仅有利于填补党内法规人才缺口，而且有助于进一步检验既有制度、理论、话语是否符合党内法规发展需要，继而起到保持党内法规建设科学性的作用。

（三）中国政党治理实践是话语体系创新的活水源泉

话语是社会实践的反映。"话语秩序中的变化并不意味着'新思想'，而是意味着在实践过程中的转换。"①党内法规话语体系建构的目的和目标，应当是致力于解决中国政党治理实践中出现的问题。此处政党治理包括两个方面，一是管党治党的政党自治，二是在党的领导下治国理政。

从政党自治维度来看，中国共产党拥有庞大的组织机构和党员人数。制度具有稳定性和滞后性的特征。基层治理的复杂性，决定在党的组织治理过程中，必然会面临既有话语体系无法解决的新问题。这就需要通过话语对制度进行解释，进而避免对制度频繁修订而引起的制度不稳定性等问题。从治国理政维度来看，党的执政水平关乎国家治理的整体效能。在坚持党的全面领导的根本前提下，国家治理必然会和党的自治形成有机互动关系。但是，作为政党制度范畴的党内法规和国家制度之间的差异性，使得二者在互动过程中，难免会在理论和话语上产生理解上的不一致。这就需要在既有话语体系的基础上实现话语创新，来实现党内法规话语与国家制度话语之间的融通。也正是在理论和实践的相互作用之下，党内法规话语体系才得到了丰富和完善。

结　语

从话语体系形成的知识谱系来看，其形成往往伴生于思想理论体系和知识体系的形成过程。所以，我们所要构建的党内法规话语体系，理应建立在成熟的党内法规理论体系基础之上。但由于我国党内法规理论研究的相对滞后，使得党内法规的制度体系建构、理论体系发展与话语体系的叙述和塑造几乎同时进行，难以满足党内法规发展实际。以制度理论为基础，

---

① ［法］米歇尔·福柯:《知识考古学》，谢强、马月译，生活·读书·新知三联书店 2007 年版，第232 页。

明确党内法规作为管党治党制度规范的基础功能、作为国家治理现代化制度保障的实践功能和推动党内法规学科有序建设的学术功能，遵循政治性与学术性、规范性与通俗性、继承性与创造性等原则的有机结合，探寻党内法规话语体系建构的实践路径，是完善党内法规话语体系的必要方向，也是构建成熟的党内法规理论体系的必要之举。

德治视野下的毛泽东作风建设思想及其当代启示[*]

张文富　王春芬[**]

党的十九大重申，要全面推进党的政治建设、思想建设、组织建设、作风建设及纪律建设，把制度建设贯穿其中，深入推进反腐败斗争，不断提高党的建设质量，把党建设成为始终走在时代前列、人民衷心拥护、勇于自我革命、经得起各种风浪考验、朝气蓬勃的马克思主义执政党。几年来，以习近平同志为核心的党中央从党和国家发展的长远大计出发，对党的作风建设和反腐败工作作出许多重要探索和战略性安排，取得了明显的成效。着力推动党的作风建设和反腐败工作成为中国特色社会主义进入新时代以来的两个突出特点。党中央近年来在全面从严治党方面出台的不少措施及颁布的众多党内法规都体现了我们党努力扭转不良党风、以优良党风推动反腐倡廉工作的战略考虑。这一思路与毛泽东同志当年强化党的作风建设这一思想有着相通之处，我们有必要重温该思想的丰富内涵，以获得治党治国的新启示。

一、党的作风建设是一种"德治"

办好中国的事情关键在党，党风与党和国家的命运休戚相关，这是我们长期以来形成的共识。因为优良的党风必然带来清正廉洁的政风，而恶化的党风则必然带来腐败丛生和人亡政息。这里所讲的党风是指党的作风。所谓作风，是一个团体或者个人在思考问题和处理各种事务时因为遵循一定的原则、规则而形成的比较固定的风格、习惯，包括思想、工作、生活作风

　＊本文发表于《廉政文化研究》2022 年第 6 期。

　＊＊张文富，贵州师范大学马克思主义学院教授，博士生导师，主要从事党的建设理论研究；王春芬，贵州师范大学马克思主义学院博士研究生。

及文风、学风等。而最能体现党员干部思想风貌的是其生活作风。一个人的生活作风是其世界观、人生观和价值观在其日常生活中的外在表现，同时也是其政治品质和道德素养的外化产物。从过去几年中国反腐败政治实践的情况来看，那些被查处的党员领导干部大多数在日常生活中有腐化堕落、疯狂追逐金钱美女、大搞铺张浪费的行为，体现出其丧失共产主义理想和信念、严重脱离群众、变身为特权阶层的状况。中央在党的十八大之后之所以重拳打击官僚主义、形式主义、享乐主义和生活奢靡这"四风"，之所以在最新的《中国共产党廉洁自律准则》中明确规定党员要坚持尚俭戒奢、艰苦朴素、勤俭节约，党员领导干部要廉洁修身，自觉提升思想道德境界，说明中央清醒地认识到领导干部作风问题的重要影响。历史经验告诉我们，作风建设搞得好不好决定着党员干部队伍的纯洁与否和党的肌体是否健康，一定程度上也可以说它是党风廉政建设的温度计、风向标，是党员及领导干部政治信仰和政治道德的孵化器。

正如上文所讲，作风是一个人政治信仰和道德修养的具体体现，同时它又会对个人的政治信仰和伦理道德养成产生积极或消极的作用。而政治信仰和道德素养则决定着党员干部的政治选择。没有坚定的政治信仰和高度的道德水平，一个党员干部就无法自觉抵制各种各样腐败因素的侵蚀。反之，一个党员干部有了坚定的政治信仰和高度的道德修养水平，其为政施政就有了良好的思想基础，腐败行为的发生就会减少。因此，有必要加强党的作风建设，以构建防腐反腐的隔离墙。这一思想事实上就是中国古代政治家和思想家们所讲的"德治"思想。例如，孔子提出了"为政以德"思想，强调道德对政治生活的决定作用，主张以道德教化作为治国的基本原则。该思想在几千年的中国封建社会产生了巨大影响。后世的不少封建统治者为了延续其政治统治时间，在选拔官员时也比较注重德才兼备和道德为先，通过这延揽了不少维护封建统治的人才。一些有作为的中国封建皇帝还为后人留下了他们对"为政以德"思想的论述，如唐太宗著有《帝范》，唐玄宗辑有《开元训诫》，明宣宗写过《帝训》，清康熙帝写下《君道》等，这些皇帝都认为君主应有"君德"。

然而所谓的"君德"有赖于身居高位的人在日常生活中严格执行自己定下的规则和制度，自身形成良好的作风，体现出君主的高风亮节并转化为让人敬畏的道德力量，才能达到德治的效果。历史事实则极具讽刺意味，因为绝大多数封建统治者囿于其阶级局限性而难以遵守那些"君德"，这就为其后来的人亡政息埋下了伏笔。

针对党员干部这一群体的政治建设问题，习近平总书记提出了讲"政德"这一重要理念，强调："领导干部要讲政德。政德是整个社会道德建设的风向标。立政德，就要明大德、守公德、严私德，坚持从小事小节上加强修养，从一点一滴中完善自己。"[①] 从当代政治视野来看，只有用马克思主义理论和共产主义信仰武装起来的共产党人才能树立起高尚的道德观念，做到以身作则，严格要求自己和家人，长期保持良好的思想作风、工作作风和生活作风，永不变色。作为党的第一代中央领导集体核心的毛泽东同志就是这样的楷模，他在大力搞好党的作风建设方面的理论和实践，与我国历史上形成的德治文化是一脉相承而又有巨大创新，值得我们深入探讨和借鉴。

二、毛泽东推进党的作风建设的主要做法及思想

毛泽东在缔造、建设党和国家的几十年时间里，始终不渝地坚持进行作风建设，使中国共产党这支革命队伍在延安时期就形成了理论联系实际、密切联系群众、批评与自我批评的三大优良作风。正是由于共产党长期保持了这三大优良作风，才使得她成为一个伟大的、团结的、胜利的党，使得中华民族至今屹立于世界民族之林。新中国成立前夕毛泽东提出"两个务必"思想，即"务必使同志们继续地保持谦虚、谨慎、不骄、不躁的作风，务必使同志们继续地保持艰苦奋斗的作风"，给即将"坐天下"的战友们敲响了防止腐化堕落的警钟，之后又高度重视领导干部的作风建设和反腐倡廉问题，使我们党从农村进入城市后没有步太平天国时期李自成等人的后尘。

---

① 《领导干部要讲政德》，http://theory.people.com.cn/n1/2018/0314/c40531-29866664.html，最后访问日期：2020年4月15日。

毛泽东之所以能够在其一生中坚决地与党内外腐败势力作斗争并最终取得胜利，与他本人以身作则、带动全党，并且在日常工作和生活中时时刻刻严于律己、严于用权、严于修身是分不开的。他极力保持在日常工作和生活中克勤克俭的个人作风，并且也特别注意要求广大党员干部在生产劳动和日常生活中锤炼良好的革命意志，这是他那个时代保持党风清气正的关键路径。毛泽东在治党治国方面更加倾向于用道德和精神权威等低成本的柔性手段来实现目的，其德治色彩是显而易见的。

其一，以身作则倡导简约主义生活方式。毛泽东终生都在为民族独立和人民解放而奋斗，"全心全意为人民服务"的思想既是毛泽东对党、人民军队和各级政府的要求，也是他自己勤政爱民的生动写照。从诸多党的文献及其他资料中可知，毛泽东长期呕心沥血地为党和人民劳作，活到老干到老，可谓勤政的典范；同时，他又践行了简约主义的生活方式，即他将自己的日常生活过得既简单又节约，崇尚自然洒脱，在吃穿住行等各方面不事奢华、花费极少，体现出自己高尚的人生追求和卓尔不群的人格特征。他主要通过散步、游泳、打乒乓球、看戏或者看电影等来调节自己的身心，而将大部分时间用来进行读书、调研、听报告、批文件。令人感慨的是，毛泽东将读书学习视为自己生活中不可或缺的一部分，直至他逝世之前几个小时，还在读书及了解日本大选的情况。这样的生活方式伴随这位伟人的一生，既使自己终身处于一种积极学习的不懈状态，又影响了身边无数的人。在毛泽东时代，全民学哲学用哲学、全社会积极向上蔚然成风，并不是偶然发生的事情，其带来的党风和社会风气的进步效应是可观的。成千上万的党员干部看到了自己学习的榜样，这种榜样的力量再加上党的有效监督和管理，推动这些人将自己的时间和精力用在党和国家的事业之上，心无旁骛，使勤政廉政蔚然成风，焦裕禄式的好干部层出不穷。

其二，以劳动锻炼净化领导干部的心灵。毛泽东高度重视领导干部参加生产劳动的意义，他通过这种方式保持干群之间的密切关系和防止领导干部思想腐化。毛泽东告诉我们，领导干部参加劳动能够有效抵御资产阶级思想的侵蚀和反对脱离群众的官僚主义。为了推动这一工作，自己带头参加生产活动,还说"这样一来,党和群众就打成一片了,主观主义、官僚主义、老爷作风就可以大为减少,面目一新"①。回顾过去的历史我们可以看到,由于以毛泽东为首的党的领导人的高度重视,领导干部当时参加劳动成为一种工作常态。这种做法的效果在于:参加体力劳动对于净化干部的心灵、拉近干部和群众的关系、阻止干部思想腐化起了很大作用,这使全党上下一改旧国民党时代官员那种贪污腐化、欺压百姓、弄虚作假的恶劣风气,转而形成了廉洁自律、热爱人民、风清气正的崭新政治生态。历史经验也证明,腐败分子往往首先在思想上脱离了群众,无视群众的疾苦,个人主义膨胀,然后才会利用手中的职权和资源为自己谋取私利,损害国家和人民的利益。而那些能够体察民情并与人民群众同甘共苦的人,其贪污腐化的概率会小很多。

其三,高度重视传承艰苦奋斗的革命传统,狠抓党员干部革命意志的锤炼。毛泽东对于艰苦奋斗这种作风的思想政治作用有着充分的认知。他总是启发周围的人:"我们民族历来有一种艰苦奋斗的作风,我们要把它发扬起来。""没有艰苦奋斗的工作作风,就不能执行坚定正确的政治方向。"② 毛泽东一直引用李自成农民起义军进北京后因腐败而失败的惨痛历史教训教育全党,在新中国成立前的七届二中全会上他说道:"因为胜利,党内的骄傲情绪,以功臣自居的情绪,停顿起来不求进步的情绪,贪图享乐不愿再过艰苦生活的情绪,可能生长。"他告诫大家,"同志们,我们就要进北平了……我们进北平,可不是李自成进北平……""可能有这样一些共产党人,他们是不曾被拿枪的敌人征服过的,他们在这些敌人面前不愧英雄的称号;但是经不起人们用糖衣裹着的炮弹的攻击,他们在糖弹面前要打败仗……"③ 牢固树立共产主义理想和信念是一个合格共产党员的首要要求,也是其抵御各种错误思潮侵蚀的最重要的防火墙,但是,能否一辈子坚守信仰而不改变信仰对很多人则是一个巨大考验。因此,我们党要做好拒腐防变这项工作,就必须处理好如何锤炼党员意志、如何永葆纯真信仰的问题。每一个共产党员都认同共产主义的理想和信念,但是如果他在日常生活中习惯于铺张浪费、奢靡

---

① 刘金田:《清廉领袖毛泽东》,江苏人民出版社 2013 年版,第 120 页。
② 史全伟:《清廉勤俭毛泽东》(上),中央文献出版社 2013 年版,第 205 页。
③ 史全伟:《清廉勤俭毛泽东》(上),中央文献出版社 2013 年版,第 230 页。

炫耀，就容易堕入消费主义和物质主义的资产阶级旋涡而无法自拔，进而其共产主义理想和信念就会被稀释掉。相反，如果他的日常生活能够像毛泽东那样长期保持节俭作风不改变，时时考虑人民群众的生活状况，那这样的共产党人就会是一个有坚定的理想和信念的人，与腐败和堕落保持距离的人。很多人未能认识到物质生活上保持节俭的政治意义，毛泽东在1957年的一次党员干部会议上的讲话告诉了我们这一点："要经过整风，把我们党艰苦奋斗的传统好好发扬起来。因为革命胜利了，有一部分同志，革命意志有些衰退，革命热情有些不足，全心全意为人民服务的精神少了，过去跟敌人打仗时的那种拼命精神少了，而闹地位，闹名誉，讲究吃，讲究穿，比薪水高低，争名夺利，这些东西多起来了。"① 他的这些话提醒我们注意，没有艰苦奋斗的作风，革命意志就会消退，就会脱离群众，就会产生腐败的因素。

当军队里有人要求增加薪水、埋怨伙食差，毛泽东则说："解放军得人心就是这个酸菜……但根本的是我们要提倡艰苦奋斗，艰苦奋斗是我们的政治本色。"② 周恩来完全理解毛泽东的思想，他曾经告诫党内一些高级干部："物质生活方面，我们领导干部应该知足常乐，要觉得自己的物质待遇够了，甚至过了，觉得少一点好，人家分给我们的多了，都应该居之不安。要使艰苦朴素成为我们的美德。精神生活方面，我们应该把整个身心放在共产主义事业上，以人民的疾苦为忧，以世界的前途为念。这样我们的政治责任感就会增强，精神境界就会高尚。"③ 周恩来的话诠释了毛泽东坚持艰苦朴素生活方式的意义所在。这一思想也得到了邓小平的认同，他曾经指出："应该保持艰苦奋斗的传统。坚持这个传统，才能抗住腐败现象。"④

三、毛泽东强化党的作风建设思想为当代中国治理带来的启示

在坚持和完善中国特色社会主义制度、推进国家治理体系和治理能力

---

① 《毛泽东文集》(第7卷)，人民出版社1999年版，第284页。

② 《毛泽东文集》(第7卷)，人民出版社1999年版，第162页。

③ 中共中央文献研究室：《毛泽东邓小平江泽民论世界观人生观价值观》，人民出版社1997年版，第456页。

④ 《邓小平文选》(第3卷)，人民出版社1993年版，第290页。

现代化的时代背景下，我们必须重视毛泽东在党的作风建设问题上留给我们的宝贵精神财富。正如前文所讲，党的作风建设事实上达到了德治的治理效果，如果我们把作为执政党的中国共产党建成一个作风优良、政治过硬的党，则增强党的治理能力、实现中国国家治理现代化这一战略性目标必能实现。

第一，党员干部的生活作风建设是治党关键。过去有一段时间我们在生活作风建设上着力不够，这就为腐败分子的灰色行为留下了空间。一个人的理想信念纯洁与否主要通过其在公开场合发表的语言和公共行为表现出来，而腐败分子往往善于在此时伪装自己，所谓"台上是人，台下为鬼"就是这些人的写照。原安徽省阜阳市市长肖作新在当选市长后当着记者的面慷慨陈词，信誓旦旦地要坚决惩治腐败、倡导廉政，然而当天晚上，他就收了别人上百万元的道贺红包。这真是莫大的讽刺！事实上，更能够反映一个人真实思想状况的是其八小时之外的做派而非八小时之内的表现。所以，我们观察一个党员干部是否清廉要看他的吃喝穿住行如何、他的朋友圈子是什么人、他的兴趣爱好是什么、他的私生活是干净的还是肮脏的等。一句话，他的日常消费状况是有党性的还是无党性的，这才能够反映一个党员或者领导干部的真实政治信仰和道德状况。众多资料表明，毛泽东在日常生活中完全体现了一个共产党人的共产主义素养，是表里如一的、本色自然的、毫不掩饰的。他是各级领导干部在个人生活上的榜样。党的十八大以来，以习近平同志为核心的党中央先后出台多项规章制度，对广大党员和领导干部的生活作风问题进行集中整治，特别是中央八项规定的出台，狠狠地打击了一些人大吃大喝、要面子摆阔气等腐败行为，很大程度上净化了党内风气，体现了中央领导集体重视吸收毛泽东等老一辈革命家的经验和做法、重视党的作风建设的深远战略眼光。

第二，重视党员领导干部在作风建设和反腐败工作中的关键角色。斯大林曾经说过，"在制定了经过实践检验的正确的政治路线以后，党的干部就成为党的领导和国家领导的决定力量"[1]。毛泽东极为赞同这样的观点并

---

[1] 《斯大林选集》（下），人民出版社1979年版，第458页。

且在一些重要场合又强调了斯大林的这一思想。同时，毛泽东积极地将这一思想落实到革命和建设实践中去。在他领导和治理党和国家的伟大一生中，他一直非常重视做领导干部的工作。这种重视表现在两个方面：其一，每一次整风运动他都将整顿的重点对象放在领导干部特别是高级领导干部身上，出重拳打击那些领导干部中的腐败分子；其二，从自己做起，带头严格要求自己、家人和身边工作人员，用自己这个最高领导的模范行为教育其他干部。当前我们党的反腐败工作仍然面临着严峻的挑战，如何改进工作以提高成效值得我们深思。而根据党的历史经验，搞好党员领导干部的党风廉政建设应该作为多方面工作的重中之重来抓才行。因为只有领导干部特别是党的高级领导干部以身作则、全面践行党的各项方针和政策，让周围的人看到了学习的榜样，整个党才会上下一致，形成反腐倡廉的综合力量。反之，领导干部自己作风差、身子不干净，甚至以腐败的手段反腐败，则必然出现上行下效的糟糕状况，其造成的影响会更严重更恶劣。

第三，要从战略高度认识领导干部参加生产劳动的反腐败意义。生产劳动不但能够创造生产力、创造物质财富并为精神财富提供物质基础，而且能够在党风廉政建设中发挥极大的作用，而这一点我们很多人都未认识到。毛泽东一生勤政，积极倡导领导干部参加生产劳动，说这样可以减少官僚主义。事实上，减少了官僚主义，也必然会减少腐败堕落现象。我们发现，一些领导干部之所以犯官僚主义和腐败的错误，与其长期脱离群众、与群众离心离德是有关系的。如果他们能够坚持与群众打成一片、与群众同吃同住同劳动，从而深入了解群众的生产和生活状况，知道了群众的疾苦，就会从感情上接近群众、同情群众、尊重群众，就会少犯很多错误。因此，必须在当前的反腐倡廉工作中重新提出干部参加生产劳动的要求，通过恢复这一重要革命传统来推动党风廉政建设。

第四，干部管理上应重视有效的思想政治工作。治国先治吏，对广大党员干部进行科学管理和教育在中国特色社会主义新时代有着突出意义和价值。思想政治工作在政治学意义上是一种德治形式。这种治理模式主要通过对国民的政治和道德信仰进行重塑以及发挥领导人的个人魅力来实现有效的国家治理，它常常能够起到法律和制度等有形力量所不可比拟的作用。这种低成本、高效率的治国模式在毛泽东那里是极受重视的，毛泽东善于运用思想政治工作这种德治手段来实现国家治理，将腐败消灭在萌芽状态。事实上，毛泽东是将党的领导干部作风建设放在一个思想政治工作大环境下进行的，他的个人日常生活方式、对领导干部强调参加生产劳动的重要性、不遗余力地维护艰苦奋斗的好传统等，都是在对领导干部进行潜移默化的思想政治教育。对领导干部的思想政治工作做好了，进行反腐败治理的工作自然就好做了。革命导师列宁曾经告诫他的同志："如果你们同人们打交道，从政治上教育他们，经验就会告诉你们，政治上有修养的人是不会贪污受贿的。"[①] 这个告诫清楚地指明了思想政治工作在反腐败斗争中所具有的特殊意义。在当前我国进行的反腐倡廉和推进国家治理现代化的伟大事业中，我们当然要加强制度建设，用法律和制度这种长效机制约束人，但是我们也必须认识到法律和制度不是万能的，这是因为："制度无论如何周全、正当，如果人们不具备良好的道德，也不可能对人的行为发生什么作用，只有那些具有正义德性的人才有可能知道怎样运用法律。"[②] 正是基于这一认识，我们认为，对于党员干部加强思想政治教育工作是一项实现国家的良治和善治之策。近些年来，以习近平同志为核心的党中央通过加强对党员干部的思想政治和道德素养的培育，不断增强他们的高尚情操和理想信念，使其树立正确的政治观念和道德习惯，从而逐步筑牢了反腐败的思想道德屏障，取得了治国理政的良好成果。例如，2013 年启动的党的群众路线教育实践活动，2014 年在县处级以上领导干部群体开展"三严三实"专题教育，2016 年开展的"两学一做"学习教育，以及 2019 年以来在全党范围内以县处级党员干部为重点开展的"不忘初心、牢记使命"主题教育等，延续了党的思想政治工作好传统，这必将大大有利于推动党风廉政建设和实现新时代国家治理现代化。

---

① 《列宁选集》（第 4 卷），人民出版社 2012 年版，第 670 页。
② ［美］麦金太尔：《德性之后》，龚群、戴扬毅等译，中国社会科学出版社 1995 年版，第 192 页。

家风建设与廉洁文化建设良性耦合机制及实现路径[*]

胡叠泉[**]

家庭是社会的细胞,也是国家治理的基本单元。家风家教成为培育和践行社会主义核心价值观的重要突破口之一,成为加强干部廉洁教育的重要抓手。中共中央办公厅印发的《关于加强新时代廉洁文化建设的意见》指出:"要培养廉洁自律道德操守,引导领导干部明大德、守公德、严私德,把廉洁要求贯穿日常教育管理监督之中,把家风建设作为领导干部作风建设重要内容。"[①] 以家风建设为切入点,探讨家风建设和廉洁文化建设的良性耦合机制及实现路径,有利于实现良好家风规范约束干部、培养个人道德自律的目的。

一、家风的内核要义

家风是"作为伦理亲缘共同体的家庭(家族)在长期的家庭生活传承中,逐渐形成和积淀起来的日常生活方式,家庭风范和道德伦理品格"[②],它根植于家庭成员的内心,影响着家庭成员的思想意识和行为模式。家风作为一种群体亚文化,深受主流文化的影响,所以家风都会打上时代印记。不同的家庭,其精神特质不同,培育出来的家风也不尽相同。但中国家庭文化深受儒家思想影响,又经过革命文化的洗礼和社会主义核心价值观的引领,家风在各有特质的背后,其基本精神内核是相通的,表现为对修身、齐家、治国等方面的一套伦理规范。

* 本文发表于《广州社会主义学院学报》2024 年第 2 期。基金项目:贵州省高校人文社会科学研究基地项目(23RWJD074)。

** 胡叠泉,贵州师范大学廉政文化理论研究中心副研究员,博士,主要从事家庭社会学、中华传统文化研究。

① 中办印发《关于加强新时代廉洁文化建设的意见》,载《人民日报》2022 年 2 月 25 日第 1 版。

② 万俊人:《也说家教家风》,载《光明日报》2014 年 3 月 3 日第 3 版。

（一）修身之本：安分守己、重义轻利

朱子在《中庸》第十四章"修身"中说："君子素其位而行，不愿乎其外。"北宋袁文在《瓮牖闲评》中说："彼安分守己，恬于进取者，方且以道义自居，其肯如此侥幸乎？"安分守己，就是在生活上守住底线，不存妄念；在工作上尽职尽责，恪尽职守。不安分守己就很容易起贪欲，干出违法乱纪的事情。老一辈共产党人虽然身居高位，手握重权，但他们存戒惧，守底线，从不公权私用，坚决反对为亲友捞好处。共产党人陈云同志就常写信告诫自己的子女说："你们必须安分守己，束身自爱，丝毫不得有违法行为。"

重义轻利是儒家的基本伦理思想，也是中华优秀传统文化的精髓。孔子在《论语·述而》中说："不义而富且贵，于我如浮云。"孟子在《孟子·告子上》中说"生，亦我所欲也，义，亦我所欲也。二者不可得兼，舍生而取义者也"。在儒家"重义轻利"思想的熏陶下，造就了历史上大批舍生取义的仁人志士，如文天祥、海瑞、林则徐等。中国共产党人更是把人民的利益当成自己的最大利益，吃苦在前，享乐在后。在革命战争年代，面对敌人的威逼利诱，中国共产党人坚守自己的理想信念，毫不动摇。在社会主义建设时期，身体力行，不谋私利，大刀阔斧搞改革。刘胡兰、方志敏、雷锋、王进喜、孔繁森，他们的英雄事迹都昭示着共产党人的义利观，他们始终坚持以全心全意为人民服务作为自己的初心和使命。

（二）齐家之术：崇俭抑奢、量入为出

崇俭抑奢是中华民族传承几千年的传统美德，被视为齐家要诀。《朱子家训》告诫子孙说："一粥一饭，当思来之不易；半丝半缕，恒念物力维艰。"老一辈革命家毛泽东、周恩来等更是节俭的典范，毛泽东一件睡衣穿了20多年，打了73个补丁；周恩来当总理26年间只穿了三双皮鞋。虽然现在物质水平提高了，但节俭的品德不能丢，我们在提高生活品质的同时应当理性消费。"俭，德之共也；侈，恶之大也"，节俭还影响着道德品格的养成。一个具有节俭品德的人，就不会看重物质利益，在利与义的两难选择时，才会重义轻利。"历览前贤国与家,成由勤俭破由奢",只有养成节俭的好习惯,才能家富国兴。

"量入为出"的生活原则告诉我们要根据自己的收入情况来安排日常支出,做到既不奢侈浪费又不小气吝啬。《颜氏家训·治家》说:"俭者,省约为礼之谓也;吝者,穷急不恤之谓也。今有施则奢,俭则吝;如能施而不奢,俭而不吝,可矣。"①只有量入未出,才能细水长流,不会坐吃山空。在这种良好家风的熏陶下,养成了中国人重储蓄、轻消费的国民性格,真正做到"手中有粮,心中不慌"。

(三)治国之道: 精忠报国、济世安民

精忠报国,就是要对祖国精心忠诚,报效祖国,这是一种"舍小家,为大家"的家国情怀。在这种情怀的感染下,中华儿女为了民族危亡,国家昌盛,抛头颅、洒热血,前赴后继。古有岳母后背刺字,勉励儿子奋勇杀敌,精忠报国;近有"戊戌六君子",维新变法,头断北京菜市口。时代不同使命不同,所以每个时代精忠报国的含义也不尽相同,但为祖国勇往直前,不惜牺牲一切的心是一样的。"两弹元勋"郭永怀为了保护核数据的完整,飞机失事烧成焦尸,仍怀抱核数据。习近平总书记把精忠报国当成自己一生的目标,脱贫攻坚,乡村振兴,带领全国人民一步一步实现中国梦。新冠疫情时期,病毒来势汹汹,多少医务工作者逆行抗疫,义无反顾,把自己的生死置之度外。

济世安民,就是要使国家得到治理,百姓安居乐业。"治国平天下"历来是中国有志之士的人生理想,"穷则独善其身,达则兼济天下"。诸葛亮"鞠躬尽瘁,死而后已",尽心匡扶刘备、刘禅,为蜀汉政权奉献了自己的大半生。唐太宗李世民,励精图治,开创了政治清明,经济繁荣的"贞观之治"。中国科学院院士、血管外科专家汪忠镐的父亲汪德坚,把自己赖以养家糊口的个人诊所,无偿捐献给政府,悬壶济世,在良好家风的熏陶下,汪忠镐努力钻研医学知识,为我国医学事业的发展作出了不可磨灭的贡献。"七一勋章"获得者黄大发,为改善山区群众用水条件,带领村民,历时30余年,在悬崖绝壁上凿出了一条"生命渠"。

---

① [北齐]颜之推:《颜氏家训》,檀作文译注,中华书局2007年版,第33页。

二、家风建设与廉洁文化建设良性耦合机制

家风既是一个家庭的精神内核，也是整个社会的价值缩影。中国社会的家风传承了中华民族优秀传统文化，根植于中国革命和社会主义建设的伟大实践，体现着优秀中华儿女的生活作风、理性信念和精神风貌。廉洁文化是一种以人民利益为价值本位，以维护公共利益、规范公共权力和培育廉洁社会意识为价值目标和价值取向的先进文化。[①] 廉洁文化对保持党的先进性，建设廉洁高效的政府具有重要的意义。家风和廉洁文化虽然表现形态不尽相同，但两者都立足于中华传统优秀文化，有着共同的文化根基和历史传承；都贯穿了马克思主义的立场、观点和方法，是马克思主义中国化的产物；都扎根于华夏大地，是中国特色社会主义建设实践的理论总结。因此，两者在内涵上具有契合性，在建设主体上具有一致性，在功能上具有吻合性，在保障手段上具有互补性，这种高度贯通、融合的特点，决定了家风建设可以推动廉洁意识的养成，廉洁规范的内化，廉洁行为的培育，为廉洁文化建设提供重要载体和动力支持。

（一）内涵耦合：家风建设与廉洁文化建设的关联机制

从家风和廉洁文化的内涵来看，家风文化承载和蕴含着廉洁文化的价值观念。家风文化从修身、齐家、治国三个方面对家庭成员的行为方式和道德品质进行规范和要求，其中包含着清正廉洁的重要论述和经典故事，它们是廉洁文化建设的"廉洁基因"。"安分守己，重义轻利"的修身之本，是对家庭成员修身养性的规定。"安分守己"是礼治之下的伦理规范，是对个体的自律，对他人的尊重，对规矩的遵循。只有把规矩内化于心，才能真正做到"慎独"，自觉遵守各种行为规范、道德准则、法律法规。"重义轻利"是一种对待钱财和利益的态度，应当为了"义"牺牲"利"，为了集体利益和国家利益牺牲个人利益，这和廉洁文化的"不想腐"规范一致。党员干部只有廉洁修身，树立正确的世界观、人生观和价值观，才能筑牢拒腐防变的思想防线。"崇俭抑奢、量入为出"的齐家之术，告诫家庭成员要勤俭持家，艰

---

① 邓学源：《当代中国廉洁文化及其价值研究》，湖南大学 2011 年博士生论文，第 29 页。

苦朴素，"俭以廉为本，奢为贪之源"，只有自觉节制欲望，才能保持廉洁操守，这和习近平总书记对全体领导干部的廉洁文化教育"力戒奢靡，以俭养廉"殊途同归。"精忠报国、济世安民"的治国之道，要求家庭成员要爱国爱家，兼济天下。"家国同构"是儒家重要的思想理念，历代统治者都重视爱国为民思想的培育，"民为贵，君为轻"，只有国家长治久安，老百姓才能幸福富足。现阶段，我国的爱国主义就是要把爱国和爱党、爱社会主义高度统一，中国共产党始终坚持执政为民，全心全意为人民服务，建设中国特色社会主义，只有心中装着人民，才能不脱离群众，才能拒腐防变。可见，爱国为民是家风建设和廉洁文化建设的共同价值追求。

家风和廉洁文化在内涵上的耦合，为两者的良性互动提供了现实基础。新时代的家风建设可以将廉洁文化内化为本家族的家规家训，让家风与时代主流价值相符，与时俱进；家风的塑造也为廉洁文化建设提供了现实土壤和传承主体，廉洁文化可以吸收家风中的廉洁因子，促进党员干部廉洁修养的提高。

（二）主体耦合：家风建设与廉洁文化建设的作用机制

家风建设的主体是家庭成员，廉洁文化建设的主体为党员领导干部，但党员领导干部分属于各个不同的家庭，各个家庭的优秀成员被选拔到领导岗位，他们之间存在重叠和组合。因此，家风建设和廉洁文化建设的主体具有耦合性，强化家风建设可以培养更多的廉洁干部，形成良好的政治生态；党员干部也可在家风建设中发挥示范引领作用，形成良性互动的作用机制。

廉洁家风的建设和传承需要家庭成员的共同努力，不仅要发挥父母在家庭教育中的主导作用，也要重视子女的反哺作用，实现亲代和子代之间的双向互动。"身教重于言教"，家长的一言一行都会对子女起到潜移默化的作用，家长应将廉洁修身融入家庭教育中，给子女树立榜样，做好示范。学校教育的接受，网络的发达，都给子女提供了独立自主思考的能力，将自己学到的廉洁文化知识反哺给父母，推动优良家风的建立。

党员干部应该做好廉洁齐家的表率，引领廉洁家风建设。领导干部的家风建设并不是个人私事，而是关系到党风、政风的大事，很多领导干部滑向腐败堕落的深渊，就是由于家风不正引起的。党员干部应该以社会主义核心价值观为指导，树立正确的价值观、权力观，培育清正廉洁的家庭风气，筑牢拒腐防变的家庭屏障。在党员干部廉洁家风的引领下，带动构建廉洁从政的社会环境，促进整个社会风气的好转。

（三）功能耦合：家风建设与廉洁文化建设的融合机制

家庭是个体社会化的重要场所，个体从出生直至老年都生活在特定的家庭中，所以家风对个体的人格塑造和品德养成起着至关重要的作用。优良家风蕴含的伦理道德价值和行为准则将潜移默化于个体思想中，引导个体养成良好的人格品质和正确的价值观，最终促使个体行为习惯由他律转为自律。家庭是社会的缩影，只有符合社会主流价值观的家风才能被延续和传承，良好家风倡导的价值观和主流价值观具有同向性，符合人们的价值取向和利益追求，所以优良家风能够规范家庭成员的行为，使之符合主流价值观的要求。

随着中国社会的变迁和国际环境的变化，中国共产党必须不断推进自我革命，实现治理方式的转型，要引导广大领导干部在思想上正本清源，筑牢道德底线，增强拒腐防变能力。加强廉洁文化建设在个体层面可以提高个人思想道德和自我约束力，通过学习马克思主义理论，提高思想境界，强化"不想腐"的信念，通过古人先贤、先锋模范的示范作用，将廉洁的价值理念内化为道德操守和精神信仰；在群体层面可以促进建立健全预防和惩治腐败体系，孟德斯鸠在《论法的精神》中指出，"一切有权力的人都容易滥用权力，这是万古不易的一条经验"[①]。因此，权力必须得到有效监督和制约，建立起内部监督和外部监督相结合的制度体系，让权力在阳光下运行。

可见，家风和廉洁文化都有提高个人道德修养，约束个人行为习惯的作用，二者功能上的耦合性，使通过家风建设促进廉洁文化建设成为可能。把家风建设和廉洁文化建设结合起来，就是把党员和领导干部的公共行为

---

① 转引自彭刚：《西方思想史十二讲》，人民文学出版社 2022 年版，第 484 页。

建设和私人家庭建设结合起来，让其公共空间和私人空间都得到有效监管，实现以家风促党风，党风带家风。这样不仅可以有效净化党的政治生态环境，也为广大社会力量参与公共治理创造了条件和机会。

（四）手段耦合：家风建设与廉洁文化建设的保障机制

家庭是个体教育开始的地方，中国传统社会非常重视家风建设，以家规、家训、家法、家书等为载体，积累了大量的具有家族特色的教育模式，对家庭成员在道德上教化、行为上规范。这种教育模式是建立在家庭血缘基础上，依靠道德的感化作用和约定俗成习惯的规范作用，使人心向善，是一种非强制性的教育手段。廉洁文化建设是中国共产党孜孜不倦追求的目标，党的领导人力图通过廉洁文化建设将清正廉洁的理念转化为人们普遍遵守的道德标准和行为规范，新中国成立初期，我党把整党整风和廉洁文化建设结合，由此党风政风社风焕然一新；改革开放以后，为维护公平正义，实现共同富裕，探索形成了"标本兼治、综合治理、惩防并举、注重预防"的十六字方针，凸显了廉洁文化教育在惩治和预防腐败体系中的重要作用；党的十九大报告明确提出"强化不敢腐的震慑、扎牢不能腐的笼子、增强不想腐的自觉"，把制度反腐和廉洁教育结合起来。可见，廉洁文化建设不仅可以通过廉洁教育来预防，还必须依靠强制性手段来保证，这样我们党员干部的思想行为既受到家风的影响，也受到廉洁文化的约束，形成劝谕性手段和强制性手段交替互补。

三、家风建设与廉洁文化建设良性耦合实现路径

家风建设与廉洁文化建设良性耦合的实现，不仅要把时代主流价值要求融入家风内容，还要严格监管家庭成员，健全从严治家制度，发挥家庭、学校、社会、政府的共同合力，共筑拒腐防变思想防线。

（一）传承创新家风内容，实现家风政风同频共振

家风是社会风气的重要组成部分，是民风、社风和政风在家庭中的映射，反过来也影响着民风、社风和政风。家风醇正则民风淳朴，民风淳朴则

社风清朗，社风清朗则政风清廉。建立家风与民风、社风和政风相互支撑、良性互动的基础，是实现家风与廉洁文化耦合的关键。我们必须与时俱进，不断创新家风内容，构建新时代家风，把廉洁文化纳入家风建设中，使家风成为廉洁教育的有效载体和实现途径。

新时代家风既要从传统家风文化中汲取养分和精华，也需结合时代特点，对家风文化进行创造性转换和创新性发展，使之符合时代要求。一方面，传统家风文化是中华传统文化的重要组成部分，我们要充分挖掘家训经典、家风遗存中承载的如艰苦奋斗、勤俭持家、尊老爱幼、敬业报国等丰厚思想道德资源；另一方面，要以社会主义核心价值观为引领，在新时代家风建设中注入公平正义、平等自由、诚实守信、廉洁奉公、大公无私等廉洁元素，赋予家风以新的时代魅力和丰富内容。在新时代家风中融入廉洁元素，可以把抽象的道德和法律规范具象化，通过身边发生的平凡小事进行生活化的解读，在潜移默化中自觉践行廉洁文化中的道德标准和法律规范，从而实现家风政风同频共振，共同塑造风清气正的良好社会风气。

（二）多方联动建设家风，筑牢防腐拒变思想防线

家庭是个体最初的道德教化场域，家长应以身作则、以身示范，发挥优良家风培育和传承的主体作用。"言传身教"是家风建设的主要方式和手段，家长一方面应当用优良家风家训家规引导子女价值观的养成，让他们从小树立诚实守信、知礼守法、尚俭戒奢、敬业乐群的基本观念；另一方面家长应当身体力行，率先垂范，在日常生活中把传统美德用实际行动诠释，让子女在潜移默化中受到教化。家长只有做到言行一致，"言必行，信必果"，才能树立起权威，所以建设优良家风，对子女和家长都有约束、教育作用。

学校是个体受教育的主阵地，对个体的个性发展、人格塑造、品德养成起着十分重要的作用。学校应该重视家庭美德的培养，把优良家风家训文化寓于知识教育的过程中，把知识传授和道德教化完美结合。学校还可加强家校互动，邀请家风良好的家长参与到学校的德育教学中，发挥良好家

风的人格涵育功能，使家庭教育和学校教育形成合力，协同作用。学校应当积极开展有关家风家教的亲子活动，提高学生的活动参与度。

良好家风的建设离不开社会的参与。社区可树立"尊老爱幼、夫妻和睦、邻里互助、勤俭节约"等文明家庭典范，以此激发社区其他家庭成员的价值认同和情感共鸣。还可借助媒体的力量，宣传优良家风家训，传播正能量，发挥舆论敦风化俗的作用。可制作有关家庭美德的公益广告，在电台和地铁、商场等人流密集的地方播出；也可利用微博、微信、抖音等平台，传播优良家训家风，通过点赞、转发、评论等方式让全体社会成员参与其中。

良好家风的建设还离不开政府的导向作用。国家应不断建立健全家风建设法律法规，为优良家风建设提供制度保障。我国正处于社会转型期，利益多元，社会矛盾复杂，要以优良家风建设促进廉洁文化建设，达到改变社会风气的目的，只靠道德约束还不够，还必须有法律法规作为制度保障，以法治承载和弘扬家庭美德。

家庭、学校、社会、政府四方联动，以家风建设促进廉洁文化建设，形成廉洁齐家的家庭氛围和风清气正的社会风气，筑牢防腐拒变思想防线。

（三）严格监管家庭成员，促成党内政治生态净化

廉洁文化建设的重要目的之一就是净化党内政治生态，保证中国共产党的先进性和纯洁性。净化党内政治生态的主体责任在于广大党员干部，但我国传统政治结构和文化心理的特点决定着领导干部的私人生活和公共生活、家庭治理和国家治理具有紧密联系，家庭"内生态"对政治和公权力的运行具有重要影响[1]。家风是连接"私域"和"公域"的文化纽带，所以领导干部的家风建设成为净化党内政治生态的重要切入点。党的领导干部来源于各个具体的家庭，其身份具有双重性特点，既是公权力的行使者，也是具有家庭利益和血缘情感的普通家庭成员。如果领导干部家风失范，就会出现任人唯亲、拉帮结派等不正之风，诱发党内政治生态系统紊乱，从近年来查处的贪腐案件中可以看出，不乏"夫妻店""父子兵""全家腐"，所以，

---

① 邹庆国：《领导干部家风建设与党内政治生态净化》，载《中州学刊》2016 年第 11 期。

领导干部家风建设应是廉洁文化建设的题中应有之义。

领导干部家风建设应当严格监管家庭成员，既包括领导干部的自律，也包括领导干部和家庭成员之间的相互监管。领导干部应该树立正确的家庭观和亲情观，以身作则，率先示范，本分做人，干净做事，克己奉公，戒贪欲，止私欲，把人民赋予的权力切实用于服务人民。领导干部还应从严治家，管好自己的配偶和家庭成员，防止配偶和子女打着自己的旗号贪污受贿、非法牟利。家庭成员也应主动监督领导干部，家庭成员有着天然的优势，更容易掌握领导干部的思想动向和行为举止，一旦发现有贪腐苗头，应及时制止。

（四）健全家风建设长效机制，促进党内制度体系完善

家风建设和廉洁文化建设良性耦合，需健全家风建设长效机制，厘清公域和私域的界限，既防止公共权力渗入家庭生活的私人领域，也避免家庭情感因素违规介入政治生活。首先，严明家规家训，发挥家风的社会治理功能。领导干部要主动借鉴传统文化、红色文化中的优良品质，还应结合时代变化和党规党章要求，制订既符合党纪国法要求又体现人伦亲情的家规家训，起到引导家庭成员思想，规范家庭成员行为的作用。其次，建立家风失范问责机制。将家风失责失范行为纳入领导干部追责问责机制中，可以强化领导干部家风建设的主动性和积极性。建立领导干部家风失范问责机制，是全面从严治党从"公域"政治生活向"私域"家庭生活延伸的重要手段。应将《中国共产党问责条例》中跟家庭私域相关的条例，让党员干部和家庭成员认真学习，避免家风失范问题产生。最后，健全家风建设监督制度。建立包括政府、家庭、社会在内的监督体系，政府应严格领导干部财产申报制度，家庭成员之间要互相监督，及时了解各成员的思想动向，还应发挥邻里、社区和媒体等社会力量的监督作用。

四 | 监察法学

高校监察机构监察对象及其管辖疑难问题分析[*]

李运才[**]

引　言

监察对象的界定是监察权运行的逻辑起点，而监察管辖的明晰又是监察权正确行使的保障。根据《监察法》等相关法律法规的规定，公办高等学校（以下简称"高校"）中从事管理的人员才属于监察对象；派驻或者派出高校监察组、监察专员（以下统称"高校监察机构"）根据授权，按照管理权限依法对监察对象进行监督、调查、处置。但是，在高校监察实务中，监察对象及其监察管辖还存在很多疑难问题，以下案例就是典型例证。

位于 G 省 G 市的某省属高校外国语学院普通教师甲某，未经学校许可就私自在 G 省 B 市某民办小学兼职担任校长。甲某担任校长期间，该校发生重大事故。经查，甲某作为校长，在学校管理中严重失职失责，对该事故应承担主要领导责任。

本案产生的具体问题是：甲某是否属于该高校的监察对象？对甲某的渎职行为由谁调查处置？这些疑问背后的深层次问题是：高校中的仅从事教学工作的普通教师（以下简称"高校教师"）、科研工作人员等专业技术岗位人员是否属于监察对象？在外兼职、挂职、被抽（借）调、外聘等（以下简称"外调"）从事管理工作的高校教师是否属于监察对象？在此情形下，对其职务违法行为究竟如何调查处置、高校监察机构与地方监察机关的监察管辖如何协调？在"双轨"惩戒机制下，高校处分与高校监察机构政务处分

＊本文发表于《贵州民族大学学报（哲学社会科学版）》2022 年第 6 期。

＊＊李运才，贵州师范大学廉洁文化研究院（纪检监察研究院）教授，博士，主要从事纪检监察理论研究。

之间如何进行合理分工？对这些疑问在监察工作实践中没有形成共识，对监察权的正确行使、监督合力的贯通协同造成一定程度的障碍。

本文对上述问题进行归纳总结，并从高校教师、高校科研人员监察对象身份界定，外调从事管理工作的高校教师监察管辖衔接协调，高校监察对象处分与政务处分"双轨制"的贯通协同等四个方面，拟对高校监察机构的监察对象及其管辖范围中相关疑难问题进行探讨，以期对高校监察工作的实践提供有益参考。

一、高校教师的监察对象身份界定

根据《关于高等学校岗位设置管理的指导意见》规定，高校岗位分为管理岗位、专业技术岗位、工勤技能岗位三种类别。[①] 没有争议的是，高校管理岗位工作人员以及工勤技能岗位中从事后勤保障、服务等人员，实际履行了管理职责，属于监察对象。但是，专业技术岗位的高校教师、科研人员是否属于监察对象，则值得研究。理论界与实务界普遍认为，高校教师因仅从事教学工作，不是监察对象。但是，随着实践的发展，这种观点有待深入研究。

事实上，这在刑事司法实务中曾经也面临类似的疑问，即仅从事教学工作的高校教师是否属于《刑法》中的"国家工作人员"？根据《刑法》第93条第2款的规定，在事业单位中从事公务的人员，以国家工作人员论。根据《事业单位登记管理暂行条例》第2条的规定，公办高校属于事业单位。因此，该疑问的核心是高校教师的教学活动是否是公务活动？在2008年《最高人民法院、最高人民检察院关于办理商业贿赂刑事案件适用法律若干问题的意见》（以下简称《办理商业贿赂问题的意见》）出台之前，对此认识还存在较大分歧。[②]《办理商业贿赂问题的意见》出台后，理论界与实务界

---

① 根据《关于高等学校岗位设置管理的指导意见》第4条至第7条的规定，管理岗位，是指担负领导职责或管理任务的工作岗位。专业技术岗位指从事专业技术工作，具有相应专业技术水平和能力要求的工作岗位；专业技术岗位分为教师岗位和其他专业技术岗位，其中教师岗位是专业技术主体岗位。工勤技能岗位指承担技能操作和维护、后勤保障、服务等职责的工作岗位。

② 参见韩耀元、王文利：《〈关于办理商业贿赂刑事案件适用法律若干问题的意见〉问答（四）》，载《中国监察》2009年第5期。

普遍认为，不论是否公办学校，教师的教学活动不是公务活动，而是职务活动。[1]该意见进一步明确指出，教师利用教学活动的职务便利，以各种名义非法收受教材、校服等物品销售方财物，为其谋取利益，数额较大的，依照《刑法》第 163 条规定的非国家工作人员受贿罪定罪处罚。

但是，不能因为司法实务部门将教学活动界定为"非公务活动"、将教师界定为《刑法》中的"非国家工作人员"，就理所当然地认为教师不是《监察法》中的监察对象。非但如此，为进一步推动高校教师履职尽责，需要将其纳入监察对象的范围。理由在于：

第一，将高校教师纳入监察对象范围是落实"办好人民满意的教育"的重要要求。党的二十大报告以"办好人民满意的教育"提纲挈领对教育这个国之大计、党之大计进行总体布局，又将"加强师德师风建设""培养高素质教师队伍"作为"办好人民的教育"的重要要求之一进行重大战略部署。监察机关应当坚决做到党中央决策部署到哪里、监督检查就跟进到哪里，为党中央重大决策部署贯彻落实提供坚强保障，[2]高校监察机构应当深入推进教师监督管理工作，加强对教师师德师风、落实立德树人根本任务等情况的监督检查。从实践来看，高校教师的师德师风、学术研究的规范性等问题，一直是相关高校纪检监察机构监督检查的重点内容之一。例如，中央纪委国家监委网站刊文指出，"各中管高校将师德师风建设作为政治监督的重要内容。……中国人民大学纪委对存在师德失范行为的教师予以严肃处理，发现一起，处置一起，绝不手软"[3]。

第二，将高校教师纳入监察对象范围是时代之需。教师是教育工作的中坚力量，大学教师对学生承担着传授知识、培养能力、塑造正确人生观的职责。教育是国之大计、党之大计，教育已经成为全面建设社会主义现代化国家的基础性、战略性支撑之一。教师的教学活动是教育教学的关键其

---

① 参见绛锦温：《〈关于办理商业贿赂刑事案件适用法律若干问题的意见〉的理解与适用》，载《人民司法·应用》2008 年第 23 期。

② 参见李玉长：《党中央决策部署到哪里监督检查就跟进到哪里》，载《中国纪检监察报》2020 年 1 月 12 日第 1 版。

③ 王卓：《中管高校纪检监察机构立足抓常治长监督推动师德师风整治落实落细》，https://www.ccdi.gov.cn/yaowenn/202205/193371.html，最后访问日期：2022 年 5 月 18 日。

至是核心环节；教师承担着为党育人、为国育才，立德树人，培养德智体美劳全面发展的社会主义建设者和接班人、提高民族素质的崇高使命。《〈中华人民共和国监察法〉释义》（以下简称《监察法释义》）明确指出，"公办的教育、科研、文化、医疗卫生、体育等单位中具体哪些人员属于从事管理的人员，需要随着实践的发展，不断完善"①。值得注意的是，《中华人民共和国教师法（修订草案）（征求意见稿）》明确规定，公办中小学教师是国家公职人员。当然，将公办中小学教师纳入国家公职人员的范畴，具有依法加强对公办中小学教师待遇保障等的现实需求，更重要的是，在新时代教师的教学活动不再是单纯职业技能活动，而是一种具有鲜明特色的行使公权力行为，需要加强规范管理。从规范管理的角度来看，公办中小学教师与公办高校教师的教学活动不会因为学历教育阶段的不同而性质不同，公办高校教师也应当是国家公职人员。

第三，高校教师的教学活动具有《监察法》中"行使公权力"的特征。《监察法》中"公权力"包括国家公权力、社会公权力、国际公权力，②"行使公权力"包括从事国家事务、集体事务、社会公共事务的管理。《监察法释义》指出，监察对象的范围，是所有行使公权力的公职人员；而公职人员是指在国家的经济、政治和社会生活中行使公共职权、履行公共职责等的人员。③而《刑法》第93条规定的公务是指国家事务，而不包括集体事务。④《监察法》中"监察对象"范围大于《刑法》中"国家工作人员"的范围。事实上，高校教师在教学活动中具有对大学生学业成绩考核评定的权力，甚至掌握大学生能否顺利毕业取得学历、学位的"生杀予夺的大权"，是一种典型的社会公权力。滥用这种权力将导致大学生未如期取得毕业证、学位证，具有可诉性。例如，在"田某诉北京科技大学拒绝颁发毕业证、学位证案"（最

① 参见中共中央纪律检查委员会中华人民共和国监察委员会法规室：《〈中华人民共和国监察法〉释义》，中国方正出版社2018年版，第114页。

② 参见蔡乐渭：《论国家监察视野下公权力的内涵、类别与范围》，载《河南社会科学》2018年第8期。

③ 参见中共中央纪律检查委员会中华人民共和国监察委员会法规室：《〈中华人民共和国监察法〉释义》，中国方正出版社2018年版，第107页。

④ 具体论证参见李运才：《论监察对象与职务犯罪主体的"法法衔接"》，载《贵州师范大学学报（社会科学版）》2019年第2期。

高人民法院指导性案例 38 号）和"何某某诉华中科技大学拒绝授予学位案"（最高人民法院指导性案例 39 号）中，虽然案由并非高校教师滥用学业成绩考核评定权，但是其明确了高校与大学生之间的法律关系是行政法律关系。①

第四，高校教师利用教学活动的受贿犯罪属于监察管辖的罪名范围。司法实务部门虽然否定了教师的教学活动是"公务活动"，但肯定了其是职务活动而非单纯的劳务活动，利用教学活动的受贿犯罪是非国家工作人员职务犯罪。根据《国家监察委员会管辖规定（试行）》《监察法实施条例》（第 26 条）的规定，《刑法》中非国家工作人员受贿罪、职务侵占罪、挪用资金罪等非国家工作人员职务犯罪属于监察管辖的罪名。这也说明，不论是行使国家公权力的公务活动，还是管理集体、社会公权力的公共事务、公益事业活动的人员，都属于监察机关的监察对象。② 另外，《办理商业贿赂问题的意见》只是明确了教师利用教学活动职务便利非法收受物品销售方财物的"非国家工作人员受贿罪"的性质，而没有对教师利用教学活动的职务便利索取或者非法收受学生及其家长财物的行为性质进行界定。

申言之，将单纯从事教学工作的高校教师排斥于监察对象范围之外的观点值得商榷，并且容易导致高校辅导员、班主任、研究生导师等身份认定的混乱。党的十八大以来，以习近平同志为核心的党中央把教师、教育摆在党和国家事业发展的重要地位，作为政治机关的监察机关应当将教师纳入监察对象的范围、将其教育教学活动纳入重点监督的范围。

二、高校科研人员监察对象身份界定的再论证

中共中央办公厅、国务院办公厅印发的《关于进一步加强科研诚信建设的若干意见》规定，对于严重违背科研诚信要求的公职人员，依法依规给予处分；涉嫌存在诈骗、贪污科研经费等违法犯罪行为的，依法移交监察、

---

① 参见陈鹏、王君妍：《从权利到地位：学生法律地位的法律追溯与权利保障》，载《华东师范大学学报（教育科学版）》2021 年第 1 期。

② 参见李运才：《论监察对象与职务犯罪主体的"法法衔接"》，载《贵州师范大学学报（社会科学版）》2019 年第 2 期。

司法机关处理。据此，对于高校中的公职人员在科研工作中违背科研诚信，属于监察管辖范围，对其进行处分还是政务处分则属于下文研究的内容。但是，有疑问的是，高校科研人员是否属于监察对象？其违背科研诚信的行为特别是套取科研经费的行为是否属于监察管辖范围？

违背科研诚信的行为纷繁复杂，主要包括套取科研经费，骗取科研奖励、荣誉，伪造、篡改研究数据、研究结论，抄袭、剽窃他人科研成果，违反论文规范署名等。在刑事司法实务中，争议最大的莫过于高校科研人员套取科研经费的性质认定，存在无罪说、诈骗罪说、职务侵占罪说、贪污罪说等各种观点之争。[①] 如果高校科研人员套取科研经费的行为构成贪污罪，根据《国家监察委员会管辖规定（试行）》《监察法实施条例》的规定，贪污罪专属于监察机关调查管辖罪名，据此，高校科研人员属于高校监察机构的监察对象。但是，高校科研人员套取科研经费的行为是否构成贪污罪值得深入研判。对此争议的焦点在于高校科研人员主体身份（是否是国家工作人员）、科研合同的性质、科研经费的性质等。

如前所述，国家工作人员与监察对象的范围不同（国家工作人员是监察对象的类型之一），但认定原理完全相同，即判断国家工作人员的主要标准在于是否从事公务，判断监察对象的主要标准在于是否行使公权力。因此，高校科研人员套取科研经费的行为性质认定，关键在于其对科研项目及经费的管理是否属于行使公权力，而这又主要取决于科研合同的实施和科研经费的性质及管理方式。科研合同的性质认定存在行政合同说、民事合同说、双阶关系说之争。行政合同说认为，科研项目实施及经费管理受公法调整，其属于行使公权力；民事合同说认为科研项目实施及经费管理受私法调整，其不属于行使公权力；双阶关系说认为，科研项目批准立项阶段受公法调整，科研合同的签订、实施与完结阶段受私法调整，前者属于行使公权力，后者不属于行使公权力。[②]

我们认为，科研合同性质认定，只能对高校科研人员套取科研经费的性

---

① 参见孙连刚：《科研人员违规套取科研经费行为的司法认定——从法益保护视角切入》，载《北方法学》2021年第4期。

② 参见胡明：《科研合同的功能性规制》，载《中国社会科学》2020年第9期。

质认定起辅助作用，因为科研合同主要约束的是科研经费的管理或者使用，而科研经费的属性及管理、使用方式，决定了此类行为的性质。根据《刑法》第382条的规定，高校中从事组织、领导、管理、监督等工作的人员，利用职务便利套取公共财物的，构成贪污罪；受国家机关、国有公司、企业、事业单位、人民团体委托管理国有财物的高校中的科研人员，利用职务便利套取该国有财物，也构成贪污罪。①

随着科研经费"放管服"改革系列举措的出台，科研经费的管理方式不断创新，将科研人员的创新性活动从不合理的经费管理中解放出来。但是，不容置喙，不论科研经费管理方式如何创新，其绝不能沦为中饱私囊的"唐僧肉"。套取科研经费的行为属于违法犯罪行为；如果该行为构成贪污违法犯罪，则属于监察机关的管辖范围；如果构成诈骗违法犯罪，则属于公安机关管辖范围。

根据《刑法》第91条的规定，凡是进入高校统一管理、须按照相关程序报账、发放的科研经费属于公共财物，司法实务界对此业已形成共识。例如，《刑事审判参考》指导案例第1430号（"吴某某贪污案"）指出，"科研经费具有明确的专属性，并非课题组的私有财产，课题组对项目承担单位管理的科研经费不具有随意处置的权利；科研经费不论其资金来源渠道，划拨、转入至承接项目的高校后，均属于高校的公共财产"，套取并非法占有科研经费的属于贪污行为。②因此，高校科研人员特别是科研项目负责人利用职务便利套取高校统一管理的科研经费，数额较大的行为，属于《刑法》第382条第1款规定的贪污罪；数额未达到犯罪成立条件的，属于《政务处分法》第33条第1项规定的贪污违法行为，应当纳入监察管辖范围。

对于指定项目负责人及其团队成员的科研委托项目，科研经费未进入

---

① 《刑法》第382条第1款规定，国家工作人员利用职务上的便利，侵吞、窃取、骗取或者以其他手段非法占有公共财物的，是贪污罪；第2款规定，受国家机关、国有公司、企业、事业单位、人民团体委托管理、经营国有财产的人员，利用职务上的便利，侵吞、窃取、骗取或者以其他手段非法占有国有财物的，以贪污论。

② 参见管友军、陈将领、李莹：《［第1430号］吴某某贪污案——高校科研经费贪污案件的司法认定》，载最高人民法院刑事审判第一、二、三、四、五庭编：《刑事审判参考》2021年第4辑（总第128辑），人民法院出版社2021年版，第113~124页。

高校统一管理而直接进入科研项目负责人个人账户的,则需要根据科研经费来源及科研合同约定等具体情况予以判断。如果科研经费源于国家机关、国有公司、企业、事业单位、人民团体的国有财物,并委托项目负责人及其团队成员,按照科研合同约定的科目概算进行管理、使用的,项目负责人及其团队成员违约"套取"相关经费,符合《刑法》第 382 条第 2 款的规定,应当"以贪污论"。如果科研合同约定对科研经费采取"包干制"或者科研经费不属于"国有财物",则不具备贪污的性质特征,亦不属于监察管辖范围。

概言之,对高校科研人员是否属于监察对象,不能一概而论,需要根据科研活动的性质、科研经费的来源及管理方式、科研合同的相关内容等予以具体判断。

三、外调从事管理工作的高校教师监察管辖衔接协调

根据《高等教育法》的规定,社会服务是高校的职责之一,其并不禁止高校教师在做好教学和培养人才本职工作的同时,利用专业技术兼职从事社会服务工作。高校教师兼职的形式多样、从事社会服务工作的性质不一。根据《刑法》第 93 条第 2 款 [①] 的原理,高校委派到非国有单位从事公务的人员,以国家工作人员论,其当然属于监察对象;根据举轻以明重的原理,高校委派到国家机关、其他国有单位从事公务的人员亦是监察对象。当然,对其职务违法行为如何管辖则需要另行研判。问题在于:高校教师未经学校同意,私自接受其他单位聘任、借(抽)调(以下简称"外调")从事管理工作,是否属于监察对象,值得研究。

正如前文案例所指出的那样,G 省 G 市某高校一名普通教师在某民办小学兼任校长期间,在管理过程中失职失责导致重大事故的发生,能否对其按照监察对象予以追责问责?根据实务界的主流观点,高校教师本身并非监察对象,民办学校从事管理的人员亦非监察对象。因此,该教师未经

---

① 《刑法》第 93 条第 2 款,国有公司、企业、事业单位、人民团体中从事公务的人员和国家机关、国有公司、企业、事业单位委派到非国有公司、企业、事业单位、社会团体从事公务的人员,以及其他依照法律从事公务的人员,以国家工作人员论。

高校委任、派遣，不是监察对象。在上述案例中，该教师在管理过程中失职失责造成重大事故，不能仅因为其人事管理权属于高校，就理所当然将其作为监察对象，进而纳入高校监察机构的调查范围。

当然，也不能因为高校教师未经委任、派遣外调从事管理工作，就一概否定其监察对象身份。对此界定具有参照意义的是：高校教师作为专家在政府等国有单位采购事项中参与评标、竞争性谈判活动时的监察对象身份界定。只要这个问题有明确的答案，前一问题也就迎刃而解。

众所周知，在政府等国有单位招标、采购中通常采取公开招标、竞争性谈判、询价等方式，招标、采购单位根据评标委员会、谈判小组、询价小组推荐的候选人确定中标人或者供应商。因此，评标委员会、谈判小组、询价小组等组织的组成人员往往成为"围猎"腐蚀对象。但是，对于其在评标或者采购活动中，非法收受他人财物，为他人谋取利益，数额较大的行为如何定性，在刑事司法实务中曾经引起较大争论。一种观点采取"组建单位性质说"，主张对于国有单位依法组建的专家评审委员会中的专家成员，应当认定为国家工作人员，其受贿犯罪按照《刑法》第 385 条"受贿罪"的规定处理；对于非国有单位依法组建的，则按照《刑法》第 163 条"非国家工作人员受贿罪"的规定处理。另一种观点采取"代表身份说"，主张对于代表国有单位的评审专家受贿的，按照"受贿罪"处理；对于随机抽取的评审专家受贿的，按照"非国家工作人员受贿罪"处理。①《办理商业贿赂问题的意见》采纳了第二种观点。②

对此，《监察法释义》指出，在政府招标、采购活动中，评标委员会、谈判小组、询价小组等组织的组成人员，即使是临时从事与职权相联系的管理事务，利用职权实施的职务违法和职务犯罪行为，监察机关也可以依法

---

① 参见绛锦温：《〈关于办理商业贿赂刑事案件适用法律若干问题的意见〉的理解与适用》，载《人民司法·应用》2008 年第 23 期。

② 《关于办理商业贿赂刑事案件适用法律若干问题的意见》第 6 条第 1 款规定，依法组建的评标委员会、竞争性谈判采购中谈判小组、询价采购中询价小组的组成人员，在招标、政府采购等事项的评标或者采购活动中，索取他人财物或者非法收受他人财物，为他人谋取利益，数额较大的，依照刑法第 163 条的规定，以非国家工作人员受贿罪定罪处罚。第 2 款规定，依法组建的评标委员会、竞争性谈判采购中谈判小组、询价采购中询价小组中国家机关或者其他国有单位的代表有前款行为的，依照刑法第 385 条的规定，以受贿罪定罪处罚。

调查。①但是,此观点存在两个疑问:一是没有明确评标委员会、谈判小组、询价小组等组织的组成人员是否属于行使公权力的公职人员,即监察对象;二是没有明确"监察机关也可以依法调查"是监察调查职能管辖还是共同管辖或者并案管辖。

我们认为,代表身份说理论具有合理性,即评标委员会、谈判小组、询价小组等组织中代表国有单位的组成人员,属于监察对象。理由在于:在国有单位招标、采购中,招标、采购人可以依法自行组建,也可以委托第三方组建评标委员会、谈判小组、询价小组。按照组建单位性质说,由于组建评标委员会等方式的不同,在同一性质招标、采购中,同一个代表国有单位的组成人员就会存在不同身份认定的弊端。事实上,不论是自行组建还是委托第三方组建评标委员会、谈判小组、询价小组,代表国有单位的组成人员都是国有单位委托行使公权力的公职人员;而从专家库随机抽选的组成人员,不论其本身身份如何,均是以个人身份参加评审活动,并不涉及职权等因素。②正因为如此,《监察法实施条例》第43条对《监察法释义》的观点进一步明晰细化,即在依法组建的评标、谈判、询价等组织中代表国家机关等国有单位临时履行公共事务组织、领导、管理、监督等职责的人员,属于《监察法》第15条第6项所称其他依法履行公职的人员。其利用职权实施的职务违法和职务犯罪行为,属于监察调查职能管辖范围。根据上述原理,外调代表国家机关等国有单位从事管理的高校教师,亦是监察对象;反之则否。

当然,对于跨地区跨部门跨单位外调从事管理工作的高校教师的监察管辖,特别是其职务违法行为调查处置的有效衔接,存在疑问和难题。对此,一些纪检监察机构及其工作人员,片面强调"干部(人)的管理权限",将其作为监察管辖的唯一标准,认为此类监察对象应当由高校监察机构进行日常监督,对其实施的职务违法行为进行调查处置。前述案例就存在此

---

① 参见中共中央纪律检查委员会中华人民共和国监察委员会法规室:《〈中华人民共和国监察法〉释义》,中国方正出版社2018年版,第113页。

② 参见绛锦温:《〈关于办理商业贿赂刑事案件适用法律若干问题的意见〉的理解与适用》,载《人民司法·应用》2008年第23期。

种现象。

《监察法》第 16 条第 1 款规定了"级别管辖与地域管辖"相结合的一般性原则,即监察机关按照管理权限管辖本辖区内监察对象所涉监察事项。《监察法释义》明确指出,"按照管理权限"指的是按照干部管理权限。[①]但是,《监察法》第 16 条规定的管辖原则,不仅强调干部("人")的管理权限,而且强调监察对象"本辖区内所涉监察事项",即"事"的管理权限。与监察对象本身的界定一样,监察管辖的认定坚持了"人"与"事"的结合,并且更注重"事"——"行使公权力"的判断。换言之,监察管辖的判断应当坚持"人(干部组织管理)、地(违法行为发生地)、事(违法行为)"三者的有机统一。仅有狭义的"干部管理权限",而对监察事项领域、监察事项本身缺乏管辖权的监察机构,未经其上级监察机关的指定,不能对监察对象的职务违法行为直接行使管辖权。

在实践中,高校教师被抽(借)调到上级部门从事管理工作较为普遍。对此,不能因为该教师的人事管理权限在高校,高校及其监察机构就随意打听、过问、监督其所从事的相关工作事项。未经上级监察机关指定,高校监察机构更不能越权对其相关职务违法行为进行调查、处置。

对于高校教师因外调跨地区跨部门跨单位从事管理工作,未经高校与相关部门单位共同的上级监察机关批准,相关部门单位及其监察机关,不能直接将高校教师在该部门单位从事管理工作的问题线索移送至高校监察机构调查处置。当然,由于"人""事"的管理权限在两个不同且互不隶属的部门单位,经协商,相关监察机关、机构可以分别履行调查、处置职责,实现监察管辖的衔接协调,共同解决案件查办中取证难、处置难等问题。

需要补充说明的是,《中国共产党纪律检查机关监督执纪工作规则》第8 条、《监察法实施条例》第 49 条对工作单位在地方、管理权限在主管部门的党员、监察对象违纪违法行为的管辖作出了明确规定,即一般由主管

[①] 参见中共中央纪律检查委员会中华人民共和国监察委员会法规室:《〈中华人民共和国监察法〉释义》,中国方正出版社 2018 年版,第 116 页。

部门纪检监察机关进行调查。但是，这里的主管部门与工作单位一般存在领导与被领导、指导与被指导等关系，其与上述讨论的问题存在重要区别。正因为如此，《〈中国共产党纪律检查机关监督执纪工作规则〉释义》指出："党的组织关系在地方、干部管理权限在主管部门的党员、干部以及监察对象违纪违法问题的管辖，涉及条条与块块的关系……比如，一些中央企业分支机构班子成员，其党内职务一般由分支机构所在地的党组织下文任命，行政职务则一般由中央企业集团总部下文任命。"[①]

四、高校监察对象处分与政务处分"双轨制"的贯通协同

为推动主体责任和监督责任贯通协同，《政务处分法》第2条、第3条确立了对违法的公职人员的监察机关政务处分与任免机关、单位处分双轨并行的二元处分体制。[②] 这种"双轨制"同样适用于高校监察机构与高校。例如，《事业单位工作人员处分规定》第2条规定，"事业单位工作人员违规违纪违法，应当承担纪律责任的，依照本规定给予处分。任免机关、事业单位对事业单位中从事管理的人员给予处分，适用《中华人民共和国公职人员政务处分法》第二章、第三章规定。处分的程序、申诉等适用本规定"。但是，在"双轨制"运行实践中，一些高校监察机构与高校之间存在不同程度推诿扯皮的现象，有时抢着管，有时都不愿管。明确监察机关（包括高校监察机构）与任免机关、单位（包括高校）管辖分工协作标准，建立健全贯通协同机制，实现功能互补，"双轨制"的制度机制优势才能有效转化为实实在在的治理效能。

在理论研究中，对于监察机关与任免机关、单位的管辖分工协作标准存在不同的观点，分歧较大。第一种观点采取"先发现、先处分说"，主张监察机关与任免机关、单位谁先发现就应当由谁进行调查处置，并以先作

---

① 参见中共中央纪律检查委员会中华人民共和国监察委员会法规室：《〈中国共产党纪律检查机关监督执纪工作规则〉释义》，中国方正出版社2018年版，第57页。

② 参见陈三坤：《正确理解和适用政务处分与处分》，载《中国纪检监察》2020年第13期。

出处分的结果为准。①第二种观点采取"监察机关优先说",主张监督调查是监察机关的主责主业,因而监察调查应当优先。②第三种观点采取"任免机关、单位优先说",主张任免机关、单位履行监督的主体责任,对其所管理的公职人员之违法行为具有优先处分权。③第四种观点采取"违法性质区分说"(又称"职务违法、一般违法区分说"),主张职务违法、一般违法行为分别专属于"政务处分""处分"的范畴,并分属监察机构与任免机关、单位管辖;同时具有两种违法性质的行为应当由监察机关作出政务处分。④第五种观点采取"三要素说",主张应结合领导职务与非领导职务、违法行为性质及情节等三要素,对调查、处置的分工进行综合判断。⑤

应当说,前三种观点未正确处理任免机关、单位的主体责任与监察机关"监督的再监督"责任之间的关系,也没有结合任免机关、单位与监察机关的组织架构、人员配置、专业素质等实际情况予以区别对待,并以唯一标准处理二者管辖分工有简单化、片面化之嫌。

第四种观点("职务违法、一般违法区分说")似乎具有法律根据,因为《公务员法》第 57 条第 3 款明确规定,"对公务员涉嫌职务违法和职务犯罪的,应当依法移送监察机关处理"。但是,该观点亦失之偏颇。首先,《公务员法》与《政务处分法》的相关规定并不完全一致。《政务处分法》第 2 条、第 3 条不是仅仅限定为对职务违法的公职人员给予政务处分的活动。⑥即

---

① 参见任巧:《论对行政公务员的行政处分和政务处分双轨机制之间的调适》,载《重庆社会科学》2019 年第 12 期。

② 参见钱小平:《监察管辖制度的适用问题及完善对策》,载《南京师大学报(社会科学版)》2020 年第 1 期。

③ 参见陈辉:《〈政务处分法〉双轨惩戒体制下处分主体之间的关系定位》,载《甘肃政法大学学报》2021 年第 3 期。

④ 参见郭文涛:《〈政务处分法〉双轨惩戒制度之间的衔接协调》,载《法学》2020 年第 12 期。

⑤ 参见朱福惠:《〈政务处分法〉上纪律处分双轨制的形成机理与衔接适用》,载《河北法学》2021 年第 9 期。

⑥ 《政务处分法》第 2 条规定,本法适用于监察机关对违法的公职人员给予政务处分的活动。本法第二章、第三章适用于公职人员任免机关、单位对违法的公职人员给予处分。处分的程序、申诉等适用其他法律、行政法规、国务院部门规章和国家有关规定。《政务处分法》第 3 条规定,监察机关应当按照管理权限,加强对公职人员的监督,依法给予违法的公职人员政务处分。公职人员任免机关、单位应当按照管理权限,加强公职人员的教育、管理、监督,依法给予违法的公职人员处分。监察机关发现公职人员任免机关、单位应当给予处分而未给予,或者给予的处分违法、不当的,应当及时提出监察建议。

任免机关、单位对公职人员的处分与监察机关给予政务处分的情形，不仅包括职务违法，也包括一般违法行为。① 其次，在《公务员法》与《政务处分法》的规定不一致的情况下，即使优先适用《公务员法》，"职务违法、一般违法区分说"亦不具有普适性，即该观点也只能适用于"公务员"，而不能适用于"所有行使公权力的公职人员"。②

结合高校监察机构的实际，我们认为，第五种观点（"三要素说"）具有合理性，值得提倡，但需要进一步细化。即高校二级机构领导班子成员违反政治、组织、廉洁等要求的职务违法行为，以及重点岗位的公职人员违反政治、组织、廉洁等要求的重大或者复杂职务违法行为③，由高校监察机构调查、处置，给予政务处分；其他管理对象的违法、职务违法行为，由高校按照相应程序予以处分。理由在于：

第一，根据《纪检监察机关派驻机构工作规则》第 23 条、第 24 条的规定，派驻或者派出监察机构、监察专员监督的重点对象是领导班子及其成员，或者其他列入重点监督对象的人员，监督的重点内容是遵守政治、组织、廉洁等纪律或者要求的情况。

第二，根据《纪检监察机关派驻机构工作规则》第 29 条的规定，派驻监察机构根据派出监察机关授权，依法调查驻在单位监察对象涉嫌职务违法、职务犯罪案件。结合相关省（区、市）监委授权的实际情况，高校监察机构调查的范围主要是二级机构领导班子成员违反政治、组织、廉洁等要求的职务违法行为，以及重点岗位的公职人员重大或者复杂职务违法行为，可以采取的措施主要是谈话、询问、查询、调取等非强制性措施。

第三，根据《政务处分法（草案）》第 4 条第 1 款的规定，"任免机关、

---

① 参见中共中央纪律检查委员会中华人民共和国监察委员会法规室：《〈中华人民共和国公职人员政务处分法〉释义》，中国方正出版社 2020 年版，第 36～37 页；另参见王伟：《如何理解政务处分和处分并行体制以及本法适用范围的规定？》，载《中国纪检监察》2020 年第 13 期。

② 我们认为，对于此种规定不一致的情形，根据新法优于旧法、特别法优于普通法的原理，应当优先适用《政务处分法》。

③ 对于"重大、复杂"的认定，可以结合《中国共产党纪律检查委员会工作条例》第 37 条，《监察法实施条例》第 47 条、第 101 条等相关规定予以综合判断。

单位……发现公职人员有违法行为的，应当依法给予政务处分。案件重要或者复杂的，可以依法移送监察机关处理"。虽然，在审议通过的《政务处分法》中删除了该表述，但是，这并非《政务处分法（草案）》第4条第1款的规定存在问题，而是为了避免该规定与相关党内法规、国家法律的规定重复、冲突。例如，根据有关规定，派驻机构主要调查驻在部门党组的部门负责人或者相当于这一职级的公职人员涉嫌职务违法问题，并依法给予政务处分；对于其他公职人员的处分工作一般由驻在部门负责；如果其他公职人员涉嫌的职务违法重大复杂，派驻机构也可以直接开展调查，依法给予政务处分或者向驻在部门提出处分建议。① 结合"监督的再监督"的职责定位，高校监察机构与高校的管辖分工标准应当贯彻落实这一规定精神。

结　语

党中央已经把"教育强国"作为到2035年我国发展的总体目标之一进行战略部署，将"教育"作为全面建设社会主义现代化国家的基础性、战略性支撑之一进行安排，强调"教育是国之大计、党之大计"，并对"加强师德师风建设，培养高素质教师队伍"提出了明确要求。教师是教育工作的中坚力量。有高素质的教师，才会有高质量的教育。在新时代教师的教学活动不再是单纯职业技能活动，而是一种具有鲜明特色的职务活动，应当将包括高校教师在内的公办学校所有教师纳入监察对象范围，特别是要加强高校教师师德师风、作为公共财产的科研经费使用的监督。应当结合"人（干部组织管理）、事（违法行为）、地（违法行为发生地）"等具体情形，通过报请上级监察机关指定或者共同协商，确定跨地区跨部门跨单位外调从事管理工作的高校教师职务违法行为的调查处置管辖，共同解决案件查办中取证难、处置难等问题。对于高校管理权限范围内监察对象的违法行为，应当结合是否具有领导职务、违法行为性质及情节

---

① 参见中共中央纪律检查委员会中华人民共和国监察委员会法规室：《〈中华人民共和国公职人员政务处分法〉释义》，中国方正出版社2020年版，第40页。

等"三要素"，合理构建高校监察机构与高校管辖分工标准，确保政务处分与处分协调有序，从而将二元处分体制制度优势转化为实实在在的治理效能。[①]

---

① 参见陈三坤：《正确理解和适用政务处分与处分》，载《中国纪检监察》2020 年第 13 期。

构建监察调查与刑事诉讼中的管辖异议制度 *

张泽涛 **

虽然"管辖原本是诉讼法上的概念,是指公安机关、人民检察院和人民法院等国家机关依照法律规定立案受理刑事案件及人民法院一审刑事案件的分工",①但在国家创设监察体制之后,监察机关承担了公职人员涉嫌的职务犯罪的调查,这样监察机关就自然成为享有刑事管辖权的主体之一。而"管辖是启动案件处理程序的基础,监察权、侦查权、审判权等公权力均需通过管辖来获得运行的合法性"②。但笔者通过检索北大法宝案例库以及实证调研,发现实践中存在为数不少的监察以及公安司法机关管辖不规范问题,被监察对象、犯罪嫌疑人和被告人等提出管辖异议也是较为常见的现象。而"管辖正确与否关系到整个刑事追诉的容许性问题。管辖错误必须得到纠正,方可保障国家刑罚权的正确行使"③。显然,被监察对象、犯罪嫌疑人和被告人等当事人提出管辖异议是纠正管辖不规范的有效途径。但是,除 2017 年最高人民法院颁布的《人民法院办理刑事案件庭前会议规程(试行)》(以下简称《庭前会议规程》)中第 11 条赋予了被告人及其辩护人对案件管辖提出异议的权利外,《中华人民共和国刑事诉讼法》(以下简称《刑事诉讼法》)、《中华人民共和国监察法》(以下简称《监察法》)、《中华人民共和国监察法实施条例》(以下简称《监察法实施条例》)、《公安机关

* 本文发表于《法学家》2023 年第 1 期。

** 张泽涛,法学博士,广州大学法学院教授,最高人民检察院法治前海研究基地研究员,主要从事刑事诉讼法学研究。

① 胡铭主编:《刑事诉讼法学》,法律出版社 2016 年版,第 101 页。

② 叶青、王小光:《监察委员会案件管辖模式研究》,载《北方法学》2019 年第 4 期。

③ 王一超:《刑事诉讼管辖的"不确定"危机及矫正——兼对管辖制度价值的检讨》,载《财经法学》2016 年第 1 期。

办理刑事案件程序规定》（2020年）（以下简称《公安机关刑事案件程序规定》）、《人民检察院刑事诉讼规则》（2019年）（以下简称《检察院刑事诉讼规则》）、《最高人民法院关于适用〈中华人民共和国刑事诉讼法〉若干问题的解释》（2021年）（以下简称《最高院适用刑诉法解释》）等中均没有赋予被监察调查对象、犯罪嫌疑人和被告人等当事人管辖异议权。也正是基于上述原因，实践中监察和公安司法机关对于当事人提出的管辖异议，并未予以足够重视，通过管辖异议纠正管辖不规范的现象较为少见。

有鉴于此，本文首先对实践中监察调查与刑事诉讼中管辖权异议以及管辖不规范问题进行类型化分析，然后论证立法上赋予被监察调查对象、犯罪嫌疑人和被告人等管辖异议权的必要性及其制度设置。

一、监察调查与刑事诉讼中管辖异议的实践形态

虽然除《庭前会议规程》之外，其余所有的法律与司法解释中并没有赋予被监察调查对象、犯罪嫌疑人和被告人等当事人管辖异议权，但是《最高院适用刑诉法解释》第228条第1款、《庭前会议规程》第10条第1款均规定，是否对案件管辖有异议，庭前会议中主持人可以向控辩双方了解情况，听取意见。很显然，该款规定主要是针对辩护方而言的，因为公诉方审查起诉后将案件移送法院审理，其前提条件是认为法院当然享有管辖权。之所以管辖异议是庭前会议需要解决的首要问题，主要原因在于审判实践中被告人及其辩护律师提出管辖异议是一种较为常见的现象。对此，从北大法宝案例库中进行类案检索也可得出上述结论。下文中对于普通犯罪与职务犯罪中管辖异议的实践形态，进行分类化描述。

（一）普通犯罪中被追诉方管辖异议的实证现状

与职务犯罪相比，对于普通犯罪中被告人与辩护律师的管辖异议，判决书中的应对方式存在较大差异。对此，笔者以"管辖异议"为关键词，检索北大法宝案例库中刑事诉讼中的类案，剔除职务犯罪中管辖异议案件，共

搜集到 359 起。① 下文中对上述裁判文书回应管辖异议的不同方式进行分类化描述。

1. 审查管辖异议的法院或者上级法院以指定管辖的名义或者方式予以处理。一半左右的管辖异议案件，审查异议的法院或者上级法院以指定管辖的名义或者方式予以处理。(1)审理法院通过报上一级法院甚至层报最高人民法院，由后者通过指定管辖的方式处理管辖异议，该种方式较为常见。《庭前会议规程》第 11 条指出，被告人及其辩护人对案件管辖提出异议，人民法院经审查认为本院不宜行使管辖权的，可以请求上一级人民法院处理。该条规定成为实践中受案法院处理管辖异议的主要依据。通常法院审查管辖异议之后，如果认为存在管辖权争议，往往会报上一级人民法院或者层报最高人民法院处理，由后者作出具体的指定管辖决定，最终指定管辖的法院往往依然是原审理法院。如谢某走私、贩卖、运输、制造毒品案②，彭某某交通肇事案③，陈冬、李剑良等掩饰、隐瞒犯罪所得、犯罪所得收益罪④，高某故意伤害案⑤。(2)受案法院直接以案件属于指定管辖为由予以驳回。有些被告人及其辩护律师提出的管辖异议，审理法院本来就是因指定管辖才享有管辖权的，此时法院均是在庭前会议中直接以指定管辖为由予以驳回，这也是法院处理管辖异议的一种较为常见的方式。如于某非法经营案，⑥周志强、赵万举诈骗案⑦。

2. 审理法院直接驳回被告人及其辩护律师的管辖异议。对于被告人及其辩护律师的管辖异议，审理法院有时会直接予以驳回，这类情形占管辖异议案件的近五分之二。可以分为三种情形：(1)法院驳回管辖异议时附

---

① 参见北大法宝案例库，检索时间：2022 年 3 月 20 日。需要补充说明的是，以上案例数只是管辖异议中的一部分，因为针对被告人及其辩护律师提出的管辖异议，判决书中关键词的表述并不一致，如"管辖权异议""提出本院没有管辖权""管辖异议"等。

② 参见甘肃省岷县人民法院（2019）甘 1126 刑初 184 号一审刑事判决书。该案层层上报到最高人民法院，最终由最高人民法院指定由岷县人民法院管辖。

③ 参见四川省广安市广安区（2019）川 1602 刑初 287 号一审刑事判决书。该案是由广安区人民法院上报至广安市中级人民法院，中级人民法院上报省高级人民法院指定由广安区人民法院审理。

④ 参见新疆维吾尔自治区哈密市中级人民法院（2021）新 22 刑终 84 号二审刑事裁定书。

⑤ 参见甘肃省礼县人民法院（2013）礼刑初字 39 号一审刑事判决书。

⑥ 参见江西省抚州市临川区人民法院（2014）临刑初字 71 号刑事判决书。

⑦ 参见广东省广州市白云区人民法院（2017）粤 0111 刑初 1077 号一审刑事判决书。

带详细的说理分析,如王莉平、杨清明等组织、领导传销活动案[1],叶锦松、蔡晓霞诈骗案[2];(2)法院驳回管辖异议时不附带说理分析,以"本院依法享有管辖权"等表述简单应对,如李玲、李萍寻衅滋事案[3],苏永宁、侯翠娥开设赌场案[4],桂林金某融资性担保有限公司、刘存格等骗取贷款、票据承兑、金融票罪、诈骗罪、违法发放贷款案[5];(3)以《刑事诉讼法》中没有赋予被告人的管辖异议权为由直接予以驳回,如李洪波、卢元元、李洪云等走私普通货物、物品案[6],刘杰合同诈骗案[7]。

从以上法院直接驳回被告人及其辩护律师管辖异议的三种应对方式,可以看出,一些法院对辩护方的管辖异议未予重视。因为《刑事诉讼法》第25条中确立了以犯罪地为主、被告人居住地为辅的地域管辖原则,《公安机关刑事案件程序规定》第16条中对"犯罪地"与"居住地"所作的解释,涵盖了所有与犯罪有关联的地域。在上述所有管辖异议被驳回的案件中,法院均能轻易找到享有管辖权的理由,而法院却没有进行任何说理甚至直接以立法上没有赋予辩护方的管辖异议权为由予以应对。

3. 审理法院裁定被告人及其辩护律师的管辖异议理由成立。被告人及其辩护律师的管辖异议最终被法院采纳的较少,在检索的所有案例中,认为异议成立的裁定书一共只有6起。具体分为三种情形:(1)撤销原审裁定书,原审裁定书驳回原审被告人及其辩护律师的管辖异议系适用法律错误。如原审被告人唐某1、汪某、唐某敲诈勒索案[8],单某故意杀人再审案[9];(2)一审法院裁定被告人及其辩护律师的管辖异议成立,同时准许检察机关撤回起诉,如张某挪用资金案[10];(3)自诉案件中,往往只要被告人提出

---

① 参见湖南省衡山县人民法院(2020)湘0423刑初2号一审刑事判决书。
② 参见浙江省嘉兴市中级人民法院(2020)浙04刑终146号二审刑事判决书。
③ 参见天津市中级人民法院(2020)津02刑终173号二审刑事裁定书。
④ 参见山东省齐河县人民法院(2020)鲁1425刑初211号一审刑事判决书。
⑤ 参见广西壮族自治区桂林市中级人民法院(2021)桂03刑终391号二审刑事判决书。
⑥ 参见浙江省温州市中级人民法院(2019)浙03刑初12号一审刑事判决书。
⑦ 参见江西省南昌市中级人民法院(2019)赣01刑终508号二审刑事裁定书。
⑧ 参见湖南省安仁县人民法院(2020)湘0128刑再1号再审刑事裁定书。
⑨ 参见河南省西华县人民法院(2020)豫1622刑再1号再审刑事裁定书。
⑩ 参见辽宁省北票市人民法院(2019)辽1381刑初65号刑事裁定书。

管辖异议，法院均裁定认为成立，同时准许自诉人撤回自诉，如张海云等侮辱、诽谤案①，雷某侵占案②。

综上所述，对于被告人及其辩护律师提出的管辖异议，从裁判文书中可以得出如下两点结论：其一，虽然《刑事诉讼法》没有赋予被告人及其辩护律师的管辖异议权，但是实践中辩护方提出管辖异议是一种较为普遍的现象。正如有些学者所言："长期以来，我国刑事诉讼中的管辖异议权是一种'事实上'的权利。之所以这么说，是因为我国刑事诉讼规范从未明确被追诉人享有该种权利，但是，审判实践中被告人提出管辖异议又非常普遍。"③其二，辩护方的管辖异议权更多体现为一种虚置性权利，法院因异议而改变管辖的现象较为少见。即"管辖错误，实践中少有纠正的情形，但也有一些法院勇于维护法律的正确实施，严格按照法律规定，依法改变管辖"④。显然，立法以及司法解释中没有赋予被告人及其辩护律师的管辖异议权，是造成上述现象的主要原因之一。

（二）"互涉"案件中被调查对象管辖异议的实证现状

《监察法》以及《监察法实施条例》中明确规定了监察机关直接立案调查的公职人员涉嫌的 112 种职务犯罪。对于监察机关查办的职务犯罪的管辖异议，主要集中在"互涉"案件中：被监察调查对象既涉嫌职务犯罪，又涉嫌其他普通犯罪的。对于"互涉"案件，《监察法》以及《监察法实施条例》中采取了有别于刑事诉讼中"关联"案件"以主罪为主、次罪为辅"的管辖原则，明确规定"一般应当由监察机关为主调查，其他机关予以协助"。当然，与监察调查有关的个别非"互涉"案件中也存在管辖异议问题。以"《中华人民共和国监察法》第三十四条第二款"为关键词（只能部分反映实践中"互涉"案件管辖异议的现状，因为每份裁判文书中对该法条的文字表述不一致），共检索到案件 10 起，其中 8 起案件中被告人及其辩护律师提出了管辖异议。下文中，笔者对于上述 8 起案件进行分类化描述，以透视"互涉"

---

① 参见甘肃省花池县人民法院（2017）甘 1023 刑初 97 号刑事裁定书。
② 参见湖北省武汉市江岸区人民法院（2017）鄂 0102 刑初 982 号刑事裁定书。
③ 张曙：《刑事诉讼管辖制度研究》，法律出版社 2020 年版，第 389 页。
④ 徐昕、肖之娥：《庭前会议指引》，法律出版社 2021 年版，第 73 页。

案件中的管辖异议以及存在的问题。

1."互涉"案件"一般应当由监察机关为主调查,其他机关予以协助"的管辖原则,容易导致监察机关管辖了本应由公安机关立案侦查的案件。如吴金林受贿、行贿以及故意伤害案①,徐建财串通投标、行贿和诈骗案②,范勇的受贿罪和妨害作证罪案③,杨伟平受贿和妨害作证案④,杨小平受贿和妨害作证案⑤,李诗涛受贿罪、包庇、纵容黑社会性质组织案⑥。上述数起案件中的职务犯罪被告人均实施了一个或者数个本应由公安机关立案侦查的普通犯罪,但这些普通犯罪均是由监察机关进行调查的。对此,虽然所有这些案件中的被告人均提出了管辖异议,但法院均予以驳回。

2.公安机关立案侦查了本应由监察机关管辖的职务犯罪案件。如艾勇触犯了国有公司人员失职罪和信用卡诈骗罪,该案所涉嫌的两个罪名均是由吉林省松原市公安局松江分局进行侦查。按照《监察法》以及《监察法实施条例》规定,该案被告人艾勇涉嫌的国有公司人员失职罪本应由监察机关立案调查。⑦极端情况下,一些公职人员仅仅只涉嫌单一职务犯罪,监察机关考虑到留置被监察调查对象尚不具备条件等诸多原因,会直接将案件交由公安机关立案侦查。如崔奋强仅仅触犯了单一的国有公司人员失职罪,该案却是由公安机关立案侦查的。被告人虽然在审判阶段提出了本案只能由监察机关立案调查,但是法院却不认可这一明显合法合理的管辖异议。⑧

总体而言,对于"互涉"案件中被告人及其辩护律师提出的管辖异议,上述裁判文书均予以驳回,其理由是,根据《监察法》第34条第2款的规定:"被调查人既涉嫌严重职务违法或者职务犯罪,又涉嫌其他违法犯罪的,一般应当由监察机关为主调查,其他机关予以协助。"该款规定是驳回管辖异

---

① 参见湖北省孝昌县人民法院(2020)鄂0921刑初70号一审刑事判决书。
② 参见浙江省杭州市中级人民法院(2020)浙01刑初335号二审刑事判决书。
③ 参见四川省威远县人民法院(2018)川1024刑初185号一审刑事判决书。
④ 参见广东省清远市中级人民法院(2020)粤18刑终139号刑事二审判决书。
⑤ 参见广东省清远市中级人民法院(2020)粤18刑终219号刑事二审判决书。
⑥ 参见江苏省丰县人民法院(2019)苏0321刑初586号一审刑事判决书。
⑦ 参见吉林省宁江区人民法院(2019)吉0702刑初58号一审刑事判决书。
⑧ 参见湖南株洲市中级人民法院(2020)湘02刑终75号刑事二审裁定书。

议的兜底理由和唯一应对方式。

二、监察调查与刑事诉讼中管辖异议制度缺失的弊端

鉴于立法以及司法解释中没有赋予被监察对象、犯罪嫌疑人和被告人等当事人管辖异议权，因此，导致了审判实践中被告人及其辩护律师的管辖异议基本上处于一种虚置状态，这种虚置状态也就意味着难以通过审判程序纠正一些管辖不规范问题。监察调查与刑事诉讼中管辖异议制度的缺失既违背了程序公正的基本要求，侵犯了被调查对象与犯罪嫌疑人、被告人的诸多权利，也会导致社会民众难以接受裁判结果等诸多弊端。

（一）造成法律体系不协调，虚置《庭前会议规程》中的管辖异议条款

首先，容易造成法律体系内在的不相协调。完备的法律体系要求国家法律规范内部之间是齐整划一、逻辑自洽的，上、下位阶规范之间的内容必须是协调一致的。无论是《最高院适用刑诉法解释》还是《庭前会议规程》，其法律效力位阶均低于《刑事诉讼法》与《监察法》，《刑事诉讼法》《监察法》中没有赋予被调查对象以及犯罪嫌疑人、被告人管辖异议权，但是《最高院适用刑诉法解释》以及《庭前会议规程》中却明确规定庭前会议的首要功能之一就是审查是否存在管辖异议。因此，《最高院适用刑诉法解释》以及《庭前会议规程》是突破了《刑事诉讼法》与《监察法》这两大上位法的规定的，即立法上没有赋予被监察对象以及犯罪嫌疑人、被告人等当事人管辖异议权，实质上是我国法律体系之间内部不相协调的体现。

其次，立法以及司法解释中没有赋予被监察对象以及犯罪嫌疑人、被告人等当事人管辖异议权，势必会降低《庭前会议规程》和《最高院适用刑诉法解释》中关于庭前会议审查管辖异议条款的强制性与执行力，这是导致实践中辩护方的管辖异议被虚置的主要原因。对此，从上文对裁判文书的类型化分析即可予以印证。因为实践中法院对于辩护方的管辖异议绝大多数情况下未予采纳，通常是虽说理但予以驳回，或者是根本不予以回应，或者是直接以《刑事诉讼法》中没有规定管辖异议制度为由直接驳回，而采纳

辩方意见的情形极为罕见。

另外，也有学者从实证的角度归纳出了法院处理管辖异议的三种裁判模式："口头决定"、"判决理由"和"中间裁定"。从作者选取的这三种裁判模式的代表性案例来看，法院均没有采纳辩护方的管辖异议。尤其是在"口头决定"模式中，其随意性更强，弊端也更加明显：其一，适用"决定"而且是毫无任何文字记录的"口头决定"，作为回应管辖异议的处理方式，意味着裁判结论不会对法院产生任何约束力，其裁判内容也不具有确定性；其二，口头决定使当事人无法获得任何书面的裁判依据，不能成为上诉或者复议审查的对象。即使采用书面决定的方式，由于决定这种裁判方式可以被任意撤销或变更，理论上也不会被赋予救济途径。①

总之，鉴于立法以及司法解释中没有赋予被监察对象、犯罪嫌疑人与被告人等当事人管辖异议权，也没有规定法院处理管辖异议的具体应对方式，这样就造成了司法实践中的诸多乱象：辩护方的管辖异议权基本被虚置，法院在具体的应对方式上也差别极大，缺乏统一性和规范性，辩护方在权利被漠视的前提下无法获得正当的救济途径。

（二）违反了程序法定原则的要求

无论是对公职人员涉嫌违法犯罪的监察调查还是对普通犯罪嫌疑人进行刑事追诉，均必须坚守正当程序理念，而正当程序的第一要义是要遵循程序法定原则。有学者认为程序法定原则是现代刑事诉讼法的基石，其地位如同"罪刑法定"原则之于刑法典。②按照程序法定原则的要求，无论是监察调查还是刑事追诉，均以享有法定管辖权为前提。因为程序法定原则以制约国家追诉权为要义，要求以国家立法机关制定的法律设置刑事追诉中涉及公民重大法益的程序事项，实现立法对国家追诉的有效规制。③立法以及司法解释中不确立监察调查与刑事诉讼中的管辖异议制度，显然更是违背了程序法定原则的要求。从上文检索的案例中即可看出，实践中管辖

---

① 参见桂梦美：《刑事诉讼管辖异议之诉的模式选择》，载《政法论坛》2018 年第 6 期。

② 参见万毅、林喜芬：《现代刑事诉讼法的"帝王原则"：程序法定原则重述》，载《当代法学》2006 年第 1 期。

③ 参见宋英辉：《刑事诉讼原理》（第 3 版），北京大学出版社 2014 年版，第 70 页。

不规范还是较为常见的现象。鉴于立法以及司法解释中没有赋予被监察对象和犯罪嫌疑人、被告人管辖异议权，从而使得绝大多数因违反程序法定原则而导致的管辖不规范难以得到纠正，因此，目前立法以及司法解释中没有确立管辖异议制度，本质上违反了程序法定原则的要求。

（三）侵犯了被调查对象、犯罪嫌疑人和被告人的正当程序权利

立法以及司法解释中没有赋予被监察对象、犯罪嫌疑人以及被告人管辖异议权，必将使控辩天平进一步向强势的追诉方倾斜，从而导致被追诉方处于更加不利的境地。监察机关和公安司法机关违背管辖的立法规定追诉被调查对象、犯罪嫌疑人或者被告人，且又不赋予后者的管辖异议权，显然侵犯了其不受非正当程序追诉权等诸多权利，下面仅以"互涉"案件中的管辖不规范为例予以说明。

首先，容易导致不具备刑事立案条件的公职人员被不当追诉。《监察法》中对于留置涉嫌职务犯罪的公职人员规定了严格条件，对于既涉嫌职务犯罪又可能构成其他犯罪的，但是却不具备留置调查和刑事立案条件的公职人员，监察机关会移送公安机关。基于监察机关的特殊地位，公安机关通常会作为刑事案件予以立案。个别情况下，有些公职人员仅涉嫌单一的职务犯罪，在尚不具备留置调查条件的前提下，监察机关直接将案件交由公安机关立案侦查。上文中提及的崔奋强案件即是例证。

其次，可能导致对被监察对象的不当羁押。一方面，对不具备留置条件的公职人员，将普通犯罪甚至是单一的职务犯罪交由公安机关刑事立案，公安机关往往会对犯罪嫌疑人进行刑事拘留和申请逮捕，这样必然导致被调查对象不当羁押；另一方面，对于不具备延长留置时间的被调查对象交由公安机关侦查其普通犯罪，实质上变相延长了被调查对象的羁押期限。对于不能延长留置时间的被调查对象，交由公安机关侦查其普通刑事犯罪，公安机关往往会对其进行刑事拘留或者申请逮捕，这种做法实质上不当延长了被调查对象的羁押期限。

最后，侵犯了犯罪嫌疑人获得律师帮助的权利。一方面，若监察机关立

案调查了普通犯罪，被调查对象在留置阶段不享有聘请律师提供法律帮助权，此时无疑剥夺了普通犯罪中被调查对象所享有的律师帮助权；另一方面，如果监察机关将职务犯罪交由公安机关立案侦查，公安机关往往以涉嫌职务犯罪为由变相剥夺部分犯罪嫌疑人应获得的律师帮助权。虽然按照《刑事诉讼法》的规定，既然公安机关立案侦查，犯罪嫌疑人享有包括会见律师在内的各项权利是其应有之义，但是实践中公安机关通常还是会以本案涉嫌职务犯罪，变相剥夺犯罪嫌疑人会见律师的权利。

当然，对于普通的刑事犯罪，管辖不规范也同样会侵犯犯罪嫌疑人、被告人的诸多诉讼权利。因为公安司法机关之所以宁愿违规也要进行刑事立案、侦查、起诉和审判，其主要目的还是为了有利于公权力的行使，甚至是为了部门利益而争揽案件。这样势必会侵犯犯罪嫌疑人、被告人的诸多诉讼权利，导致整个办案程序流于形式。因此，无论是职务犯罪还是普通刑事犯罪，针对监察机关以及公安司法机关的管辖不规范现象，如果不赋予被监察对象和犯罪嫌疑人、被告人管辖异议权，必将进一步恶化其境地，从而侵犯被追诉方的诸多诉讼权利。

（四）无法实现法律效果与社会效果的统一

实践中存在的管辖不规范问题，显然是违背了程序运行中的公平正义。被监察对象和犯罪嫌疑人、被告人等当事人以及普通社会民众，对监察调查和刑事诉讼的感受主要是程序运行过程中的公平正义。对于一些管辖不规范问题，被监察调查对象和犯罪嫌疑人、被告人等当事人往往在立案之初即已经意识到受理案件的机关并不享有管辖权，但是鉴于立法以及司法解释中没有赋予其提出管辖异议的权利，且实践中被追诉方通过庭前会议提出管辖异议时获得救济的机会极为少见，这样势必滋生两大弊端：

第一，被调查对象和犯罪嫌疑人、被告人不会服判息讼。无论是监察调查还是刑事诉讼，其主要功能之一就在于通过正当程序尽快解决争议，以达到案结事了的效果。对于管辖不规范的案件，被监察对象和犯罪嫌疑人、被告人又难以通过正当的途径获得救济，这样一来他们必然会认为因程序违法导致了实体裁判不公，也就难以服判息讼，通常会反复申诉、上访。这样既浪费了大量的监察和刑事司法资源，也给涉案人员造成了诉累。有些改判的系列冤假错案往往与公安司法机关违规管辖有关，因为这些案件大多是民行刑交叉，公安司法机关本不应通过刑事手段插手这类纠纷，同时被错误入罪的民营企业家也是反复申诉，如张文中案、顾雏军案、赵明利案。① 顾雏军一案被最高人民法院遴选为平等保护民营企业家人身财产安全的十大经典案例，最高人民法院特别指出，该案的积极意义体现在："同时司法机关办理类似案件要坚持谦抑原则，要慎重启动程序，慎重采取强制措施，在罪与非罪的把握边界上要更加严格，严格贯彻罪刑法定、疑罪从无、非法证据排除这些基本的原则，树立了典范。"②

第二，人民群众难以对监察和刑事诉讼程序产生认同感和接受感，无法实现法律效果和社会效果的统一。"以人民为中心"是中国特色社会主义法治体系的核心要义，"如果人民群众通过司法程序不能保障自己的合法权利，司法就没有公信力，人民群众也不会相信司法"③。而对广大人民群众而言，"在很多情况下，程序公正的感觉比合理的结果更重要"④。因此，无论是监察还是刑事司法程序，如果受案机关并不享有管辖权，且被追诉对象也无法通过管辖异议获得救济，对于这种严重违反正当程序的公权力行为，人民群众也就无法对其产生认同感和接受感。尤其是在当今的自媒体时代，普通民众的不满情绪还有可能形成负面舆情，从而导致对监察与刑事司法程序的信任危机，这样也就更无从谈起政治效果与法律效果的统一。

（五）与当今绝大多数国家和地区的立法通例相违背

赋予被追诉对象通过管辖异议权以对抗国家控诉权和审判权的不当行使，是当今其他国家和地区的立法通例。如《日本刑事诉讼法》第19条规定："（1）法院认为适当时，依据检察官或被告人的请求，或者依职权，可用

---

① 参见张泽涛：《构建认定行政违法前置的行政犯追诉启动模式》，载《中国法学》2021年第5期。

② 参见《最高人民法院发布依法平等保护民营企业家人身财产十大经典案例之三：顾雏军续保注册资本、违规披露、不披露重要信息、挪用资金案》，案例来源：北大法宝案例库。

③ 习近平：《在十八届中央政治局第四次集体学习时的讲话》，载中共中央宣传部编：《习近平总书记系列重要讲话读本》，学习出版社、人民出版社2016年版，第94页。

④ ［美］斯蒂芬·布雷耶：《法官能为民主做什么》，何帆译，法律出版社2012年版，第58页。

裁定将其管辖的案件移送相同级别的其他法院管辖。"① 对此,《日本检察院刑事诉讼规则》第 8 条又进一步明确规定:"(1)已提出刑诉法第 19 条规定的移送请求时,应当在听取对方当事人或其辩护人的意见后作出裁定。(2)依职权作出刑诉法第 19 条规定的移送裁定时,应当听取检察官和被告人或辩护人的意见。"② 在加拿大,被告人及其辩护律师可以"'避免被告人遭到陪审团的偏见待遇'为由申请进行审判地的变更,这也是公平审判的一大保障"③。《法国刑事诉讼法典》中明确规定:"在案件的侦查过程中,各方当事人就可以向预审法院提起申请,必须以书面形式提出,经法官听取当事人的意见后,同时也有相关证据证明,那么就需要对案件进行管辖改变。"④ 在英国,如果经治安法院初审的案件中存在法律适用方面的争议问题,那么,不论是被告人还是控方律师都可以以"判案要点陈述"的方式向高等法院王座法庭提出上诉。这种上诉所针对的是治安法院在适用法律方面存在的错误,以及法院在诉讼管辖方面超越职权的行为。受理这类上诉的高等法院王座法庭经过审判,会纠正下级法院在诉讼程序上发生的错误,但不对案件的事实问题进行任何形式的复审。⑤ 我国香港特别行政区的《刑事诉讼程序法》规定,如果上诉法院推定在审讯过程中有严重违法问题,即错误行使管辖权的情形,就必然准许上诉。如果根据公诉书作出有罪判决的法院无司法管辖权,因而定罪是无效的,则上诉法院可以将之推翻。⑥

总体而言,当今绝大多数国家和地区的立法例中,均赋予了被追诉人管辖异议权,并设置了相关的制度保障。中国特色社会主义法治体系并不排斥其他国家和地区先进的立法经验,从这个意义上讲,在《刑事诉讼法》《监察法》以及司法解释明确规定被监察对象和犯罪嫌疑人、被告人管辖异议权,也是中国特色社会主义法治体系本质特征的体现。同时,从我国法律体系的内在协调性来看,也有必要在立法中赋予被监察对象和犯罪嫌疑

---

① 《日本刑事诉讼法律总览》,张凌、于秀峰编译,人民法院出版社 2017 年版,第 13 页。
② 《日本刑事诉讼法律总览》,张凌、于秀峰编译,人民法院出版社 2017 年版,第 130 页。
③ 卞建林、刘玫主编:《外国刑事诉讼法》,中国政法大学出版社 2008 年版,第 109 页。
④ 《法国刑事诉讼法典》,罗结珍译,中国法制出版社 2006 年版,第 91 页。
⑤ 参见王以真主编:《外国刑事诉讼法学》,北京大学出版社 2004 年版,第 114 页。
⑥ 参见罗德立、赵秉志主编:《香港刑事诉讼程序法纲要》,北京大学出版社 1997 年版,第 162 页。

人、被告人的管辖异议权。因为《中华人民共和国民事诉讼法》(2021年)第30条、《最高人民法院关于执行〈中华人民共和国行政诉讼法〉若干问题的解释》[法释〔2000〕8号]第10条中均赋予了当事人管辖异议权。民事诉讼解决的是平等主体的财产关系和人身关系、行政诉讼解决的是行政行为合法性问题,而监察调查和刑事诉讼解决的则是被监察调查对象、犯罪嫌疑人和被告人的刑事责任问题,实体结果可能会剥夺被追诉人的财产、人身自由甚至是生命,因此,与民事诉讼和行政诉讼相比,监察调查和刑事诉讼程序中更应该赋予被监察调查对象、犯罪嫌疑人和被告人管辖异议权。从这个意义上而言,监察调查与刑事诉讼程序中管辖异议制度的缺失,实质上是我国法律体系内在逻辑不相协调的一种体现。

三、完善监察调查与刑事诉讼中管辖异议及其配套机制的构想

鉴于实践中监察与公安司法机关存在诸多管辖不规范问题,而立法与司法解释中却没有赋予被追诉对象管辖异议权,由此导致了司法解释中规定的庭前会议审查管辖异议条款被虚置等诸多弊端。因此,立法以及司法解释应该赋予被追诉对象管辖异议权,并完善相关的配套机制,从制度上切实有效地保障被监察对象和犯罪嫌疑人、被告人等当事人的管辖异议权。

(一)从制度上赋予被监察对象、犯罪嫌疑人和被告人等当事人管辖异议权

从上文可以看出,实践中之所以被监察对象、犯罪嫌疑人和被告人等当事人提出的管辖异议未受到监察和公安司法机关的重视,主要原因之一是《刑事诉讼法》《监察法》中均没有赋予被追诉人管辖异议权,且司法解释中也基本上是沿袭了《刑事诉讼法》《监察法》的规定。鉴于管辖异议的本质是指出监察和公安司法机关处理案件时存在的管辖不规范问题,这样一来,监察和公安司法机关对于管辖异议往往是持抵触情绪,实践中有些法院在裁判文书中以《刑事诉讼法》以及《监察法》中没有规定管辖异议制度为由直接予以驳回即是明证。可以说,若立法不明确赋予被监察对象、犯

罪嫌疑人和被告人等当事人管辖异议权，实践中大量被追诉人提出的管辖异议必然是徒具程序意义。因此，笔者认为，《刑事诉讼法》《监察法》应该明确规定，被监察对象、犯罪嫌疑人和被告人等当事人认为受理案件的机关存在管辖不规范问题，依法享有提出管辖异议的权利。另外，从我国多年的刑事司法实践中可以看出，相比于《刑事诉讼法》这一上位法，最高人民法院、最高人民检察院以及公安部颁布的司法解释对本系统发挥着更为重要的指导作用，因此，无论是从保持不同层级的法律法规之间的齐整划一，还是从防止实践中监察与公安司法机关变相剥夺当事人的管辖异议权这个角度，《监察法实施条例》《公安机关刑事案件程序规定》《检察院刑事诉讼规则》《最高院适用刑诉法解释》均应该与《刑事诉讼法》《监察法》保持一致，明确赋予被监察对象、犯罪嫌疑人和被告人等当事人管辖异议权，并进一步细化监察和公安司法机关审查管辖异议的操作规程。

（二）应该明确规定提出管辖异议的主体、期间以及方式

1.提出管辖异议的主体。提出管辖异议的主体应该包括：被监察对象和犯罪嫌疑人、被告人、被害人、自诉人以及附带民事诉讼的原告人和被告人。被监察对象和犯罪嫌疑人、被告人是可能被追究刑事责任的人，无论是从程序公正还是从实体公正的角度来看，均应该享有提出管辖异议的权利。自诉人、被害人以及附带民事诉讼的原告人和被告人，与案件的处理结果均有直接的利害关系，因此，也应该纳入可提出管辖异议的主体范围。

另外，不同机关以及同一机关在案件移送过程中，接受移送的监察与公安司法机关也可以提出管辖异议。如若监察机关移送到检察院审查起诉的职务犯罪案件，由于监察机关是以行政级别来确定管辖级别，一些"小官巨贪"的案件中，被监察对象是由县、区一级的监察机关留置调查，但由于涉案金额巨大可能被判处无期徒刑以上刑罚，只能由市级检察机关审查起诉和提起公诉，这样接受移送的基层检察院就可以提出管辖异议；几个公安司法机关均享有管辖权的案件，若最初受理的机关移送到主要犯罪地公安司法机关管辖的，接受移送的机关可以提出管辖异议。之所以作出上述规

定是基于两大原因：其一，与《最高院适用刑诉法解释》以及《庭前会议规程》保持一致。上述两项司法解释中均规定了庭审会议的第一大职能就是审查控辩双方是否有管辖异议，现代意义的刑事诉讼对于控方范围的理解，通常也包括了刑事调查、侦查和公诉机关。其二，吸收了当今绝大多数国家的立法经验。如日本、德国、法国和俄罗斯等国的刑事诉讼立法中，均明确赋予了被告人和检察官的管辖异议申请权。[①]

2. 提出管辖异议的期间。目前立法和司法解释中均没有规定提出管辖异议的期间，实践中被追诉对象主要是在审判阶段提出管辖异议。事实上，当今任何一个国家的刑事追诉程序中，侦查（监察调查的功能类似于侦查）均是决定被告人能否被定罪的最重要阶段，即"警察局的阶段是关键性（critical）的，因为许多不利于犯罪嫌疑人的重要决定都是在此阶段作出的"[②]。虽然十八届四中全会确立了"以审判为中心"的诉讼制度改革，但是无疑侦查阶段在最终能否对被追诉人定罪量刑方面依然起着最为关键的作用，因为认定案件事实的证据均是在侦查阶段收集的。因此，如果侦查或者监察调查阶段存在管辖错误，从程序和实体上均会对案件的公正处理产生较大的负面影响。尤其是一些呈现高发态势的涉众型财产犯罪，如非法吸收存款罪、集资诈骗罪，仅仅是 2013 年 1 月至 2015 年 6 月，北京市检察机关共依法审查起诉这两类案件 141 件 506 人，涉案金额总计折合人民币 159.54 亿元，涉及投资人 73693 余人。[③] 这两类案件往往涉案金额较大、跨多个区域、受害人众多，基于部门利益，一些地方的公安机关往往争揽此类案件。虽然最高人民法院、最高人民检察院、公安部等联合或单独制定了《关于公安机关办理经济犯罪案件的若干规定》（2018 年）、《关于办理非法集资刑事案件若干问题的意见》（2019 年）等司法解释，以防止这两类案件中所可能出现的侦查管辖不规范问题，但《刑事诉讼法》中却没有对公安

---

① 参见桂梦美、刘成江：《构建刑事诉讼管辖权异议制度之逻辑展开》，载《河北法学》2019 年第 5 期。

② Coretta Phillips and David Brown, Entry into the criminal Justice system: A Survey of Police Arrests and Their Outcomes, London research and statistics Directorate Information and Publications Group 1998, p.1.

③ 参见"非法集资犯罪问题研究"课题组：《涉众型非法集资犯罪的司法认定》，载《国家检察官学院学报》2016 年第 3 期。

机关的立案管辖作出规定，司法解释中对公安机关的立案管辖是以审判管辖为对标：以犯罪地公安机关管辖为主、犯罪嫌疑人居住地管辖为辅。而"整个诉讼过程中，公检法三个部门是相互关联的三个环节，是一个'一条龙'式的流水线——同一地区公安机关立案，同一地区的检察机关起诉，同一地区的法院审判"。① 很显然，这种以法院审判管辖逆推立案、侦查、起诉的管辖不符合刑事诉讼的进程与规律。② 具体到公安机关而言，一旦侦查管辖不规范势必会产生两大弊端：其一，导致后续的起诉与审判管辖不规范。这种公检法三家"一条龙"式的流水作业方式，"由于立法依据不足，而且程序环节在先，侦查机关在管辖上先行确定，难免有时会被司法机关认定是'越俎代庖'。因此，侦查管辖虽然可以自行运行，但与司法对接可能发生错误"③。其二，导致侦查中的不规范取证现象难以避免，瑕疵和非法证据无法补救或者排除。之所以存在侦查管辖不规范，很多情况下与公安机关的部门利益有关，甚至个别公安人员基于利益寻租的需要通过刑事手段插手民商事纠纷，这样必然会导致侦查中的取证不规范现象难以避免。同时，这种"违反职能管辖侦办案件，导致案件的侦查管辖出现错误，这些错误在侦查阶段没有解决，将一直延续到审查起诉乃至审判阶段。侦查管辖违法，导致案件的启动违法，更重要的是，获取的所有证据的合法性亦将受到质疑，辩护人可以提出这些证据没有立法依据"④。

综上所述，笔者认为，管辖异议的提出期间应该始于监察调查和刑事立案侦查阶段，止于法院的庭前会议结束之前。

3. 提出管辖权异议的方式。提出管辖权异议的方式可分为以下两种情形：

（1）当事人一方提出管辖异议时应该采取书面形式，并承担相应的举证责任。之所以对当事人一方提出管辖异议作出上述要求，其理由是：首

---

① 陈卫东：《刑事诉讼管辖异议的解决——韩凤忠、邵桂兰贩卖毒品一案的思考》，载《法学》2008 年第 3 期。

② 参见李忠诚：《刑事诉讼指定管辖研究——兼谈职务犯罪侦查管辖预决原则的确立》，载《人民检察》2012 年第 11 期。

③ 龙宗智：《刑事诉讼指定管辖制度之完善》，载《法学研究》2012 年第 4 期。

④ 徐昕、肖之娓：《庭前会议指引》，法律出版社 2021 年版，第 12 页。

先，当今大多数国家和地区的立法均要求提出管辖异议时应该采取书面形式。如在法国，当事人向预审法官提出管辖权异议请求时，需要使用书面形式并且附加理由①。《日本刑事诉讼法》规定，必须通过记载理由的请求书才能提出管辖权异议。② 从这个角度而言，要求当事人只能通过书面方式提出管辖异议也是借鉴了其他国家和地区的通行做法。其次，由当事人承担举证责任有利于受理管辖异议的部门作出针对性的裁决。《刑事诉讼法》《监察法》以及司法解释中，对于管辖的规定赋予了监察机关和公安司法机关太大的自由裁量空间：《监察法》第34条第2款成为监察管辖不规范的兜底条款，立法以及司法解释中赋予了几乎任何与犯罪行为有关联的公安司法机关均有管辖权。对刑事追诉而言，"裁量性决定而非规则成为刑事程序的起步阶段的特色"③。而"或许我们法律制度中百分之九十的非正义来自裁量，只有百分之十来自规则"④。为了防止当事人滥行管辖异议权，同时也避免管辖异议理由宽泛所可能导致的受理部门难以作出针对性裁决，立法以及司法解释中应该明确规定，当事人提出管辖异议的，应该提供理由并承担举证责任。

另外，需要特别指出的是，鉴于享有法定的管辖权是法院正确行使审判权的前提和基础，《刑事诉讼法》中又没有规定侦查管辖，而侦查管辖错误势必会导致起诉和审判管辖错误，因此，法院也必须主动依职权审查案件是否属于本院管辖。对此，《最高院适用刑诉法解释》第219条中明确规定合议庭对提起公诉的案件进行审查后，首先应该确定本院享有管辖权，否则必须退回人民检察院。这样一来，既可以充分发挥法院的职权，也有利于保障当事人的管辖异议权，从而最大限度地避免管辖错误。

（2）监察和公安司法机关提出管辖异议的，对于移送管辖和指定管辖应该区别对待。其一，移送管辖主要是针对两个以上同级公安司法机关均

---

① 《法国刑事诉讼法典》，罗结珍译，中国法制出版社2006年版，第88页。

② 《日本刑事诉讼法律总览》，张凌、于秀峰编译，人民法院出版社2017年版，第130页。

③ ［英］杰瑞米·侯德：《阿什沃斯刑法原理》（第8版），时延安、史蔚译，中国法制出版社2019年版，第9页。

④ ［美］肯尼斯·卡尔普·戴维斯：《裁量正义——一项初步的研究》，毕洪海译，商务印书馆2009年版，第27页。

有管辖权的案件。监察机关监察调查的对象是本辖区的公职人员，因此，通常情况下不会出现两个以上的监察机关对同一案件均享有管辖权的问题。如果按照《刑事诉讼法》第 26 条、《最高院适用刑诉法解释》第 19 条、《检察院刑事诉讼规则》第 21 条以及《公安机关刑事案件程序规定》第 21 条的规定，两个以上的同级公安司法机关都有管辖权的，由最初受理的机关侦查、起诉和审判。必要时，可以移送主要犯罪地的公安司法机关处理。如果数家公安司法机关难以协商一致的，争议的任何一方均可以向共同的上级公安司法机关提出管辖异议，并提供理由及其相关证据。其二，指定管辖中管辖异议的提出。立法和司法解释中规定了两种情形下的指定管辖：管辖不明以及移送更为适宜的机关受理。这两种情形中最初受理案件的机关均可以提出管辖异议，由上一级监察或者公安司法机关决定是否指定管辖。同时，接受移送的监察和公安司法机关也可以提出管辖异议，但是管辖异议期间必须按照立法的规定，进行监察调查、侦查、审查起诉与审判。另外，鉴于在目前的监察与刑事司法实践中，上级机关的指定管辖较为随意。如仅以审判中的指定管辖为例，有些学者在实证中发现上级法院的指定管辖理由往往不透明，容易遭到当事方的质疑。[①] 因此，上级监察或者公安司法机关在指定管辖时，应该在决定书中详细载明指定管辖的理由及其证据，以强化指定管辖的说服力；同时，也可以为接受指定管辖的机关或者当事人有针对性地提出管辖异议，从而保证案件审理的程序公正。

（三）审查管辖异议的机关与期限

1. 审查管辖异议的机关应该区分情况对待。其他国家和地区的立法对于审查管辖异议的受理机关，通常仅限于法院，但其做法有很大差异：在法国，管辖异议直接由审案法院审查；在日本和德国则是由上级法院审查；在意大利，若当事人对管辖权存在异议，可以直接向最高法院提出。[②] 从目前我国的监察与刑事司法实践来看，之所以监察对象或者被追诉人等对案件

---

① 张曙：《刑事诉讼管辖制度研究》，法律出版社 2020 年版，第 251 页。
② 参见桂梦美、刘成江：《构建刑事诉讼管辖权异议制度之逻辑展开》，载《河北法学》2019 年第 5 期。

的管辖权提出异议，其主要原因往往是基于两个方面：其一，基于办理案件的便利，合并处理与本案有关联的案件；其二，出于部门利益甚至是权力寻租的需要，将本无管辖权或者不宜受理的案件予以受理。在上述两种情形中，若法院存在管辖不规范，其源头往往是来自监察、公安和检察机关的管辖不规范。显然，对监察、公安和检察机关而言，当事人的管辖异议显然难以说服其放弃管辖权。因此，笔者认为，在监察调查、侦查和起诉阶段，提出管辖异议应该向受案单位的上一级机关提出；在审判阶段，若当事人提出管辖异议，首先应该向审理案件的法院提出，由其在庭前会议中审查决定是否同意，若裁定驳回管辖异议的，当事人可提起上诉。需要指出的是，对于上一级监察和公安司法机关驳回管辖异议的申请，之所以无须单独设立申请复核与上诉等救济程序，主要是考虑到审查机关已经是上一级监察、公安和检察机关了。同时，按照《刑事诉讼法》第 238 条第 5 款和第 253 条第 4 款的规定，管辖不规范可能影响公正审判的，属于应该发回重审或者启动再审程序的法定事由。在具体的刑事司法实践中，针对是否存在侦查管辖不规范通过上诉与再审程序予以救济的也为数不少。如钟林甫合同诈骗案①，胡有章生产、销售不符合安全标准食品案②，张强等抢劫、合同诈骗、非法经营案③。因此，如果监察调查、侦查以及审查起诉存在管辖不规范，即使管辖异议被驳回，依然可以通过法院的上诉审或者再审程序予以救济。

2. 审查管辖异议的期间。受理管辖异议的机关，应该在五日以内作出异议是否成立的决定。其理由是：其一，管辖异议是重大的程序事项，既涉及被追诉人的权利保障，也与案件最终的实体处理结果息息相关，因此，与当事人提出的回避申请相比，更需慎重对待。而对于回避申请的决定，根据《公安机关办理刑事案件程序规定》第 36 条的规定，公安机关通常应该在申请后二日内作出决定并通知申请人。从这个意义上而言，管辖异议的审查时间规定为五日相对较为适宜。其二，申请管辖异议的理由及其格式相对固化，五日的期限对审查机关而言足可以对管辖异议的正确与否作出

---

① 参见山东省聊城市中级人民法院（2019）鲁 15 刑终 44 号裁定书。
② 参见最高人民法院（2017）最高法刑申 232 号通知书。
③ 参见河南省高级人民法院（2016）豫刑终 454 号裁定书。

准确判断。

（四）管辖异议成立应承担的程序性法律后果

管辖不规范明显属于程序性违法行为，对于管辖不规范的法律后果，目前其他国家和地区的立法以及司法实践采取了相异的做法。一种是管辖权不规范必然导致判决无效。如在法国刑事司法实践中，所有管辖权规则均有公共秩序性质，无管辖权将引起诉讼程序无效以及刑事法院所作判决无效。①我国澳门地区的"刑事诉讼法典"第 106 条也规定，法院如果违反管辖权的有关规则，其诉讼行为构成不可补正之无效。另一种则是管辖不规范并不必然导致判决无效，应视管辖不规范的轻重程度酌定。如《日本刑事诉讼法》第 13 条、第 14 条分别规定："诉讼程序，不因管辖错误而丧失效力"，"法院即使没有管辖权，在需要紧急处理的情况下，为了发现事实也可以作出必要的处分"。②《德国刑事诉讼法典》第 20 条、我国台湾地区的"刑事诉讼法"第 12 条均有类似规定。

我国刑事诉讼法学界大多学者认为，管辖不规范不能一律导致判决无效，应该从主观上是"善意"还是"恶意"予以区分。如龙宗智教授指出，善意管辖，侦查合法，取证有效；恶意管辖，侦查不合法，取证无效。③我国台湾地区的学者也认为，如果司法机关在不知道无管辖权的情形下所开展的诉讼程序，始属有效；若司法机关知道其对案件无管辖权之后所为之处分，如羁押、搜索、扣押、调查证据等，均不应认其为有效。④究其原因，是因为"对于违反诉讼程序的行为，应当依据行为不完善或者瑕疵的严重程度，而不应该按照等同划一的方式加以制裁，更不应当都采取宣告无效这种最为严厉的制裁方式"⑤。

综上，从我国的刑事司法实践来看，并结合刑诉学界通说，适当参考其他国家和地区的立法例，笔者认为，对于管辖不规范的程序性法律后果，应

①　参见［法］贝尔纳·布洛克：《法国刑事诉讼法》，罗结珍译，中国政法大学出版社 2009 年版，第 304 页。

②　《日本刑事诉讼法律总览》，张凌、于秀峰编译，人民法院出版社 2017 年版，第 12 页。

③　参见龙宗智：《取证主体合法性若干问题》，载《法学研究》2007 年第 3 期。

④　参见黄东熊、吴景芳：《刑事诉讼法》（修订 7 版），三民书局 2010 年版，第 86 页。

⑤　陈瑞华：《程序性制裁理论》（第 3 版），中国法制出版社 2017 年版，第 139 页。

该按照性质的轻重区别对待：其一，明显违反《监察法》《刑事诉讼法》及其司法解释中关于管辖规定的，从审查管辖异议成立之日起，此前的监察调查和侦查、起诉、审判中所进行的行为均属无效。对于这类管辖不规范的案件，监察或者公安司法机关主观上均存在较大过错，如《监察法》和《监察法实施条例》中明确规定的只能由监察机关管辖的职务犯罪案件，而公安机关却进行了立案侦查，这类管辖不规范应该自始无效。司法实践中，对于一些职能管辖不规范的案件，法院也曾直接判决被告人无罪。如某公司和刘某甲的串通投标罪是由检察机关立案侦查的，而该罪按照职能管辖规定本应由公安机关侦查，因此，法院直接判决两被告人无罪。[①]其二，对于一些存在瑕疵且对案件的实体处理结果影响不大的管辖不规范问题，在确认前期的程序有效的前提下，后续的程序应该按照法定的管辖规则推进。如对于司法工作人员实施的 14 种侵犯公民权利、损害司法公正的犯罪，这类犯罪属于管辖竞合，即监察机关和检察机关均可以管辖。《监察法实施条例》特别强调这类犯罪只有"必要时"才由监察机关管辖，若属"非必要"情形，监察机关进行了留置调查，此种情形就属于管辖上存在瑕疵。又如公安机关在立案侦查一些跨区域非法集资案时，因对"主要犯罪地"的理解不当导致了管辖不规范等。这类管辖不规范，办案机关以及办案人员主观过错较小，对案件的实体处理不会产生太大的负面影响，因此，应该确认前期程序的效力，但应在后续的程序推进中将案件移送到有管辖权的机关进行处理。

（五）规范监察和公安司法机关的管辖裁量权

实践中之所以存在诸多管辖权不规范现象，且当事人提出管辖异议往往又难以为监察与公安司法机关接受，其主要原因之一就在于《监察法》《刑事诉讼法》以及司法解释中赋予了监察和公安司法机关太大的管辖裁量权，而"没有细化标准和规则的刑事诉讼法规范，在公安司法机关强势的自

[①] 参见江西省上饶市中级人民法院（2015）饶中刑二终字 18 号判决书。

由裁量权下将形同具文"①。基于此，下文拟进一步明确化和具体化监察与公安司法机关管辖裁量权的条款。

首先，《公安机关刑事案件程序规定》《检察院刑事诉讼规则》中应该明确规定"其他机关予以协助"的法定事项，防止其成为"互涉"案件管辖不规范的兜底理由。《监察法》第24条、第29条、第30条、第34条、第43条明确规定了公安机关协助监察机关调查的法定内容主要是五项：协助配合搜查、协助发布通缉令、协助限制被调查人出境、向监察机关移送职务犯罪的案件线索、协助配合采取留置措施。但是上文已经指出，"其他机关予以协助"已经成为实践中"互涉"案件不规范管辖的兜底理由，因此，笔者认为，《公安机关刑事案件程序规定》《检察院刑事诉讼规则》应该与《监察法》保持一致，明确本部门协助监察机关的事项限于协助配合调查、协助发布通缉令等五种法定情形。立法上之所以作出上述规定，其本意是为了弥补监察机关在人手、专业调查技能方面所存在的不足，从而借助公安机关与检察机关的优势。因此，如果属于监察机关专责管辖的公职犯罪，或者本应由公安机关管辖的普通刑事犯罪，不得以"予以协助"作为转移管辖权的理由。只有这样才能妥善处理监警和监检的关系，防止越俎代庖现象，从而"恪守监警分工的制度安排，警察的归警察，监察的归监察，防止'监警合体'造成权力过度集中"②。

其次，地域管辖原则调整为"以主要犯罪地管辖为主，一般犯罪地管辖为辅，犯罪嫌疑人、被告人居住地管辖为例外"。一直以来，《刑事诉讼法》以及司法解释中，对于地域管辖确立的均是以犯罪地管辖为主，犯罪嫌疑人、被告人居住地管辖为辅。但是，《刑事诉讼法》以及司法解释中对于犯罪地规定的范围却极为宽泛，仅以《公安机关刑事案件程序规定》第16条为例予以说明："犯罪地包括犯罪行为发生地和犯罪结果发生地。犯罪行为发生地，包括犯罪行为的实施地以及预备地、开始地、途

---

① 牟军、张青：《刑事诉讼的立法模式与立法技术批判——以〈刑事诉讼法第二修正案〉为中心》，载《法制与社会发展》2012年第6期。

② 江国华、张硕：《监察过程中的公安协助配合机制》，载《法学研究》2019年第2期。

径地、结束地等与犯罪行为有关的地点；犯罪行为有连续、持续或者继续状态的，犯罪行为连续、持续或者继续实施的地方都属于犯罪行为发生地。犯罪结果发生地，包括犯罪对象被侵害地、犯罪所得的实际取得地、藏匿地、转移地、使用地、销售地。"从该条规定中可以看出，几乎所有与犯罪行为有关联的地方皆为犯罪地，任何一个地方的公安机关均有侦查管辖权。《检察院刑事诉讼规则》《最高院适用刑诉法解释》中也均有类似规定，这样必然导致公安司法机关享有几乎不受制约的管辖裁量权。因此，应该将地域管辖调整为"以主要犯罪地管辖为主，一般犯罪地管辖为辅，犯罪嫌疑人、被告人居住地为例外"的管辖原则。对于"主要犯罪地"应该明确限定为两种情形：犯罪行为主要侵害地和取证便利地。确定公安司法机关地域管辖的目的在于有利于查明案件事实，惩罚犯罪，保障被追诉人与被害人的权利，方便诉讼参与人参加诉讼。因此，将"主要犯罪地"限定为犯罪行为的主要侵害地和取证便利地，既与设置地域管辖的原则保持了一致，也可以防止公安司法机关过大的管辖裁量权。

综上，如果将《监察法》第 34 条第 2 款中的"其他机关予以协助"的法定事项在司法解释中予以明确，并确立"以主要犯罪地管辖为主，一般犯罪地管辖为辅，犯罪嫌疑人、被告人居住地为例外"的地域管辖原则，有利于完善监察调查与刑事诉讼中的管辖异议制度：一方面，对监察与公安司法机关而言，既限定了其过大的管辖裁量权，也使得其在操作中有明确的规则可循；另一方面，无论是被监察对象、犯罪嫌疑人和被告人还是其他当事人，在提出管辖异议时更具针对性，监察和公安司法机关在审查其管辖异议时也就无法再以弹性过大的条款予以应付，有利于保障当事人的管辖异议权。

结　语

总而言之，在监察调查和刑事诉讼实践中存在一些管辖错误问题。虽然立法以及司法解释中没有赋予被监察调查对象、犯罪嫌疑人和被告人等当事人管辖异议权，仅仅在《庭前会议规程》以及《最高院适用刑诉法解释》中规定庭前会议应该审查是否存在管辖权异议，但是无论是在监察调查还是刑事诉讼中，被监察对象和当事人提出管辖异议的现象均较为常见。对此，通常管辖异议的审查机关会以《监察法》第34条第2款或者《刑事诉讼法》第25条确立的"以犯罪地为主、被告人居住地为辅"的管辖原则予以驳回。导致上述问题的主要原因之一是管辖异议制度的缺失，这一制度缺失既违背了程序公正的基本要求，侵犯了被调查对象与犯罪嫌疑人、被告人的诸多诉讼权利，也会造成裁判结果难以为社会民众接受等诸多弊端。立法以及司法解释中应该赋予被监察对象、犯罪嫌疑人和被告人等当事人管辖异议权，明确规定提出管辖异议的期间、方式、审查机关以及管辖异议成立应承担的程序性法律后果，并进一步明确和限定《监察法》《刑事诉讼法》以及司法解释中关于监察和公安司法机关管辖裁量权的规定。

论公职人员职务犯罪非犯罪化监察处置权及其规制

李运才[*]

引言

非犯罪化，是指将刑法明确规定作为犯罪处理的行为，不再以犯罪论处。"不再以犯罪论处"，既可能表现为立法者根据经济社会发展变化将其完全地合法化，也可能表现为在行政执法、监察调查、刑事诉讼实务中不移送审查起诉、不起诉或者不定罪判刑，而给予党纪政务处分、行政处罚或者其他法律制裁。通常意义上的非犯罪化，是从刑事立法意义上而言的，即通过修改刑法实行非犯罪化。但是，理论界更关注不移送审查起诉、不起诉或者不定罪判刑等非犯罪化现象。

2018年《监察法》施行后，监察机关能否对事实清楚，证据确实、充分的公职人员职务犯罪案件不移送检察机关审查起诉，即监察机关能否对公职人员职务犯罪予以非犯罪化处置，理论与实务部门有着不同的认识，甚至还出现了一些过激的观点。例如，有学者指出，"一般而言，监察机关在发现公职人员及有关人员涉嫌犯罪的，应当依法移送检察机关审查起诉，而不能够越权处理。但是，实际情况并非如此。以违规收礼为例，中央纪委监察部网站通报了大量这类案件，但是很多案件其实已经完全符合受贿罪的构成要件，却仍然没有作为犯罪处理"[①]。"在办理职务违法与职务犯罪案件的过程中，监察机关与审判机关、检察机关、执法部门之间属于互相配

---

　　* 李运才，贵州师范大学廉洁文化研究院（纪检监察研究院）教授，法学博士，主要从事纪检监察学理论研究。

　　① 参见张明楷：《司法上的犯罪化与非犯罪化》，载《法学家》2008年第4期。

合制约关系,监察机关不得越权处理应由其他机关处理的事项。"①"尽管监察机关是依法监督、调查、处置公职人员违纪、职务违法、职务犯罪问题的专门机关,但其在法定职责之外作出任何处置行为都可能是违法的。"② 我们对这些观点不敢苟同,其论点和论据值得检视。为此,有必要对公职人员职务犯罪非犯罪化监察处置根据及其规制进行深入分析和研判。

一、职务犯罪案件相关数据的审思

比较来看,《监察法》施行后,监察机关移送检察机关审查起诉和法院审结的职务犯罪案件数量大幅度下降(如下表 1 所示)。这一现象引起理论界广泛关注。

表 1　2013—2022 年职务犯罪案件相关数据比较

年 份	各级检察机关	各级审判机关	
	年均立案(受理移送案件)案件人数	年均审结案件数	年均审结案件人数
2013—2017	50900	39000	52600
2018	16092	28000	33000
2019	24234	25000	29000
2020	19760	22000	26000
2021	20754	23000	27000
2018—2022	17600	23800	278000

(以上数据来源于相应年度最高人民检察院工作报告、最高人民法院工作报告。)

具体而言,2013—2017 年,全国检察机关立案侦查职务犯罪 254419 人,年均立案约 50900 人;各级法院审结贪污贿赂等案件 195000 件 263000 人,年均审结 39000 件 52600 人。2018 年全国检察机关受理各级监委移送职务犯罪 16092 人,2019 年受理移送 24234 人,2020 年受理移送 19760 人。2018 年各级法院审结贪污贿赂、渎职等案件 28000 件 33000 人,2019 年审结 25000 件 29000 人,2020 年审结贪污贿赂、渎职等案件 22000 件 26000 人。2021 年,全国各级检察机关起诉职务犯罪、各级法院审结的职务犯罪案件

① 参见刘艳红:《〈监察法〉与其他规范衔接的基本问题研究》,载《法学论坛》2019 年第 1 期。
② 参见刘艳红:《〈监察法〉与其他规范衔接的基本问题研究》,载《法学论坛》2019 年第 1 期。

数量和人数略有回升，分别达到20754人，23000件和27000人。2018—2022年，受理各级监委移送职务犯罪88000人，已起诉78000人，其中原省部级以上干部104人；全国各级人民法院审结贪污贿赂等职务犯罪案件119000件139000人。[①] 总体来看，各级检察机关受理监察机关移送的职务犯罪案件数量逐年递减，各级审判机关审结的职务犯罪案件数和人数也呈逐年递减趋势。与2013—2017年检察机关年均立案侦查职务犯罪的人数相比较，2020年监察机关移送检察机关审查起诉的职务犯罪案件人数下降60%以上；各级审判机关审结的职务犯罪案件也相应减少了50%以上。但是，监察体制改革以来，被查处的职务犯罪案件犯罪人职务级别更高，体现了紧盯"关键少数"的政策要求。

有学者指出，出现司法机关办理职务犯罪案件数量下降的潜在因素包括：一是国家监察体制改革对公职人员违规违纪违法行为形成了强大的威慑，降低了职务犯罪案件的发案率，有效减少了职务犯罪行为的发生；二是由于多种因素共同作用，多发的是违纪、职务违法案件，职务犯罪案件进入案发低谷期；三是监察机关的功能未能充分发挥，查办职务犯罪案件的能力和办案效率有待提高；四是监察机关在办案过程中按照"四种形态"对职务犯罪案件进行分流，使移送检察机关审查起诉的职务犯罪案件数量大幅度减少。[②]

毋庸置疑，党的十八大以来，以习近平同志为核心的党中央坚决惩治腐败、纠治不正之风，腐败蔓延势头得到有效遏制，反腐败斗争取得压倒性胜利并持续巩固。2018年至2021年6月，全国法院依法审结贪污贿赂犯罪案件48821件，生效判决56388人。其中，共对11529名腐败分子判处5年有期徒刑以上刑罚，重刑适用率达20.4%，较之前5年提升了两个百分点，充分体现了对腐败犯罪持续从严惩治的鲜明立场。[③]2018年至2021年

[①] 以上数据分别来源于相应年度最高人民检察院工作报告、最高人民法院工作报告。

[②] 参见詹建红、崔玮：《职务犯罪案件监察分流机制探究——现状、问题及前瞻》，载《中国法律评论》2019年第6期。

[③] 王晓东：《依法从严惩治腐败犯罪 实现职务犯罪审判工作高质量发展》，载《人民法院报》2021年10月14日第5版。

6月,严肃惩处渎职犯罪,全国法院依法审结渎职犯罪案件8262件,生效判决10238人,着力清除腐败滋生土壤和条件,有效遏制了渎职犯罪的高发态势。[①]其中,赖小民受贿、贪污、重婚一案,是全面从严治党的标志性案件,系新中国成立以来查处的贪污贿赂犯罪数额最大的案件,也是自2008年以来首个以受贿罪判处死刑并执行的犯罪分子,充分彰显了党中央惩治腐败的坚强决心。[②]但是,公职人员职务犯罪发案率并未因监察体制改革后的强大震慑而大幅度降低,亦未进入案发低谷期。正如习近平总书记在十九届中央纪委五次全会上发表重要讲话强调,党的十八大以来,尽管党风廉政建设和反腐败斗争取得了历史性成就,但形势依然严峻复杂。必须清醒看到,腐败这个党执政的最大风险仍然存在,存量还未清底,增量仍有发生。[③]

对于各级检察机关受理各级监察机关移送职务犯罪和人民法院审结的职务犯罪案件数量呈现所谓"断崖式下跌"的原因,本文不予深入探究。较为明确的是,"传统腐败和新型腐败交织,贪腐行为更加隐蔽复杂"[④],查处的难度随之加大,也是其中的原因之一。对于监察机关移送审查起诉的职务犯罪案件数量减少这一现象,必须保持科学冷静的态度:既不能以此否定《监察法》施行以来取得的反腐败工作成绩,又要清醒认识到因种种原因导致监察机关将职务犯罪进行非犯罪化处置的情形。[⑤]因此,以上数据和观点引发的思考是:监察机关能否将完全符合职务犯罪构成要件的案件不移送人民检察院审查起诉?亦即监察机关能否对符合职务犯罪构成要件的案件予以非犯罪化处理?应当构建什么样的制度"笼子",才能有效防范公职

---

① 王晓东:《依法从严惩治腐败犯罪 实现职务犯罪审判工作高质量发展》,载《人民法院报》2021年10月14日第5版。

② 王晓东:《依法从严惩治腐败犯罪 实现职务犯罪审判工作高质量发展》,载《人民法院报》2021年10月14日第5版。

③ 《习近平在十九届中央纪委五次全会上发表重要讲话强调 充分发挥全面从严治党引领保障作用 确保"十四五"时期目标任务落到实处》,http://www.xinhuanet.com/2021-01/22/c_1127014957.htm,最后访问日期:2021年1月22日。

④ 《习近平在十九届中央纪委五次全会上发表重要讲话强调 充分发挥全面从严治党引领保障作用 确保"十四五"时期目标任务落到实处》,http://www.xinhuanet.com/2021-01/22/c_1127014957.htm,最后访问日期:2021年1月22日。

⑤ 参见吴建雄、李春阳:《〈监察法〉实施中的若干疑难问题及其破解对策》,载《湖南大学学报(社会科学版)》2019年第6期。

人员职务犯罪被不当地非犯罪化处理?

二、监察机关对职务犯罪非犯罪化处置权的证成

监察机关对职务犯罪进行非犯罪化处置具有实践渊源、政策依据和法律根据,是监察机关履行腐败治理职责的重要体现。

(一)监察机关对职务犯罪进行非犯罪化处置的实践渊源

《监察法》第 11 条规定,监察委员会依照本法和有关法律规定履行监督、调查、处置职责:……对涉嫌职务犯罪的,将调查结果移送人民检察院依法审查、提起公诉。如果采取字面解释的法律解释方法,该规定似乎有"入罪即诉"的意思。即对被调查人涉嫌职务犯罪,经调查监察机关认为犯罪事实清楚,证据确实、充分的,制作起诉意见书,连同案卷材料、证据一并移送检察机关依法审查、提起公诉。[1] 有观点进一步指出,不论是监察机关的调查行为抑或是公安机关的侦查行为都需要经过检察院的审查起诉环节,由检察机关对所移送案件是否达到起诉条件予以审查后决定是否、如何提起公诉,最后得由法院经审判审查判定控方主张能否成立、予以支持。[2] 然而,尽管在成文法体系中,文字符号是法律规范的唯一载体,但这并不意味着仅仅根据文字符号就可以发现法律规范的全部真实含义。因为,法律的真实含义不只是呈现在法条的文字符号中,而同样蕴含于国家的制度体系和生活事实之中。[3] 完全按照文字的字面含义适用法律,会导致机械执法、"文字司法"。因此,不能仅根据《监察法》第 11 条第 2 项的字面含义,就否定监察机关对职务犯罪非犯罪化处置权。

事实上,在我国刑事司法实践中,存在公安机关、检察机关、审判机关将符合刑法规定的犯罪行为不作为犯罪处理的现象,即司法上的非犯罪化。例如,公安机关对轻微刑事案件不予立案或者撤回移送审查起诉;检察机

---

[1] 中共中央纪律检查委员会中华人民共和国监察委员会法规室:《〈中华人民共和国监察法〉释义》,中国方正出版社 2018 年版,第 94 页。

[2] 左卫民、安琪:《监察委员会调查权:性质、行使与规制的审思》,载《武汉大学学报(哲学社会科学版)》2018 年第 1 期。

[3] 类似观点和表述,参见张明楷:《刑法分则解释原理》,中国人民大学出版社 2004 年版,"序说"第 5 页。

关对轻微刑事案件不起诉；审判机关对轻微刑事案件不判处刑罚，而予以训诫、责令具结悔过、赔礼道歉、赔偿损失，或者交由相关部门予以行政处罚。这些做法在相关司法解释或文件中予以明确规定。例如，《公安机关办理刑事案件程序规定》第 178 条规定，公安机关接受案件后，经审查，认为犯罪事实显著轻微不需要追究刑事责任，经县级以上公安机关负责人批准，不予立案。第 186 条规定，经过侦查，依法不追究刑事责任的，应当撤销案件；对于经过侦查，发现有犯罪事实需要追究刑事责任，但是不够刑事处罚的，应当对有关犯罪嫌疑人终止侦查。另外，根据 2018 年修正后的《刑事诉讼法》的规定，人民检察院对司法工作人员、国家机关工作人员利用职权实施的部分犯罪，可以立案侦查；侦查终结后，作出提起公诉、不起诉或者撤销案件的决定。因此，参照上述规定和司法实务的实际做法，监察机关对符合一定条件的职务犯罪案件进行非犯罪化处置，并未违背或者突破我国既有的非犯罪化的法治实践、法治逻辑和法治原理。

正因为如此，自 2021 年 9 月 20 日起施行的《中华人民共和国监察法实施条例》第 35 条进一步细化规定了移送审查起诉的条件，即监察机关对涉嫌职务犯罪的人员，经调查认为犯罪事实清楚，证据确实、充分，需要追究刑事责任的，依法移送人民检察院审查起诉。因此，即使对于"犯罪事实清楚，证据确实、充分"的职务犯罪案件，监察机关是否移送检察机关审查起诉，还要取决于是否"需要追究刑事责任"的判断。当然，如何理解"需要追究刑事责任"是需要探讨的另一个问题。由于多数职务犯罪的监察调查源于检察机关直接立案案件侦查职能的转隶而来，因此，检察机关对直接立案案件侦查终结后的处理对公职人员职务犯罪监察调查、处置更具参考意义。《人民检察院刑事诉讼规则》第 237 条第 2 款规定："对于犯罪情节轻微，依照刑法规定不需要判处刑罚或者免除刑罚的案件，应当写出侦查终结报告，并且制作不起诉意见书。"该规定再次印证了监察机关对职务犯罪非犯罪化处置的法治逻辑和法治实践根据，同时也提供了对符合构成要件但"不需要追究刑事责任"的职务犯罪案件不移送检察机关审查起诉（非犯罪化处置）的参考标准。"不需要追究刑事责任"，即是"犯罪情节轻微，依照刑法规定不需要判处刑罚或者免除刑罚";对于此类职务犯罪案件,监察机关可以不移送检察机关审查起诉(非犯罪化处置)。

(二)监察机关对职务犯罪进行非犯罪化处置的政策依据

"坚持反腐败无禁区、全覆盖、零容忍,将'严'的主基调长期坚持下去",是党的十八大以来形成的腐败治理政策。但是,反腐败"无禁区"并非无界线,"全覆盖"并非无重点,"零容忍"并非"零门槛";坚持"严"的主基调并非强调对腐败案件一律动用刑罚处罚,甚至予以重刑制裁。与之相反,"惩前毖后、治病救人"是我们党对待犯错误同志的一贯方针;宽严相济既是监督执纪执法的基本政策,也是我国的基本刑事政策。对职务犯罪的处理,既要反对姑息迁就、失之于宽,又要反对惩办主义、片面从严;贯彻落实腐败治理的政策,必须根据具体情况,坚持"三个区分开来",实行区别对待,做到严得适度,宽得恰当,宽严相济,使执纪执法、司法工作取得良好的政治效果、纪法效果和社会效果。①

从实际受到刑事追究的贪污、受贿案件看,在自 2016 年 4 月 18 日起施行《最高人民法院、最高人民检察院关于办理贪污贿赂刑事案件适用法律若干问题的解释》(以下简称《解释》)前,贪污、受贿等定罪量刑的起点数额是 5000 元,但是,司法实践中贪污、受贿数额两万元左右受到刑事追诉的案件已经较为少见;数额低于 3 万元的案件被追诉主要是因为其他犯罪牵连出来的,且多被判处免予刑事处罚。②

对于坚持监察机关对符合犯罪构成要件的职务犯罪必须移送检察机关审查起诉的观点,理由之一是:《解释》将贪污、受贿、职务侵占等职务犯罪的定罪量刑数额起点标准大幅度提高后(通常分别为 3 万元、6 万元以上),而盗窃、诈骗罪等普通犯罪的数额起点标准维持不变(通常分别为 1000 元以上、3000 元以上),出现职务犯罪与普通犯罪之间明显不均衡的现象,容

---

① 参见中共中央纪律检查委员会中华人民共和国监察委员会法规室:《〈中国共产党纪律处分条例〉释义》,中国方正出版社 2018 年版,第 67~68 页;另参见中共中央纪律检查委员会中华人民共和国监察委员会法规室:《〈中华人民共和国政务处分法〉释义》,中国方正出版社 2020 年版,第 43 页。

② 参见裴显鼎等:《〈关于办理贪污贿赂刑事案件适用法律若干问题的解释〉的理解和适用》,载《人民司法》2016 年第 19 期。

易导致定罪量刑的不公平。① 因此，对贪污、受贿、职务侵占等职务犯罪应当坚持从严刑事政策，原则上达到定罪的起刑点就应当予以刑事制裁。最高人民检察院法律政策研究室的相关同志就指出，《解释》制定出台后，大幅度提高了贪污、受贿等犯罪的起刑点，各地不得擅自提高贪污、受贿等职务犯罪的定罪标准，不能有案不立不诉。②

上述理由和观点对腐败治理的政策解读并不全面，亦不能因此而否定监察机关对职务犯罪非犯罪化处置权。首先，将贪污罪、职务侵占罪等职务犯罪与盗窃罪、诈骗罪等普通财产犯罪两类不同性质的犯罪进行比较，本身就不具有合理性。其次，单纯以数额决定贪污受贿等职务犯罪的定罪量刑，本身就存在不尽科学、合理之处，难以反映其社会危害性和人身危险性。职务犯罪特别是受贿罪，其社会危害性和人身危险性的衡量，不能仅仅看犯罪数额的多少，应当通盘考虑全案的情节，综合作出判断。③ 最后，监察机关将职务犯罪特别是情节轻微的贪污贿赂犯罪移送检察机关审查后，可能被不起诉，即使起诉亦可能被审判机关免予刑事处罚。这既可能导致国家资源特别是司法资源的浪费，也达不到应有的刑事法治效果。监察机关对职务犯罪情节轻微、依照刑法规定不需要判处刑罚或者免除刑罚的职务犯罪案件，及时对相关公职人员予以党纪、政务处分，就是贯彻"纪在法前""坚持反腐败无禁区、全覆盖、零容忍，将'严'的主基调长期坚持下去"的腐败治理政策。

有必要特别说明的是，腐败治理政策中的"零容忍"意味着必须做到"露头即打""抓早抓小"，坚持"有腐必反""有贪必肃"，绝不姑息和纵容。对职务犯罪情节轻微、依照刑法规定不需要判处刑罚或者免除刑罚的职务犯罪案件中的党员、公职人员，及时予以党纪、政务处分，对其相关利益予以限制或者剥夺，会影响其职务职级、职称、工资薪酬等经济、政治待遇等，就是为了贯彻落实"零容忍"政策，坚持"有腐必反""有贪必肃"，实现"露

---

① 参见张明楷：《贪污贿赂罪的司法与立法发展方向》，载《政法论坛》2017 年第 1 期。

② 参见万春等：《〈关于办理贪污贿赂刑事案件适用法律若干问题的解释〉的理解和适用》，载《人民检察》2016 年第 10 期。

③ 刘艳红：《〈监察法〉与其他规范衔接的基本问题研究》，载《法学论坛》2019 年第 1 期。

头即打""抓早抓小",体现了对党员、公职人员的从严管理。监察机关对行为人实施的职务犯罪的腐败程度进行专门研判,并根据其行为的严重程度分别给予问责、政务处分以及移送检察机关审查起诉等处置措施,都是为了有效地确保责任落实的准确性,有利于规避、解决行为恶性与责任程度不均衡、不对等的风险和问题。①

(三)监察机关对职务犯罪进行非犯罪化处置的法律根据

根据《宪法》和《监察法》的规定,监察机关应当与检察机关建立相互制约的关系。基于这种"制约关系",从权限或者职责的角度考察,对于符合刑事法律规定的酌定不起诉(依照刑法规定不需要判处刑罚或者免除刑罚)条件的职务犯罪案件,监察机关是否具有不移送检察机关审查起诉的权力?

否定说认为,对于符合酌定不起诉的法定条件,监察机关没有选择适用的权力,应将案件移送检察机关,由检察机关作出最终的判断。②

肯定说认为,监察机关在职务犯罪案件调查结束后,已形成了对违纪、违法、犯罪人员的"四种形态"处置机制,实现了多元化的监察处置方式。监察机关对办理的案件如何处置,是否需要移送检察机关开展刑事司法追诉程序,具有一定的裁量权。作为职务犯罪案件办理程序的"上游"主体,监察机关结合行为的社会危害性、行为人的人身危险性等综合因素考量,决定采取不同的处置方式,从而有效掌控职务犯罪案件进入司法程序的"流量阀门"③,实现腐败治理的效果。

折中说认为,对于符合构成要件不移送检察机关审查起诉的职务犯罪案件,监察机关应当将不移送审查起诉的决定告知检察机关;检察机关认为需要介入审查的,有权调取案卷材料,向相关人员了解情况,符合移送条件的,可以建议监察机关移送检察机关决定是否提起公诉,监察机关需对

---

① 刘艳红:《〈监察法〉与其他规范衔接的基本问题研究》,载《法学论坛》2019 年第 1 期。
② 叶青:《监察机关调查犯罪程序的流转与衔接》,载《华东政法大学学报》2018 年第 3 期。
③ 参见董坤:《检察提前介入监察:历史流变中的法理探寻与机制构建》,载《政治与法律》2021 年第 9 期。

检察机关的建议进行明确答复。①

我们赞同肯定说，否定说与折中说过于强调检察机关对监察机关不移送行使所谓的"法律监督权"。但是，在我国现行权力架构和法律体系中，否定说与折中说既是对新时代检察权的误判，也是对监察机关职能的误读。

根据《宪法》规定，检察机关是我国的法律监督机关。但是，新时代背景下，检察机关的法律监督权是以检察审查为核心内容，以司法权与监督权的交互融合为基本属性。检察机关的法律监督权，不同于监察机关的一般监督，而是以司法的亲历性为前提和司法权为基础，对诉讼活动进行监督，着力纠正侦查违法、审判不公等情形。同时，检察机关立足诉讼活动，可以从刑事、民事、行政案件中发现行政执法缺位等问题，通过诉前检察建议、公益诉讼等手段，对行政机关的履职行为进行监督，法律监督权也从"三大诉讼"领域拓展至行政执法活动领域。② 但是，根据《宪法》规定，监察机关不是司法机关、行政机关，其对职务犯罪调查不是司法与行政执法活动，亦不属于侦查行为和诉讼程序范畴，故检察机关不具有对监察机关调查职务犯罪活动行使所谓的法律监督的权力。③

在监察机关与检察机关相互制约的关系中，检察机关对监察机关的制约，主要表现为对监察机关移送起诉的案件进行审查，依法决定是否需要补充核实、是否提起公诉以及对非法证据依法予以排除等方面。根据《监察法》第 47 条第 4 款的规定，监察机关对检察机关的制约表现为，在职务犯罪案件办理中，监察机关认为检察机关所作的不起诉决定有错误的，可以向上一级检察院提请复议。质言之，检察机关对监察机关的制约，不是对监察机关不移送审查起诉权力的制约。

深化国家监察体制改革需要进行组织创新、制度创新，打破体制机制障碍，建立崭新的党统一领导的反腐败工作机构——监察委员会，并赋予

---

① 叶青：《监察机关调查犯罪程序的流转与衔接》，载《华东政法大学学报》2018 年第 3 期。
② 苗生明：《新时代检察权的定位、特征与发展趋向》，载《中国法学》2019 年第 6 期。
③ 朱孝清：《修改后刑诉法与监察法的衔接》，载《法治研究》2019 年第 1 期。

其监察权,从而构建集中统一、权威高效的中国特色国家监察体制。[①] 监察权能够独立成权,也因此具有了覆盖监察职能的多重复合权力,不仅包括日常监督权力,还包括强大的调查权和一定范围的处置权,[②] 特别是具有对轻微公职人员职务犯罪案件的不移送审查起诉权(非犯罪化权力)。

另外,强调监察机关将职务犯罪案件移送检察机关审查起诉的观点,主要是希冀通过对相关犯罪人进行刑罚处罚达到惩治和遏制的效果。但是,众所周知,刑罚不是犯罪特别是腐败犯罪(职务犯罪)的唯一治理手段,对轻微腐败犯罪动用刑罚处罚亦存在弊端。正如有学者所指出的,刑罚的发展与完善却不像罪名的发展与完善那般挥洒自如,反而陷入了左支右绌的境地。具体而言,从刑罚设置、效用及结果三方面来看,陷入了刑罚设置轻重失衡、刑罚效用不当夸大、裁判结果信任危机的困境。[③]

三、规范监察机关非犯罪化处置权的主要方式

(一)规范监察机关非犯罪化处置权的必要性

2018 年 12 月 13 日,习近平总书记在十九届中央政治局第十一次集体学习时发表重要讲话强调,纪检监察机关和纪检监察干部绝不能搞选择性监督、随意执纪调查、任性问责处置。监察权是把双刃剑,也要关进制度的笼子,自觉接受党和人民监督,行使权力必须十分谨慎,严格依纪依法。[④]

当前,理论界普遍认为,监督执纪执法"四种形态"特别是"四转三"适用不精准,是公职人员职务犯罪被不当非犯罪化处置的最大风险。例如,有观点指出,对于移送职务犯罪案件影响最大的诱因是"四种形态"的要求;在强调"四种形态"递减分布的目标指导和业绩观引导下,会诱使监察机关在办案过程中有意通过用党纪、政务处分代替刑事处罚,以控制职

---

① 参见李建国:《关于〈中华人民共和国监察法(草案)〉的说明》,http://www.npc.gov.cn/zgrdw/ npc/xinwen/2018-03/14/content_2048551.htm,最后访问日期:2018 年 3 月 14 日。

② 参见王若磊:《论监察体制的制度逻辑》,载《法学评论》2021 年第 4 期。

③ 朱建华、彭景理:《刑罚的当代困境:表现、缘由及出路》,载《社会科学研究》2018 年第 3 期。

④ 习近平:《在新的起点上深化国家监察体制改革》,载《求是》2019 年第 5 期。

务犯罪案件的移送数量。① 更为激进的观点认为，"伴随着国家监察改革的推进，实践中出现大量的'以罚代刑'的现象，严重损害了法治反腐的权威性"。"'以罚代刑'现象的出现蕴含某种党政因素的考量，践行的是执纪监督'四种形态'的基本理念"②

上述观点过于片面、极端，不为本文所赞同。但是，毋庸讳言，违背实事求是原则适用"四种形态"或者适用"四种形态"不精准，不仅有损监察机关的公信力，而且危及腐败治理的政治效果、法律效果和社会效果。事实上，在监察实践中，违背实事求是原则适用"四种形态"或者适用"四种形态"不精准的现象并非不存在。正如贵州省纪委常务副书记、省监委副主任黄文胜同志所指出的，由于理解认识的偏差、形态运用不够精准、制度机制不够完善等原因，监察实务中确实存在片面强调"四种形态"从轻、减轻处理，从严要求未得到体现和落实；刻意追求各形态之间的比例关系，刻意追求第一种形态占比的现象。③

为了防止非犯罪化处置权的滥用、误用和随意使用，有必要对监察机关非犯罪化处置权进行合理规制，确保"四种形态"得到实事求是、精准有效适用，实现腐败治理"三个效果"的有机统一。

（二）树立对"四种形态"性质把握的正确理念

监督执纪执法"四种形态"是全面从严治党、从严治吏的科学政策和策略，也是监督、执纪审查、监察调查的总体要求，是"把纪律和规矩挺在前面"的具体化，体现了惩前毖后、治病救人的一贯方针。④实事求是运用"四种形态"，要正确把握"四种形态"中的"常态""大多数""少数""极少数"的含义，辩证理解其相互之间的逻辑关系。

首先，作为常态或者第一种形态的"经常开展批评和自我批评、约谈函询，'红红脸、出出汗'"，是监督、执纪审查、监察调查的重要环节、手段和

---

① 参见詹建红、崔玮：《职务犯罪案件监察分流机制探究——现状、问题及前瞻》，载《中国法律评论》2019 年第 6 期。

② 参见刘艳红：《〈监察法〉与其他规范衔接的基本问题研究》，载《法学论坛》2019 年第 1 期。

③ 参见黄文胜：《实事求是运用四种形态》，载《中国纪检监察报》2020 年 4 月 16 日第 8 版。

④ 中共中央纪律检查委员会、中共中央文献研究室编：《习近平关于严明党的纪律和规矩论述摘编》，中国方正出版社 2016 年版，第 16 页。

基础性工作,既是工作要求也是工作目标。只有做好第一种形态的基础性工作,强化政治监督和日常监督,抓早抓小、防微杜渐,才可能实现第二种形态("党纪、政务轻处分、组织调整成为大多数")、第三种形态("党纪、政务重处分、重大职务调整的成为少数")、第四种形态("严重违纪涉嫌违法立案审查的成为极少数")的目标。

其次,要辩证看待"大多数""少数""极少数"的数量关系。就现阶段而言,"少数""极少数"是相对于党员和公职人员的总体数量而言的,这是缘于党的先进性、纯洁性的本质特征和基本要求。绝大多数党员和公职人员都能够敬畏法律、自觉提高觉悟,担当作为、有效履职,而实施违纪违法行为特别是职务犯罪的是党员和公职人员中的少数,甚至是极少数。正如习近平总书记所强调的,"应该充分肯定,我们大多数干部理想信念是坚定的,政治上是可靠的"[①]。从长远来看,通过健全全面覆盖、权威高效的监督体系和监督有力的权力运行机制,做好第一种形态的基础性工作,党纪、政务重处分、重大职务调整的将会成为"少数",严重违纪涉嫌违法立案审查的将会成为"极少数"。简而言之,这个层面的"少数""极少数"是监督执纪执法的价值追求和理想目标,而非对现状的描述和反映。

因此,在当前监督执纪执法过程中,对于发现的违纪违法问题,应当坚持实事求是的原则,该是什么就是什么,该怎样处理就怎样处理。具体而言,按照违纪违法的党员、公职人员的行为性质、后果、态度、情节等,精准适用"四种形态",依规依纪依法按照对应的形态处理,而不能为了达到"四种形态"中"少数""极少数"这种理想的目标而刻意或者强行"改变"违纪违法特别是腐败行为的性质[②]。

(三)细化"四转三"适用的情形、转化标准

发动任何处分或者处罚特别是刑罚处罚的根据,都是因为行为造成了危害,同时为了防止行为人或者其他人再实施错误行为。刑罚的目的在于

---

① 参见中共中央纪律检查委员会中华人民共和国监察委员会法规室:《〈中国共产党纪律处分条例〉释义》,中国方正出版社 2018 年版,第 68~69 页。

② 参见[意]贝卡里亚:《论犯罪与刑罚》,黄风译,中国法制出版社 2002 年版,第 49、75 页。

阻止罪犯再重新犯罪（特殊预防），并规诫其他人不要重蹈覆辙（一般预防）。但是，公众关心的不仅是不发生犯罪，还关心犯罪对社会造成的危害。[①] 其他处分、处罚亦是如此。因此，处分或者处罚的轻重取决于行为的性质、造成的危害、行为人的主观恶性及人身危险性、社会形势等因素；概言之，就是考量行为的社会危害性、特殊预防、一般预防，其中起基础性作用的是行为的社会危害性。

在"四种形态"的适用中，监察机关原则上不得对下列腐败犯罪案件进行非犯罪化处理，即适用"四转三"；经调查，犯罪事实清楚，证据确实、充分，就应当移送检察机关审查起诉：（1）政治问题和经济问题交织，威胁党和国家政治安全的行为性质严重的腐败犯罪案件。例如，为他人谋取职务提拔、调整，数额在一万元以上不满三万元的贪污、受贿罪。（2）对于应当判处三年以上有期徒刑的职务犯罪案件，如数额在二十万元以上的贪污、受贿罪，也属于行为性质严重的腐败犯罪案件。（3）数额在一万元以上不满三万元，为他人谋取不正当利益，致使公共财产、国家和人民利益遭受损失的受贿犯罪，属于"造成严重社会危害"腐败犯罪案件。（4）党的十八大特别是党的十九大以来不收敛、不收手的，属于行为人主观恶性较大的职务犯罪案件。（5）曾因贪污、受贿、挪用公款受过党纪、行政处分的，又实施数额在一万元以上不满三万元的贪污、受贿行为，表明行为人的人身危险性较大。（6）在开展专项整顿政治活动中，顶风作案、符合构成要件的职务犯罪。（7）政治生态恶劣，存在窝案、串案、塌方式腐败的问题，属于社会形势严峻、民愤较大的职务犯罪案件。

（四）健全完善"四转三"（非犯罪化处置）的运行机制

在实践中，由于相关规定具有分散性、原则性、概括性、抽象性，以及不同的纪检监察干部个人学识素养、经验不同等原因，运用监督执纪"四种形态"不精准、不规范的现象并不鲜见，不同形态之间转化随意性较大的问题时有发生。这些现象和问题有违监督执纪政治效果、纪法效果和社会效果

---

① 参见刘艳红：《〈监察法〉与其他规范衔接的基本问题研究》，载《法学论坛》2019年第1期。

有机统一的要求,有损纪检监察机关监督执纪执法的权威和公信力,[①]有必要进一步健全完善"四转三"(非犯罪化处置)的运行机制。健全完善"四转三"(非犯罪化处置)的运行机制包括但不限于"四转三"适用的集体决策机制、请示报批机制、指导性案例适用机制等。科学规范的集体决策、请示报批机制,有利于加强审查把关和平衡公正,避免案件处理的主观性,压缩权力寻租空间。健全完善指导性案例适用机制,有利于确保同类案件的纪法条规适用与执纪执法尺度的统一,对于解决监督执纪实践中"同案不同处"的顽疾、推进精准规范运用监督执纪"四种形态"具有重要价值。

中央纪委国家监委案件审理室制定出台了《关于发布指导性案例的工作办法(试行)》,截至目前,中央纪委国家监委共发布了三批 11 个执纪执法指导性案例,为指导性案例适用机制奠定了坚实的基础。《关于发布指导性案例的工作办法(试行)》仅对指导性案例的编写主体、制定标准、主要内容、体例规范和相关报批、发布程序等[②]进行了明确规定。"指导性案例的价值在于指导,生命在于应用。"[③]要真正发挥指导性案例在基层纪检监察实务中的指导价值与应用功能,需要强化指导性案例的拘束力。当然,由于指导性案例不具有正式的纪法效力,不属于正式的纪法条规渊源,各级纪检监察机关在参照适用指导性案例时,只需要将指导性案例中相关内容作为处置理由予以阐释,而不能作为处置依据直接引用。但是,为了强化执纪执法指导性案例的拘束力,在问题处置、案件办理过程中,承办部门及相关人员应当查询相关指导性案例,并应当在初核报告、审查调查报告、审理报告等处置型建议文书中对指导性案例检索情况予以说明,或者制作专门的指导性案例检索报告,并随案归档备查。指导性案例检索情况说明或者报告,应当客观、全面、准确,主要包括检索主体、时间、平台、方法、结果

① 参见李运才:《论监督执纪"四种形态"精准规范运用的范式拓展》,载《贵州师范大学学报(社会科学版)》2023 年第 6 期。

② 张洋:《案例指导推动精准执纪执法》,载《人民日报》2021 年 8 月 26 日第 7 版。

③ 周根山:《聚焦热点难点问题加强对下业务指导》,载《中国纪检监察报》2021 年 8 月 10 日第 1 版。

等,以及指导性案例的编号和执纪执法要点。①

结语

随着监察体制改革的深入推进和监察经验的积累,"四种形态"的适用标准和转化适用的幅度将会进一步健全完善,监察机关非犯罪化处置权将得到进一步规范。不可否认,影响监察机关对公职人员职务犯罪非犯罪化处置的因素还有很多,规范非犯罪化处置权相应的法治思维、法治方式还需要进一步建立健全。例如,在分级负责的监察管辖机制中,不同层级的监察机关管理的公职人员职务级别存在差异;通常情况下,职务越高的公职人员职务犯罪涉案数额相对较大,职务越低的公职人员职务犯罪涉案数额相对较小;如果"四转三"标准不明、界限不清,容易导致涉案数额相同职务较高的公职人员职务犯罪被非犯罪化处置可能性更大。又如,如果地域管辖与层级管辖、部门管辖衔接不畅,容易导致部分案件得不到及时查处,在一定程度上会导致职务犯罪案件移送审查起诉的数量下降。再如,一些地方对留置等监察措施内部程序审批过于严格烦琐,甚至远远高于《监察法》《监察法实施条例》等规定标准,容易导致实践中该适用留置等监察措施未能适用或者未及时适用,影响了职务犯罪案件被查证的可能性或者及时性。另外,职务犯罪监察调查程序严格、标准较高,监察人员不仅要掌握党内法规和监察法规,更需熟悉刑法、刑事诉讼法等相关法律,如果对刑法、刑事诉讼法等刑事法律掌握程度不够,也容易导致监察机关对公职人员职务犯罪非犯罪化处置不当。② 这些问题都值得高度重视和进一步深入研究。

---

① 参见李运才:《论监督执纪"四种形态"精准规范运用的范式拓展》,载《贵州师范大学学报(社会科学版)》2023 年第 6 期。

② 参见李运才:《论监督执纪"四种形态"精准规范运用的范式拓展》,载《贵州师范大学学报(社会科学版)》2023 年第 6 期。

行贿犯罪的惩处困境及其解决对策
——以 D 县检察院办理行贿受贿案件为视角

李 琴 曹 波 吴学海[*]

十四届全国人大常委会第四次会议审议了《刑法修正案（十二）（草案）》，草案第 5 条对行贿罪进行了大幅度修正，将党中央确定要重点查处的行贿行为在立法上进一步加强惩治，增加一款规定，对多次行贿、向多人行贿，国家工作人员行贿等六类情形从重处罚。同时，调整行贿罪的起刑点和刑罚档次，与受贿罪相衔接。[①] 近年来，随着反腐败斗争的不断深入，全国各级司法机关自上而下全面坚持"老虎苍蝇一起打"，大批贿赂案件的披露，大量"老虎""苍蝇"的落网，不断营造反腐高压态势、表明党中央反腐决心、有力保障我国社会经济发展。习近平总书记多次就惩治行贿犯罪作出重要指示，党的十九大、二十大明确要求要"坚持受贿行贿一起查"，2021 年 9 月，中央纪委国家监委等六部委联合发布《关于进一步推进受贿行贿一起查的意见》，要求加大反腐力度，强调系统施治、标本兼治，从源头上治理腐败，一体推进不敢腐、不能腐、不想腐。

然而，在基层实践中，无论是国家监察体制改革前的检察机关，还是当前的监察机关，都存在查处行贿的目的服务于受贿犯罪的查处。[②] 对行贿犯罪本身不够重视，对行贿犯罪分子的轻处或免予处罚，导致同期追究刑事责任的行贿案件与受贿案件数量严重失衡、行贿人未被追究刑事责任的占

* 李琴，贵州省大方县人民检察院第二检察部主任，一级检察官，主要从事职务犯罪理论研究与实务工作。曹波，贵州大学法学院副教授，法学博士，刑法学博士后，主要从事职务犯罪研究；吴学海，贵州省大方县人民检察院第二检察部检察官助理，主要从事职务犯罪学研究。
① 参见元玉昆：《全国人大常委会法工委刑法室负责人就刑法修正案（十二）草案答记者问》，载《人民日报》2023 年 7 月 26 日第 4 版。
② 参见孙国祥：《"受贿行贿一起查"的规范化法治化路径》，载《中国刑事法杂志》2023 年第 4 期。

比过高、轻刑化处置行贿犯罪等问题，严重影响贿赂犯罪的防治效果，不利于切断行受贿犯罪因果链，同时给社会大众造成"行贿无罪"的错觉，惩治贿赂犯罪"一手硬、一手软"的失衡现象。① 有鉴于此，本文拟结合近五年来 D 县检察院办理的行受贿案件，剖析行贿犯罪惩治的基本态势、现实困境及其内在原因等，并提出相应的对策建议。

一、行贿犯罪惩治的基本态势

通过近五年来办理的行受贿案件发现，一是大量行贿行为查而未办，未进入司法审查程序；二是行贿犯罪案件少，罪犯判处刑罚过于轻缓；三是当前法律对于"谋取不正当利益"界定不清；四是行贿人行贿违法所得追缴不力，未形成有效震慑；五是行贿犯罪资格刑刑罚不足、行贿行为纠治不力，达不到法治要求。反腐形势严峻复杂，铲除腐败滋生土壤任务依然艰巨，② 尤其是行贿案件查处打击的不力和政策的宽缓，导致受贿案件屡查不止，涉及人员职位越来越高，金额越来越大，手段越来越隐蔽，严重地阻碍了我国反腐败斗争进程。

（一）行贿案件立案查处少

国家监察体制改革前检察机关对行贿犯罪的立案和当前监察机关对行贿犯罪的立案，数量均远远少于同期受贿案件立案数。以 D 县检察院为例，近五年来共受理职务犯罪案件 60 件，受贿案件 21 件，占总数的 35%，但受理的行贿案件仅有 3 件，占总数的 5%。在监察体制改革前，D 县检察院立案查处一大批受贿案件，但对行贿立案查处的却只有 2 件；监察体制改革后，监察机关共向 D 县检察院移送审查起诉受贿案件 18 件，但立案查处并移送审查起诉的行贿案件仅有 3 件（详见表 1）：

---

① 参见计卫民：《刑法加大行贿罪追责力度的反腐意义》，载《三人谈》2023 年第 8 期。
② 参见江西省纪委监委课题组：《坚定不移推进受贿行贿一起查》，载《中国纪检监察报》2023 年 4 月 6 日第 7 版。

表 1   D 县受理行受贿案件情况

	2018 年	2019 年	2020 年	2021 年	2022 年	合计
总数	7	3	2	3	6	21
受贿罪	7	2	2	2	5	18
行贿罪	0	0	1	1	1	3

综合来看，D 县检察院每年查办的受贿犯罪案件数都超过查办行贿犯罪案件数，整体查办上受贿犯罪案件数与行贿犯罪案件数差距巨大。笔者审查本院案件发现，受贿人主动索贿情况极少，多为行贿人想方设法、多手段、多方面向受贿人主动抛出"橄榄枝"，诱惑受贿人利用职权为其谋取利益。2018 年以来，检察机关办理的案件中累计记录在案的行贿行为人多达239 人，累计行贿次数 422 次，但最终受到刑事立案并判处刑罚的仅 5 人，仅占行贿行为的 2%。由此可见，很多行贿行为，最终未进入司法程序，未严格按照行贿罪刑法规定处理。

（二）对行贿犯罪的判决过于轻缓

《刑法修正案（九）》对行贿罪的三个量刑档次均增加了罚金刑的规定，2016 年最高人民法院、最高人民检察院《关于办理贪贿案件的解释》出台后，对行贿罪的惩处采取"数额＋情节"模式。但从收集 D 县当前贿赂犯罪审判相关的司法现状来看，监察体制改革以来审查起诉的 5 名被告人中仅 1 人刑期超过三年，其余均为三年以下有期徒刑，行贿犯罪判决轻刑化现状明显。（详见表 2）

表 2   行贿犯罪判处刑罚情况

	2018 年	2019 年	2020 年	2021 年	2022 年	合计
行贿件数	0	0	1	1	1	3
三年以上有期徒刑人数	0	0	0	1	0	1
三年以下有期徒刑人数	0	0	1	3	1	5
缓刑	0	0	0	0	0	0

（三）"轻行贿"办案的危害

行贿与受贿是一种互为因果、互相利用、互相促进的关系，[①]贿赂滋生

---

① 参见刘仁文：《论行贿与受贿的并重惩处》，载《中国刑事法杂志》2022 年第 3 期。

腐败,行贿与受贿是一对一的关系,行贿行为与受贿行为都应受到法律的严惩。在当前法律形势下,刑法对行贿罪设置了不合理的特别出罪条款和从宽处罚条款,使大多数行贿人免除了被追究刑事责任的风险,[①] 对行贿行为的处罚过于宽宥、对行贿犯罪判处轻刑刑罚,给社会公众造成行贿行为不受法律惩处,甚至认为行贿行为不构成犯罪的错误认识,从而刺激潜在的行贿人实施行贿行为,催生更多的行贿案件,反腐败斗争效果大打折扣。同时,基于行贿和受贿的对合关系,同一案件中行贿人和受贿人被区别对待,严重损害司法公正形象,降低社会公众对法律的信任,特别是被法律严惩的受贿人。

二、行贿犯罪惩治的主要困境

(一)行贿案件中"谋取不正当利益"认定难度大

行贿犯罪的查处,核心难点在于认定行贿人"谋取不正当利益"。根据最高人民法院、最高人民检察院《关于办理商业贿赂刑事案件适用法律若干问题的意见》,行贿犯罪中"谋取不正当利益",是指行贿人谋取违反法律、法规、规章或者政策规定的利益,或者要求对方为违反法律、法规、规章、政策、行业规范的规定提供帮助或者方便条件。在招投标、政府采购等商业活动中,违背公平原则,给予相关人员财物以谋取竞争优势的,属于"谋取不正当利益"。《关于办理行贿刑事案件具体应用法律若干问题的解释》第12条规定,行贿犯罪中的"谋取不正当利益"是指行贿人谋取的利益违反法律、法规、规章、政策规定,或者要求国家工作人员违反法律、法规、规章、政策、行业规范的规定,为自己提供帮助或者方便条件。违背公平、公正原则,在经济、组织人事管理等活动中,谋取竞争优势的,应当认定为"谋取不正当利益"。

"谋取不正当利益"的具体内涵,目前司法界在经过缜密的讨论和研究后以法律条文形式进行详细的规定,并且对"谋取不正当利益"的理解与适用进行延伸和扩充,认为不正当利益包括利益本身不正当和手段不正当,

---

① 参见李少平:《行贿犯罪执法困局及其对策》,载《中国法学》2015 年第 1 期。

即"谋取的利益不正当"与"谋取利益的程序不正当"两种情形①。不过,"谋取不正当利益"的实践认定仍面临诸多疑难。

一方面,在行受贿案件办理时,利益本身不正当的案件较少,这也是庭审中辩护方辩护理由的重点所在。毕竟利益作为一种客观存在,本身并无"善恶"之分,争论利益的正当与否容易陷入语言的陷阱。但是,在调查审查案件时也不能够忽略利益正当与否的问题,如贩毒分子为获得公安机关禁毒民警查获的毒品,向民警进行行贿,这时候贩毒分子希望获得"利益"就是被查获的毒品,而不管其希望获得毒品后是贩卖还是自己吸食等,其获得毒品的行为本身就触犯其他法益。

另一方面,在行受贿案件中更为常见的是手段不正当的情形,特别是涉及重大工程领域,其利润高但竞争大的特点,导致部分心怀叵测的人员"动歪脑筋",其中谋取招投标的竞争优势是最为常见的类型。而此类案件的查办往往是在其获取工程行为完成之后,如果只是查看招投标材料、合同等,难以发现其获取不正当利益的手段是否正当,只能证明国家工作人员与行贿人确因工程而存在经济往来。加之,更多时候认定是否存在利用不正当手段谋取利益较多依赖言词证据的证明,导致在司法实践中若双方不供述,或仅一方供述又无其他旁证予以证实的情况下,要认定利用不正当手段谋取利益存在很大困难,最终难以形成刑事案件。

(二)行贿案件调查取证难度大

从实践来看,行受贿犯罪查处比较依赖"囚徒困境"、供述激励等博弈策略,有时会对情节较轻的行贿作"无罪化"处理。②办案机关在查处受贿犯罪案件时,会遇到受贿人员在到案前就与行贿人员达成所谓的"攻守同盟",以逃避法律的制裁,受贿人员到案后对其受贿行为拒不供述,旁证又难以形成有效的证据锁链,于是办案人员便将侦破的突破口放在行贿人员的口供上。为能顺利获得行贿人员口供,办案机关往往会与行贿人员达成

---

① 参见马龙、谭全万:《行贿罪中"主动型行贿"的新阐释》,载《社会科学研究》2022年第5期。
② 参见贠彦强:《行贿罪类型化的建构与实践应用——以行贿行为的主动性为变量》,载《山东法官培训学院学报》2023年第1期。

"辩诉交易"，以行贿人证实受贿人员的犯罪事实而对行贿人员网开一面，对其行贿行为不查处或不起诉等。如笔者参与办理的某市高速管理公司（国有企业）"以借为名"受贿案，李某某为获得高速路某隧道建设工程，以借款为名向该公司董事长张某某行贿200万元，张某某向李某某出具借条，称以后再归还，可实际上几年后张某某仍无归还意思。案发后，张某某称是向李某某的借款，拒不供述，后通过办案人员大量取证，最终突破李某某的口供，证实该200万元系李某某向张某某的行贿款项，张某某和李某某分别构成受贿罪和行贿罪。

（三）传统人情关系网、行业"潜规则"成为行贿行为的重要诱因

"围猎"之生存，赖于"潜规则""熟人社会""圈子文化"等不良风气。[①]作为文明古国的中国，人们相处非常重视礼节，奉行"礼多人不怪"的原则，为行贿犯罪"围猎"与受贿人甘于"被围猎"提供了滋生腐败的土壤。特别是在"熟人社会"里，人们在遇到麻烦时，即使可以通过正常途径解决，然而都希望通过托人情、找关系帮忙解决。如在建筑工程项目发包过程中，行贿人为获得工程项目，无论自身是否具有资质，都会想方设法去找项目单位，结识相关领导人员，请客送礼、搞好关系，才能放心地去参与招投标。这种做法导致部分资质条件好的公司，因害怕存在暗箱操作，认为别人都这样做，自己不做，就不能中标，故而效仿实施行贿行为，从而造成贿赂腐败恶性循环，加剧市场乱象。

行业"潜规则"最具有代表性的是医疗领域，如产妇分娩前需要向分娩医生送红包，医疗器械商要给医生拿回扣等，在看似合法的"行业潜规则"外衣包裹下，部分行贿人与受贿人堂而皇之地认为"送"与"收"合情合理。如办理的刘某受贿、非国家工作人员受贿案，刘某在儿科坐诊期间，通过开处方多使用某医药公司的中药颗粒，某医药公司根据中药颗粒的使用情况给刘某以回扣，时间长达七年，刘某被起诉后仍认为收受药品回扣并非犯罪行为。

---

① 参见贠彦强：《行贿罪类型化的建构与实践应用——以行贿行为的主动性为变量》，载《山东法官培训学院学报》2023年第1期。

（四）行贿违法所得认定与追缴不力

《刑法》第 64 条规定，凡是属于犯罪分子违法所得的一切财物，都应当依法予以追缴或责令退赔被害人。但在实际办案中，一是违法所得认定标准不统一。很显然，通过行贿手段直接产生、获得的不正当财物及孳息等可直接认定为违法所得，但行贿人通过行贿行为获得的非直接财产性利益认定难度较大，如通过行贿获取竞争优势后，投资获得的经济利益（包含企业和个人的社会影响力提升）、职务职称等。二是违法所得追缴程序不明晰，追缴难度大。在司法实务中，办案机关为取得行贿人口供，证实受贿犯罪，存在与行贿人的"辩诉交易"，以行贿人的口供换取未追缴行贿所得不正当利益。如李某某行贿案件中，李某某通过行贿手段获得工程项目后所取得利益是否认定为不正当利益、是否应当追缴，办案机关只字未提，仅对李某某的行贿行为予以查处，所获取的不正当利益未追缴，客观上进一步刺激行贿人再犯或"激励"其他人员进行行贿行为，这种情况不利于遏制贿赂犯罪，同时也给办案机关工作是否存在渎职失职埋下了隐患。

三、行贿犯罪惩治困境的主要原因

（一）"轻行贿重受贿"导致的办案思维模式的影响

行贿与受贿是一种对合关系：没有行贿就没有受贿，行贿受贿之间的因果逻辑决定要禁绝受贿犯罪就必须重视行贿犯罪惩治。现行法律对行贿行为设置不合理的处罚条款和从宽规定，使多数行贿人获得法律意义上的刑事豁免，从而逃脱法律追究。如《刑法》第 390 条第 2 款规定，行贿人在被追诉前主动交代行贿行为的，可以从轻或者减轻处罚。其中，犯罪较轻的，对侦破重大案件起关键作用的，或者有重大立功表现的，可以减轻或者免除处罚。[①] 在具体实践中，"被追诉前"解释为行贿人的行贿行为被刑事立案前。行贿人利用该从宽政策在纪委监委立案调查时就主动交代，从而

---

① 参见《刑法修正案（十二）（草案）》将《刑法》第 390 条第 2 款修正为第 3 款，规定"行贿人在被追诉前主动交代行贿行为的，可以从轻或者减轻处罚。其中，犯罪较轻的，对调查突破重大案件起关键作用的，或者有重大立功表现的，可以减轻或者免除处罚"。

在一定程度上逃避司法追究。同时，在查处受贿犯罪时，行贿犯罪一直被置于辅助受贿犯罪的地位，一旦突破受贿犯罪，行贿罪就搁置不理、不予处理，故行贿犯罪与受贿犯罪的案件数量差距不断扩大。

贿赂犯罪久禁不绝、久查不止与"轻行贿、重受贿"办案模式有着内在关联和影响，"轻行贿、重受贿"治理模式忽视行贿这个"因"，自然无法遏制贿赂犯罪增长。①

（二）"谋取不正当利益"界定模糊

"谋取不正当利益"是《刑法》规定的行贿罪犯罪构成的主观要件，是认定行贿犯罪的核心要素。但在理论和实务中对"谋取不正当利益"的认识难以统一。在理论界存在"保留说"和"废除说"两种立场。"保留说"认为，"谋取不正当利益"应当属于构成行贿罪的必备要件，这样有助于减少对行贿行为的打击面，同时能够提供明确的定罪标准；"废除说"则表示，在司法实践中，只要行为人实施行贿的行为，其谋取的利益是否正当，不影响其侵犯国家工作人员职务行为的廉洁性，只是反映行贿人主观恶性，而不影响其行为的本质。② 鉴于理论与法律规定对于"谋取不正当利益"界定模糊，实践中办案人员对不正当利益的认定亦有分歧，不能查实行贿人"谋取不正当利益"的主观故意，行贿犯罪难以认定。如办理受贿案件时，行贿人多存在为尽快获得拨款而对受贿人行贿，承办人对于该利益是否不当争论不止，最终受贿人被依法追究刑事责任，行贿人因不能认定谋取不正当利益而逍遥法外，长期性、重复性的行贿行为给社会大众造成了行贿无罪的恶劣影响。

（三）行贿人内心追求财富、地位的本性促使行贿

通过整理 D 县检察院近五年办理的行贿受贿犯罪案件发现，行贿人员行贿的项目领域均存在较高的利润收入，无论对于行贿人员还是受贿人员，都是一笔诱人的收入，从而使得行贿人员经过多方思索后，除去其行贿所

① 参见张波等:《溯源治理视域下坚持受贿行贿一起查的逻辑与路径研究》，载最高人民检察院第三检察厅《职务犯罪检察专题研究和办案指引》，中国检察出版社 2023 年版，第 62 页。

② 参见赵珊:《行贿犯罪中"谋取不正当利益"之要件》，载《华东政法大学学报》2005 年第 2 期。

使用的款项，仍然具有较高的利润回报。对行贿人员而言，取得工程赚取钱财是其终极目标，行贿者以牟利为目的是其本性；对受贿人员而言，其每个月仅有几千元的收入，并且还时时面临超负荷的工作任务，如果仅凭几句话或动动手中权，即可赚得翻几倍甚至几十倍工资的收入，以致最终在高利润的诱惑下，使得行贿人员和受贿人员各自带着自己的目的，促成行贿受贿犯罪行为的完成。

当然，司法实践中存在部分行贿行为发生诱因实为行政部门怠于履行职责，最终相关工作人员的不作为促成行贿行为发生，但深究行贿行为的本质，最终还是要回归到行贿人对财富、地位的追求上来。就社会氛围而言，"送礼办事"已经成为约定俗成的潜规则，民众对行贿行为的容忍度较高，给反腐败工作增加了难度。[①]

（四）行贿犯罪人资格处罚的缺失

"立足预防犯罪、社会防卫的需要，将特定人员有关资格和权利纳入刑罚体系之中，是他国立法实践给予我们的一个重要启示。"[②] 在我国的刑事制裁体系中，剥夺犯罪人资格的方法仅有剥夺政治权利以及《刑法》第37条之一规定之刑事职业禁止。根据相关规定，行贿犯罪人在被判处无期徒刑的场合，才有可能被附带判处剥夺政治权利，但因被判处无期徒刑的行贿犯罪在司法实践中极为罕见，剥夺政治权利在行贿犯罪案件中基本被虚置。《刑法》第37条之一规定，根据犯罪情况和预防再犯罪的需要，禁止职业直接关联犯罪被判刑人继续从事相关职业，以切断与原因犯罪情境之职业的关联，剥夺再犯相关犯罪的条件和能力，从而实现消解被禁止者人身危险性、促成其顺利回归社会的目的，是推动被判刑人再社会化的辅助性措施。[③] 不过，刑事职业禁止的适用对象是"职业直接关联犯罪被判刑人"，在当前行贿行为未经立案或刑罚为主流的情况下，刑事职业禁止对行贿行为明显不适用。《刑法》第390条规定对行贿犯罪并处罚金，但未对行贿人

---

① 参见孙国祥：《"受贿行贿一起查"的规范化法治化路径》，载《中国刑事法杂志》2023年第4期。

② 参见邵玉婷：《限制有前科公民基本权利的边界研究》，上海人民出版社2021年版，第188页。

③ 参见曹波：《刑事职业禁止制度研究》，法律出版社2018年版，第77页。

被判处刑罚后的资格刑限制进行规定，对行贿人震慑力不强。如 D 县检察院办理的杨某某行贿案，检察院立案侦查后，鉴于杨某某行贿金额不大对杨某某作相对不起诉决定，但在之后几年，杨某某又因再次向多人多次行贿，且均是在工程领域行贿，充分地说明行贿罪处罚中存在的不足。

四、强化行贿犯罪惩治的方案路径

（一）转变思想，摒弃"轻行贿、重受贿"的观念

行贿犯罪与受贿犯罪在查处过程中应当居于平等地位，不能因为打击某一方而忽视了对另一方的处置。[①] 摒弃"重打击受贿犯罪、轻惩治行贿"的办案思维，坚持行贿受贿一起查。一是各办案单位要全面贯彻落实《关于进一步推进受贿行贿一起查的意见》，以文件精神指导案件办理，在办案中体现中央反腐部署及反腐决心，惩治受贿犯罪的同时，全链条查处行贿犯罪、行贿行为，延续反腐高压态势。二是要贯彻落实宽严相济刑事司法政策，罚当其罪。受贿犯罪源于行贿行为，行贿行为是滋生贿赂犯罪的温床，不能因为行贿人员对受贿案件查处过程中起到的"关键作用"而放纵行贿行为。监察机关、检察机关、审判机关要实事求是，综合考虑行贿犯罪的事实、情节、行贿人的主观恶性和社会危害性等因素，依纪依法对涉案人员作出相应处理，以公平公正司法传递法律威慑，使行贿行为成为高风险的行为，让行贿行为高暴利、低风险成为过去式，遏制和减少受贿案件的发生。三是从 D 县检察院近五年的受贿案件中可以看出，如前文分析国家工作人员主动索贿的少，被动受贿的占多数。因此，对于贿赂犯罪案件，要从源头上进行切断，人性毕竟不可控也不应控，如果实施犯罪行为所带来的痛苦大于犯罪获得的利益，那么他就会认为不合算，就不会去实施犯罪行为[②]。有效的方法只能是处罚"围猎"的恶狼，严惩行贿犯罪分子，以此传递法律震慑，营造良好法治环境，移风易俗，改变群众对行贿行为的错误认识及"朝中有人好做事"错误办事思维，引导人们了解行贿行为将会受到惩

---

① 参见刘仁文：《论行贿与受贿的并重惩处》，载《中国刑事法杂志》2022 年第 3 期。
② 参见张明楷：《罪刑法定与刑法解释》，北京大学出版社 2009 年版，前言第 3 页。

罚,从而自觉抵制行贿行为。

（二）明确行贿犯罪违法所得认定,加大违法所得追缴力度

行贿源于行贿行为的低投入高回报,遏制行贿行为的最佳办法就是强化行贿犯罪违法所得的追缴强度,提高行贿犯罪的成本,让行贿人经济上无利可图,这就要求标准化、明确化违法所得,降低基层认定忧虑。首先,对于通过行贿手段直接产生获得的不正当财物及孳息,应认定为违法所得数额。其次,通过行贿手段间接获取的不正当财物及孳息,往往难以认定为违法所得数额,需要借助第三方机构进行认定,部分案件复杂,难以查清,且委托鉴定、审计时间冗长、程序复杂的,司法机关可酌情结合案件特点、行业规律、行贿数额等因素综合认定。对此来看,不同层级的监检法需要针对不同领域、不同行业制定违法所得认定标准,以此规范区域行贿违法所得的认定。最后,强化针对非财产性违法所得的认定,明确通过行贿获得的职务职称、政治荣誉、经营资格资质等不正当非财产性利益,亦应认定为违法所得。

此外,惩治行贿犯罪应当全面追缴行贿违法犯罪所得。监检法三家应当建立行贿犯罪不正当利益追缴制度,形成追赃挽损长效机制,将案件查办与涉案财物追缴同步考虑、同步推进,从案件调查、审查、审判各阶段全环节强化财产性利益追缴及非财产性利益取缔力度。

（三）探索行贿罪资格刑配置,完善行贿犯罪刑罚设置

前已述及,刑法所规定的剥夺政治权利以及刑事职业禁止对于惩治和预防行贿犯罪实效有限,理应继续探索运用剥夺或者限制资格措施实现行贿犯罪的治罪和治理。例如,深圳市南山区专门出台《建立受贿行贿一起查工作机制实施方案》,要求依纪依法取消行贿人的政治待遇、职务晋升、资格资质、荣誉奖励等,对"围猎者"一追到底。[①]为达到刑法预防和惩治的目的,一是建议在行贿罪条文中,单独规定具体适用资格刑的情节、类型、幅度,如在何种情形下、多长期间内禁止行贿人从事相关职业、社会活

---

① 参见陈义波、颜惊蕾:《深圳:探索建立受贿行贿一起查工作机制》,载《中国纪检监察杂志》2018年第16期。

动，或吊销其相关执照的刑罚。二是建议强化刑法与其他部门法的衔接，探索行贿行为反向行刑衔接、监检衔接。对有行贿行为的个人或单位，在检察机关依法作出不批准逮捕、不起诉决定的情况下，规定行贿人或单位不能再从事相关生产、取消已取得资质等，让行贿人一次行贿就付出高昂代价，除了承担法律责任之外还处处受限，真正感受到切肤之痛，从而使行贿真正成为"高风险作业"。通过联合惩戒的"严治理"，架起惩治行贿的"高压线"①，从根源上有效防止和惩罚其违法行为。

（四）多部门联合，加强诚信体系建设和行贿人员"黑名单"数据库建立

监察体制改革后，检察机关停止了行贿犯罪档案查询工作，之后六部委《关于进一步推行行贿受贿一起查的意见》及十九届中央纪委六次全会提出"加大打击行贿力度，探索实施行贿人'黑名单'制度"，由此可见引入大数据，充分利用信息技术开展违法记录及法律监督是新时代反腐工作的必由之路，在贿赂犯罪纷繁复杂、行贿手段多元化、行贿方式隐蔽的当今社会，大数据将是打击行贿犯罪的利剑。

具体来说，一方面，利用"黑名单"大数据的建立对行贿人、行贿行为进行全面记录，以此开展行贿行为的追漏追捕及追赃挽损，如当前各检察机关开展大数据法律监督模型建设中，贵州省人民检察院第三检察部主持全省检察机关研发行贿犯罪大数据法律监督模型。另一方面，各级纪检监察机关、检察机关、审判机关及相关行政部门依托"黑名单"大数据，针对行贿人员，建立信息共享机制，根据行贿人员行贿的次数、金额的大小，分类建立诚信体系。监察机关要联合各部门定期向社会公开曝光存在行贿记录的人员，让相应行政部门在办理行业许可、审核就业资质等方面进行细化管理，依法依规限制行贿人再次获得涉罪行业或领域相关资质及再次从事相关行业，提高行贿的成本和代价，让行贿人寸步难行，让潜在的行贿人望而却步，做到"一处行贿，处处受制"，持续释放不敢、不能、不想行贿的震慑。

---

① 参见彭新林：《坚持系统施治依法从严惩治行贿》，载《中国党政干部论坛》2023 年第 6 期。

结　语

党的二十大报告指出，只要存在腐败问题产生的土壤和条件，反腐败斗争就一刻不能停，必须永远吹冲锋号，坚持不敢腐、不能腐、不想腐一体推进，以零容忍态度反腐惩恶，决不姑息。行贿与受贿一体两面，行贿诱导受贿，受贿刺激行贿。《刑法修正案（十二）（草案）》的提出，要再次吹响严厉打击行贿犯罪的号角。作为基层法律工作者，只有不断投身于法律实践当中，以公平公正办理案件，推动行贿犯罪法律适用的完善与贿赂犯罪治理预防体系建设，以一隅之治理，推动全局之法治。

五 | 廉政学

论"塌方式腐败"的治理

梁 建*

中纪委原书记王岐山在十八届中纪委第四次全体会议上以"塌方式腐败"来形容某些地方腐败的严重状况,此后"塌方式腐败"作为一个名词开始经常见诸媒体,《检查日报》还曾把"塌方式腐败"作为十大反腐新闻之一。① 所谓"塌方式腐败"实际上就是指短期内一个地方或一个部门中的高层、中层领导干部出现整体性的、集体性的腐败。"塌方式腐败"可以说是严重影响当下中国政治生态文明的一颗毒瘤。关于"塌方式腐败"的防治问题,各界已经提出过一些看法,笔者也不揣陋见,就防治"塌方式腐败"谈谈自己的一些思考。

一、各地的"塌方式腐败"概述

随着党的十八大以来各级各地反腐工作的深入开展,全国各地相继查处了一些系统性的腐败窝案。

以原中共中央政治局常委、中央政法委书记周永康为中心,形成了一个涉及面甚广的腐败集团。在这个腐败集团中,如果按与周永康的关系细分,又形成了四大帮系:在周永康曾深耕的石油系统形成的"石油帮",主要成员有国务院国资委主任、党组副书记蒋洁敏及中石油副总经理兼大庆油田有限责任公司总经理王永春,中石油集团副总经理李华林,中石油副总裁兼大庆油田分公司总经理冉新权,中石油总地质师王道富,总会计师温青山,中油国际党委书记沈定成等;以周永康历届秘书为中心的"秘书帮",

---

* 梁建,贵州师范大学廉洁文化研究院副教授,博士,主要从事纪检监察理论研究。
① 《2014年十大反腐倡廉新闻》,载《检查日报》2014年12月30日第5版。

主要成员有四川省副省长郭永祥，中石油集团副总经理李华林，中石油国际事业有限公司党委书记沈定成，原海南省副省长冀文林，中央政法委办公室原副主任余刚等；在周永康曾担任省委书记的四川形成的"四川帮"，主要成员有省政协主席李崇禧，四川省文联主席郭文祥，省委副书记李春城，海南省副省长谭力等；以周永康曾长期掌控的政法系统为核心的"政法系"，主要成员有公安部副部长李东生，北京市国安局局长梁克，天津市副市长、公安局局长武长顺等。周永康腐败集团的出现不仅败坏了党和政府的形象，而且对党和国家的各方面工作造成了长期负面影响。

在省一级，"塌方式腐败"情况也同样存在，除上述产生腐败集团的四川外，另一个非常有影响的"塌方式腐败"的发生地即是山西省。此地形成了所谓的"山西帮"，此"帮"或多或少又都与全国政协原副主席令计划有关，主要成员有山西省政协副主席令政策，中国科协副主席、山西省副省长杜善学，山西省委统战部长白云，太原市委书记陈川平等。在边陲云南，虽然外界未把云南的系统腐败称为"云南帮"，但在事实上形成了以云南省委书记白恩培为中心的腐败集团，主要成员包括云南省委原书记、省长秦光荣，云南省委原副书记仇和，云南省原副省长沈培平，昆明市委原书记张田欣，云南省委原秘书长曹建方，昆明市委原书记高劲松等，而昆明市委也出现连续四任书记仇和、杨崇勇、张田欣、高劲松因贪腐相继落马。①

在厅一级，也在不少地方形成了"塌方式腐败"。以湖南省交通运输厅为例：此厅形成了以党组书记、副厅长陈明宪，副厅长邹和平，副厅长李晓希，省高速公路管理局局长（交通运输厅原党组成员）冯伟林等4名厅级干部为中心，包括16名处级干部，及其余27人在内的腐败集体。②又如海南省海洋与渔业厅，此厅形成了以厅长赵中社为中心，包括前任厅长李应济，两任副厅长陈创福、李年佑在内的腐败集体，该"塌方式腐败"案涉及海洋与渔业厅系统内的48名人员，其中担任过各级领导职务的有42人，其中

① 上官河：《连续两任省委书记、四任市委书记落马！过去十年这个省持续高压反腐》，https://www.jfdaily.com/wx/detail.do?id=495624，最后访问日期：2024年7月27日。

② 郑亚邦、卿洪春、刘学先：《触目惊心的塌方式腐败——湖南省交通运输厅腐败案剖析》，载《领导之友》2015年第2期。

22 名涉案人员案发时正是或曾经是所在单位的领导班子成员。[1]

除了上述中高层的"塌方式腐败"外,"塌方式腐败"也在县及县以下的一些基层单位组织出现。如江苏省射阳县,在短短的七个月内,包括县委书记徐超、县长田为友、县委常委顾为何、人大常委会副主任陈昌瑞、住建局局长刘旭、开发区管委会主任孙曦在内的 10 名官员先后落马,这可以说是县区"塌方式腐败"的典型样本。[2] 作为基层单位的社区组织在人们的观念中是很不起眼的,但西安的东滩社区也出现了"塌方式腐败"。该社区居委会主任于凡的贪腐涉案金额达到了惊人的 1.2 亿元,同时该社区两委的其他 9 名班子成员也同时涉案被查。[3] 再如在哈尔滨,因大货车的超载、超速、超限、闯红灯等违章行为已经到了疯狂的程度,甚至造成交通事故致行人死亡。大货车之所以如此疯狂而无所忌惮,是因为有基层执法人员做"保护伞"。经哈尔滨纪委、监委调查,充当"保护伞"的领导干部、公职人员有 122 人,虽然其中大多数涉案人员每次受贿的金额只有 500~1000 元,[4] 但影响非常恶劣。

在行业领域,"塌方式腐败"也时有发生。如 2022 年中国足球领域就发生了社会影响巨大的"系统性、塌方式腐败"。[5] 该"中国足协系统性、塌方式腐败"案从中国国家男子足球队原主教练李铁被查开始,单中国足协涉案人员就包括中国足协原秘书长刘奕、中国足协常务副秘书长兼国管部部长陈永亮、中国足协原主席陈戌源、国家体育总局原副局长兼中国足协原党委书记杜兆才等 14 人,[6] 另还有不少足球行业从业者也牵涉其中。

从上述各地各级的"塌方式腐败"的情况来看,防治"塌方式腐败"的

---

[1]　江舟、洪记:《贪婪厅长引出塌方式腐败》,载《检查日报》2015 年 11 月 17 日第 5 版。

[2]　占才强:《江苏射阳惊现塌方式腐灾:7 个月 10 官员落马》,http://news.cnr.cn/native/gd/20150728/t20150728_519329325.shtml,最后访问日期:2024 年 7 月 27 日。

[3]　王南:《居委会主任单笔受贿 5000 万》,载《法制晚报》2015 年 6 月 9 日第 A15 版。

[4]　吕德文:《一次撂倒 122 名公职人员!塌方式"微腐败"如何产生?》,https://www.guancha.cn/politics/2018_07_03_462408.shtml,最后访问日期:2024 年 7 月 27 日。

[5]　吕德文:《一次撂倒 122 名公职人员!塌方式"微腐败"如何产生?》,https://www.guancha.cn/politics/2018_07_03_462408.shtml,最后访问日期:2024 年 7 月 27 日。

[6]　中共国家体育总局党组:《关于二十届中央第一轮巡视整改进展情况的通报》,https://www.ccdi.gov.cn/yaowenn/202407/t20240708_360226.html,最后访问日期:2024 年 7 月 27 日。

形势还是比较严峻的。

二、"塌方式腐败"出现的原因

"塌方式腐败"之所以会不时出现,主要是因为如下几方面的原因:

首先是权力的过分集中。权力过分集中是"塌方式腐败"产生的主要原因。从制度沿革方面来看,集权式的政治体制形成于革命战争年代,虽然中国共产党在成立之始就以民主集中制为其基本的组织原则,但在长期的革命斗争中,为了提高行动效率,尽快取得革命战争的胜利,中国共产党不得不采取集权式的领导方式,这种方式也确实为中国共产党取得革命战争的胜利提供了体制上的保障。新中国成立伊始,局势尚未完全稳定,这种集权式的领导思维与方式继续被各级各类政府所沿用。从经济体制来看,中国在经济领域长期借鉴苏联式的计划经济体制,这种经济体制决定相应的政治体制必然是集权式。在文化形态方面,中国又是一个受专制文化影响巨大、深远的国家。在这几方面因素的共同作用下,当今中国权力过分集中的政治体制根深蒂固。这种体制的弊端,党和国家领导人很早就有非常深刻的认识。邓小平同志就曾指出:"权力过分集中的现象,就是在加强党的一元化领导的口号下,不适当地、不加分析地把一切权力集中于党委,党委的权力又往往集中于几个书记,特别是集中于第一书记,什么事都要第一书记挂帅、拍板。党的一元化领导,往往因此而变成了个人领导。全国各级都不同程度地存在这个问题。权力过分集中于一个人或少数人手里,多数办事的人无权决定,少数有权的人负担过重,必然造成官僚主义,必然要犯各种错误,必然要损害各级党和政府的民主生活、集体领导、民主集中制、个人分工负责制等等。"[①] 这种党政不分、以党代政、过度集权的权力构架,在政治体制转型过程中,很容易造成权力腐败。

其次是监督机制的缺乏。英国自由主义思想家阿克顿曾说过"绝对的权力导致绝对的腐败"。英国思想家洛克、法国思想家孟德斯鸠也做过类似的表达。"塌方式腐败"案的连续爆发,固然有权力过度集中的问题,但权

---

① 邓小平:《邓小平文选》(第2卷),人民出版社1994年版,第332页。

力缺乏有效的监督也是重要的原因之一。邓小平同志早在 20 世纪 80 年代就曾谈道:"当前,也还有一些干部,不把自己看作是人民的公仆,而把自己看作是人民的主人,搞特权,特殊化,引起群众的强烈不满,损害党的威信,如不坚决改正,势必使我们的干部队伍发生腐化。"他认为:"克服特权现象,要解决思想问题,也要解决制度问题。"① 虽然党和政府已经制定了一些法律和条例对权力进行约束和监督,如《中国共产党廉洁自律准则》和《中国共产党纪律处分条例》等,但从各地各级"塌方式腐败"案不时发生的情况来看,这些监督显然没有完全落到实处。

最后是部分领导干部的法制观念淡薄。"塌方式腐败"的发生也与部分领导干部的法制观念淡薄有很大的关系。在党和国家制定的各项法律、规章和制度中,对于权力的运行和约束已经有不少明文规定。但部分领导干部法制观念十分淡薄,甚至目无法纪。如果说监督是对领导干部的外在约束,法制观念就是领导干部对自己的内在约束。外因要通过内因起作用,内在约束的效力很多时候优于外在约束。从"塌方式腐败"案中反映出来的情况看,涉案的各级各类领导普遍存在法制观念淡薄的情况,比较明显地表现为:"山头主义"。前述以周永康为中心的腐败集团,除周永康这个核心"山头"外,在其下又分别形成了石油系、秘书系、四川系、政法系等小"山头"。从山西的"塌方式腐败"来看,以全国政协原副主席令计划为核心形成的"西山会",腐败区域主要集中在吕梁、运城、大同、忻州、朔州等地区,具有明显的地域特征。"山头主义"显然是非组织和非法律的,是与党和国家的法制要求相背离的。虽然中国共产党提出了"立党为公,执政为民"的理念,要求全党同志要"权为民所用、情为民所系、利为民所谋"。在法律和规章制度层面上党和国家也有很多相关规定,但从实际的情况来看,腐败官员们完全无视法律和规章,不是"权为民所用"而是"权为己谋私"。

三、防治"塌方式腐败"的对策

"塌方式腐败"既然已经成为中国政治生态中的毒瘤,那么我们如何来

① 邓小平:《邓小平文选》(第 2 卷),人民出版社 1994 年版,第 328~329 页。

防治这个毒瘤呢？习近平总书记在中国共产党第十八届中央纪律检查委员会第五次全体会议上的讲话中说反腐工作要"坚持无禁区、全覆盖、零容忍，严肃查处腐败分子，着力营造不敢腐、不能腐、不想腐的政治氛围"。防治"塌方式腐败"也必须从不敢腐、不能腐、不想腐这三个方面着手。

首先是要完善防治腐败的法律法规。如前所述，绝对的权力导致绝对的腐败，中国当前发生的"塌方式腐败"与权力的过分集中有非常密切的关系。要预防和解决由权力过分集中所导致的"塌方式腐败"的发生，当然就要对过分集中的权力进行制约。法律是制约权力震慑腐败的有效武器，完善的法律制度是预防和惩治腐败的基础。虽然中国共产党为预防和打击腐败，曾发布了《中国共产党廉洁自律准则》和《中国共产党纪律处分条例》等条例，但这些条例的约束力仅限于中共党员，且其约束力也只是党纪约束，与法律的强制约束有显著的区别。在国家的法律体系中，《刑法》当中也有关于腐败犯罪行为的相关惩治条款，但并不是专门惩治腐败的法律。从总体上来说，中国有关防治腐败的法律还不完善。为打击惩治腐败，在国家层面的法律制定方面可以考虑做进一步的细化工作。比如，可以考虑制定专门的《反腐败法》，同时可以对《刑法》中涉及贪腐的相关条款进行修订，如在量刑方面适度加大反腐力度等；也可以把一些党纪条例上升为国家法律。这样通过建立全方位的防治腐败的法律体系，将使"塌方式腐败"得到一定程度的遏制，使各级官员"不敢腐"。

其次是要做好防治腐败的制度建设。法律在防治腐败的过程中是最高层次也是最刚性的，在法律之外，良好的防治腐败的制度也可以成为法律的重要辅助，在这方面我们还有很多工作要做。比如，纪检监察部门如何切实发挥作用的问题。纪检监察部门在防治"塌方式腐败"的过程中本应发挥重要作用，但在现有制度下，党纪委均是受同级党委的领导，监察部门则是政府组成部分，这决定了它们无法在本级部门充分发挥作用，建立纪检监察部门的垂直管理体制是一个比较好的解决办法。再如，如何建立权力清单制度。《中共中央关于全面推进依法治国若干重大问题的决定》明确要求各级政府要推行"权力清单制度"，明确政府应该干什么，"法无授权则不可为",把各级官员的权力关进制度的笼子里,以坚决消除权力"设租寻租"空间。但如何设置权力清单还是一个有待进一步细化的问题,良好的制度安排将使各级官员"不能腐"。

再次是建立全方位的监督体系。完善的监督体系也是防治"塌方式腐败"所不可缺少的。监督体系涵括甚广,上述的通过法律制度来制约腐败也是一种监督,但法律监督更多地带有惩治的意味且是事后监督,要防止"塌方式腐败"的出现,同时还应当完善其他形式的监督,尽可能地把腐败消灭在萌芽状态。比如,通过巡视制度进行的监督,通过过往"塌方式腐败"案的查处情况来看,不少案件都是通过巡视发现线索后最终进行查处的。比如,云南省一级的"塌方式腐败"的线索就来源于巡视组的巡视,巡视制度除了能发现腐败线索外,某种程度上也能让有贪腐心理的官员把自己的贪欲消除在萌芽状态。笔者认为巡视制度应当长期坚持,并加大巡视的频率。除巡视监督外,还应当充分发挥群众监督的作用。受制于人力物力成本,巡视不可能涉及出现贪腐的各个角落。而群众监督则有成本低、覆盖面广的特点,充分发挥群众的监督作用将使腐败事件和腐败分子无处藏身。但这当中如何保证群众监督渠道的畅通是一个关键的问题,我们经常看到的案例是某些贪腐分子在群众举报后不仅没有被查出,相反还得到了升迁,最终才在某些意外因素的影响之下得以查出。如云南省级的"塌方式腐败"中,杨维骏老先生长时间举报白恩培、仇和等人,但均未有效,最终在中央巡视组到来后,根据相关线索才查出这一系列腐案。[1]故而如何完善群众监督制度还是制度层面有待解决的一个问题。相信在完善的监督体系之下,各级官员也将"不能腐"。

最后是提高各级官员的内在修为。如果说各级各类的监督机构和人员是防治"塌方式腐败"的外在防控措施的话,那么提高各级各类官员的内在修为就是防治"塌方式腐败"的内控措施。各级官员如果能积极提高自己的内在修为,防治"塌方式腐败"将事半功倍。这种内在修为的提高首先是

---

① 涂重航:《举报白恩培、仇和的反腐斗士,曾被人威胁"永远闭嘴"》,https://www.bjnews.com.cn/news/2015/10/24/381580.html,最后访问日期:2024 年 7 月 27 日。

法律意识的提高，这种意识将使他们在工作和生活中做到依法行政，不会伸手贪腐。同时也要强化各级官员的道德水平，使他们在意识层面保持对贪腐的羞耻感。在"塌方式腐败"的诸多案例中，据贪腐官员自述，在贪腐的道路上，他们大多经历了从不敢腐到自如腐的过程，这个过程也是其道德水准下降，羞耻感消失的过程。如果各级官员能真正提高自己的内在修为，那么他们就会自觉地"不想腐"。

防治"塌方式腐败"是一项长期而艰巨的工作，其最终取得成效有赖于各个方面的共同协调配合。

廉政保证金制度反腐效果的有效性和有限性 *

缪国书　古纯洋 **

一、廉政保证金制度在地方试行引起的争议

政府作为社会发展的掌舵者如何保持其自身人员队伍的纯洁性，一直以来都是政府比较重视的问题。随着改革开放以来经济的快速发展，我国社会处在关键的转轨时期。政府权力高度集中以及监督力不够，导致政府官员的腐败问题频发。近年来，面对腐败现象蔓延的严峻形势，有些地方政府创新治腐理念，并借鉴新加坡和我国香港地区治理腐败的经验试行廉政保证金制度，以期借助经济手段来更好地治理腐败。

所谓的公务员廉政保证金制度，就是政府为了更好地推动廉政建设、预防和治理腐败而从经济利益视角出发建立的对廉洁从政的公务员进行激励、对涉足贪腐行为的公务员进行处罚的制度。（关于廉政保证金制度，在目前我国的实践与研究中有多种称谓，有廉政保证金制度、廉洁保证金制度、廉洁自律保证金制度、廉政公积金制度、廉洁从政保证金制度、廉洁从政退休金制度、廉政金制度等，但大部分称为公务员廉政保证金制度或公务员廉政公积金制度。本文按内地最早试行这一制度的湖南省浏阳市的叫法将这一制度称为廉政保证金制度。）廉政保证金制度的具体内容是：为参与这一制度的公务员建立个人账户，按照规定定期（以每年或者每月为周期）由公务员从工资收入里缴纳一定金额，政府从财政资金里给予相应比例的支持，两者共同构成公务员个人账户内的资金积累。在公务员离退休或者调离时，通过对其从政期间是否廉洁从政作出评判，对公正廉洁者返

* 本文发表于《中州学刊》2015 年第 4 期。

** 缪国书，中南财经政法大学公共管理学院副教授，管理学博士，主要从事公共管理研究；古纯洋，中原银行股份有限公司洛阳分行战略与机构客户部总经理助理。

还其账户内的金额。公务员若出现违法乱纪行为,则会扣除其账户内部分资金或所有资金。

湖南省浏阳市率先实施了公务员廉政保证金制度,由此开始,在我国掀起了通过经济手段来预防公务员贪污腐败的制度建设热潮。到目前为止,从互联网上搜索的情况来看,我国已有湖南、江苏、江西、湖北、浙江、云南、吉林、安徽、河南、重庆、内蒙古、四川、海南、辽宁、广东、新疆等18个省、自治区、直辖市的一些地方政府曾试行廉政保证金制度。(本段数据通过百度搜索关键词"廉政保证金""廉政公积金"获得统计结果,截止时间为2014年8月1日24时。)

我国地方政府试行的廉政保证金制度对公务员的贪污腐败行为起到了一定的遏制作用,但是一些地方政府在实际操作层面遇到了诸多问题,继续推进困难重重,阻力很大,廉政保证金制度陷入了人们争议的漩涡之中。这些争议主要表现为两点。一是廉政保证金制度在资金缴纳上有违现行法律规定。有人认为扣除公务员个人合法收入以及未经法律授权使用政府财政资金作为公务员贴补的做法缺乏合法性和公正性。① 因为公务员的收入属于宪法保护下公民的合法财产,妨碍和限制公务员个人对自身合法财产的使用,在法律上构成了侵权行为。也有人认为保证金制度具有合法性,实施自愿性加入保证金的机制可以避免保证金陷入侵害公务员个人合法财产的困局。② 二是在分析廉政保证金制度的实施效果上,学者大都是从廉政保证金的作用机制来展开讨论的。有学者认为,廉政保证金提高了公务员廉洁从政的奖励,同时也极大地增加了公务员腐败的机会成本,加强了公务员的自我约束意识。③ 在关于廉政保证金对反腐是否有效的问题上,学者们一般都是基于廉政保证金制度的自身缺陷展开分析的,如公平性不足、缺乏有效的发现机制、制度本身缺乏合法性等。

总之,学者们关于廉政保证金的研究大都是基于这项制度实施的现状

---

① 詹国彬:《对廉政保证金制度的质疑》,载《科学决策》2005年第4期。
② 傅不毅、谢云挺:《廉政保证金:徘徊在十字路口》,载《浙江人大》2005年第2期。
③ 陈豫浩:《廉政保证金制度及其合理性的经济学分析》,载《福建行政学院福建经济管理干部学院学报》2005年第3期。

展开分析，将视角着眼于提出解决问题的措施和完善已有的方案。现有研究对廉政保证金反腐的效力问题缺乏制度层面的深入分析，本文尝试运用制度变迁理论和成本收益理论来剖析廉政保证金制度在反腐上的效力和局限性，以期提出充分发挥其反腐功能的对策。

二、廉政保证金制度反腐效果的有效性分析

诺思在新制度经济学的发展中创立了制度变迁理论。制度变迁是制度诸要素或结构随时间的推移以及环境的变化而被打破的方式，是制度的替代、转换以及交易的过程。[①] 制度需求是诱发制度变迁的主要原因，"当在现有的制度结构下，由外部性、规模经济、风险和交易费用所引起的收入的潜在增加不能内在化时，一种新制度的创新可能应运而生，并使这些潜在收入的增加成为可能"[②]。可见，廉政保证金制度的产生无疑是一个制度变迁的过程。腐败问题的频发，加之借鉴其他国家和地区反腐的创新举措，促成了这一新制度的产生。

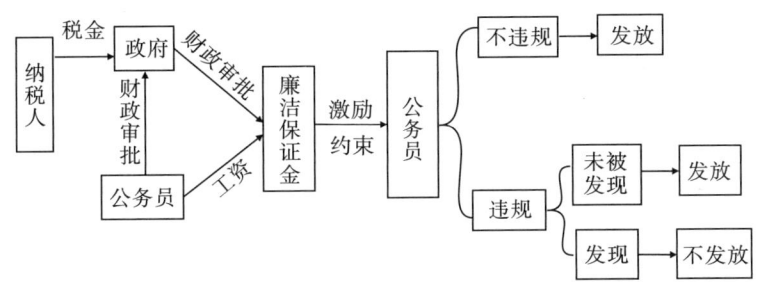

图1　廉政保证金制度的运行机理

廉政保证金制度作为一种反腐新"利器"，运用"经济治腐"的理念开辟反腐新战场。那么，廉政保证金制度是如何体现在反腐方面的效力的呢？廉政保证金制度运用"经济治腐"的理念，注重对腐败行为的前期预防，与传统事后追究的反腐形式相比，廉政保证金制度在反腐上具有独特的优势。

---

① ［美］道格拉斯·C.诺思:《经济史中的结构与变迁》，陈郁、罗华平等译，上海人民出版社1994年版，第225页。

② ［美］L.E.戴维斯、D.C.诺思:《制度变迁的理论：概念与原因》，载《财产权利与制度变迁——产权学派与新制度学派译文集》，上海人民出版社1994年版，第291页。

廉政保证金制度是通过预先扣除公务员工资的一部分而实现对公务员廉政的激励和腐败的惩罚,廉政保证金制度运行机理如图1所示。由图1可知,廉政保证金制度在反腐有效性上的制度供给体现在两个方面。

第一,廉政保证金制度在设计之初就是期望通过制度规范来加大腐败成本从而预防公务员腐败的。一是廉政保证金制度的反腐逻辑是从成本收益视角出发,通过使公务员预先付出一定的腐败成本(从工资中缴纳一部分资金作为自己廉洁从政的担保金),将对腐败行为的事后惩治转变为通过廉政保证金制度实现预先警示和过程性的监督,防患于未然,以更好地预防腐败犯罪。廉政保证金很好地做到了在腐败行为发生前对腐败进行预防,实现了对公务员的前置性监督,并保持着弹性化、常态化的监管力度。廉政保证金可以在公务员支付保证金的同时起到警示作用,这种防微杜渐、警钟长鸣的做法有利于净化干部的思想,改善政府部门和公务员的形象。二是廉政保证金制度的施行也可以培育廉洁的政治文化,廉洁的政治文化将成为公务员管理体系内的非正式制度。诺思认为,在人类行为的约束体系中,非正式制度具有十分重要的地位,即使在最发达的经济体系中,正式规则也只是决定行为选择的总体约束中的一部分,人们行为选择的大部分行为空间是由非正式制度来约束的。[①]通过培育廉洁的政治文化,强化非正式制度对公务员个体行为选择的影响力,使公务员形成不想腐的思想,从而有效促进廉政建设。

第二,廉政保证金制度对公务员个体行为形成了一种激励和约束机制,促使公务员廉洁奉公。新制度经济学认为,要使人达到能促使他作出某种行为的状态,就应该建立一种激励机制以此来改变他的机会成本结构,使其在保证个人利益最大化的前提下为实现组织目标作出贡献。廉政保证金制度正是通过建立"廉政—报酬"的激励机制来促使公务员在个体行为选择上倾向于保持自身的廉洁,不仅可以使其在退休后获得丰厚的物质保障,也可以使其因在职时的清廉而获得美誉。因此,廉政保证金制度的激励作

---

① [美]道格拉斯·C.诺思:《制度、制度变迁与经济绩效》,刘守英译,上海三联书店1994年版,第49页。

用使公务员获得了物质和精神上的双重激励效果。

廉政保证金制度的激励作用体现在公务员追求个人利益时因一定条件的约束而作出最大限度有益于社会公共利益的行为，从而实现个人利益与公共利益的有效整合。廉政保证金制度的约束作用是依靠建立"贪腐—惩罚"机制来加强对公务员腐败行为的预防和抑制的。经济学派提出了"治腐杠杆"理论，其基本内容为：腐败被惩处的概率越小以及今后继续从政期间获得的收入越小，公务员坚持廉洁从政的心理动机就越小，反之亦然。廉政保证金制度在监督约束效力上依靠提高可见的腐败成本，即当个人账户中的金额达到一定数额时，公务员就会开始重视这笔资金的得失，此时它就成了公务员在职期间的一把"戒尺"，从而从客观上起到抑制个人腐败行为的作用。

三、廉政保证金制度反腐效果的有限性分析

制度作为一种公共产品，是由组织或个人生产出来的，这就是制度供给。但资源的稀缺以及人们理性的有限决定了制度供给存在着有限性。随着外部环境的变化以及知识水平的提升，人们对于自身从制度中获取的利益期望不断提高，新的需求不断被提出。由此，诺思提出，制度市场同经济市场相似，同样存在着制度供给与制度需求间的平衡问题。当现存制度安排的任何改变都不能给经济中任何个人和团体带来额外的收入时，便达到了制度需求的均衡。①但实践中，实现制度的均衡是比较困难的。正是新的需求被不断地提出来才带来了制度变革的连锁效应，投射到廉政保证金制度中可以发现，现有反腐体制陷入"割韭菜"困局的现状才引起了反腐制度创新需求的产生。但廉政保证金制度作为一种舶来品，其自身存在的法理缺陷造成了制度供给不足，制度需求与制度供给失衡的矛盾在廉政保证金制度的实践中显示出来。

1. 廉政保证金制度资金筹措机制与现有法律法规的内在冲突

① ［美］L.E. 戴维斯、D.C. 诺思：《制度变迁的理论：概念与原因》，载《财产权利与制度变迁——产权学派与新制度学派译文集》，上海人民出版社 1994 年版，第 295、323 页。

资金来源不合法的问题是廉政保证金制度在推行过程中面临的首要问题。资金筹措机制能否有效地建立和实施关乎着廉政保证金推行的可行性。通过对目前廉政保证金在我国政府部门的实施现状进行分析可以看出，廉政保证金一部分是从公务员每月的工资中按照一定比例扣除的，另一部分是政府部门在财政中拿出部分经费进行补贴的。但是这种做法不可避免地受到了来自法律层面的非议。一是扣除公务员个人合法收入作为保证金资金的做法是与现行的法律法规相悖的。我国法律明确规定公民个人的合法收入以及财产是受到法律保护的，任何单位和个人不得私自剥夺公民个人的合法收入。基于此，廉政保证金制度虽然不是扣减公务员全部的合法收入，但是其在一定程度上侵犯了公务员的合法财产以及公务员行使自由支配其财产的权利。二是将政府部门的行政经费作为公务员参加廉政保证金制度的配套资金的做法违背了现行的财政制度的规定。政府部门的行政经费是来自政府部门预算并提交人大审议通过的，主要用来保证政府部门的正常运转。廉政保证金制度将政府机关部分行政经费作为补贴划分给公务员个人作为廉洁保证金的做法，涉嫌变相地将公款变为公务员的私款来给公务员"涨工资"。由此看来，廉政保证金现有的制度设计是与当前的法律和政策相违背的，这就必然造成在实践中难以推行的局面。

2. 廉政保证金的预期收益与公务员生活需求之间的现实矛盾

廉政保证金在制度设计上的关注重点在于实现公务员当前利益与长远利益的统一。当前利益体现为公务员从政期间获得的精神报酬和物质报酬，符合公务员现实的生活需求；长远利益则是公务员凭借自己从政期间勤俭奉公而得到的精神嘉奖和物质回报，是公务员未来退休后才能获得的奖励。从理论上讲，提高公务员在职期间的预期收入虽然不是防范公务员腐败的万全之策，但多数公务员在拥有了可期的收入后自然会在心理上对腐败行为进行自我克制。然而在实践中，廉政保证金却未能很好地整合公务员的利益需求。因为廉政保证金只有在公务员退休后且没有违法犯纪的情况下才能得到和使用，但到那时，公务员个体也许对这笔资金的需求并不是很强烈，因为经过长期奋斗，个人的生活水平得到提升，生活也有所保障。反而是在需要缴纳保证金的年轻阶段,公务员个体对工资的需求处在一个比较高的阶段,他们面临着生活压力和子女教育问题,对资金的渴求可能会使其走上腐败道路。从这一点看,廉政保证金制度弱化了公务员群体对眼前利益的需求,长远利益的实现并不能很好地满足公务员个体当下的需求。此外,封建社会遗留下来的"官本位"思想也在一定程度上弱化了廉政保证金制度在反腐上的作用。对普通中国人来说,学而优则仕的传统观念使得有些人将从政作为获得社会地位和金钱的途径。较低的薪酬水平容易使政府官员在与商人收入的比较中产生不平衡的心理,进而产生腐败的心理动机,发生依靠权力进行寻租的行为。此种情形下,只能在退休后才能得到的廉政保证金很难对公务员腐败心理动机进行有效遏制。

四、充分发挥廉政保证金制度反腐功效的对策

从理论上看,廉政保证金制度是从"经济治腐"的理念出发,通过公务员个体对腐败进行成本收益上的博弈分析来实现对腐败行为的前期预防。这项新制度意在更好地治理腐败行为,但在现实中却存在着法理冲突、激励不相容和约束力不足等问题。

制度变迁理论认为,制度变迁实质上是从制度不均衡到均衡的过程。所谓制度均衡就是指任何人或团体都不能在现有制度中获取额外的利益收入,制度使人们满意并保持这样一种状态。要实现廉政保证金在制度上的均衡状态,需要完善廉政保证金制度设计,保证制度的合法性和权威性,规范廉政保证金的运行机制。同时,应当构建和完善配套制度,实现对腐败现象的协同治理,体现廉政保证金制度的红利。

1.完善廉政保证金制度设计,提高制度的合法性和权威性

第一,改变廉政保证金资金来源方式,提高资金的吸引力。廉政保证金的资金来源可以借鉴新加坡和我国香港地区的经验做法,结合现有的公务员养老制度并轨改革,隐性地将廉政保证金的防腐功能嵌入未来的公务员养老金制度中,将公务员廉政保证金制度演变为公务员的职业年金,逐步形成三支柱的公务员养老保险模式:基本养老金+职业年金+个人储蓄养

老保险。结合公务员养老保险制度对廉政保证金制度进行科学设计，可以化解社会上对廉政保证金在资金缴纳上的质疑。

第二，从法律层面对廉政保证金制度作出明确规定，并以法律法规的形式确定下来。由于廉政保证金制度缺乏法律依据，加之与现行财政制度相悖，使得其在推行过程中遇到了较大阻力。因此，廉政保证金的制度变迁应由政府实行自上而下的强制性的制度变迁模式，以增强该制度的权威性和稳定性。[①] 强化顶层设计，破除廉政保证金推行中的法律阻力，将廉政保证金制度从法律层面上物化为对公务员进行监督的实际力量，从而在合法性上保证廉政保证金制度反腐的有效性。

2. 规范廉政保证金运行机制，加强制度反腐的合理性

廉政保证金制度在我国一直是在小范围的试点推行，各地具体的做法也不尽相同，没有固定模式。由此，应当吸收和巩固各地政府在实践中的经验和成果，规范和完善其运行机制，充分发挥廉政保证金制度的优势。

应当建立廉政保证金制度运行的长效机制，发挥其制度的担保功能。有的地方在廉政保证金的提取期限上以一年为单位，如果在一年之内没有发生违规行为，则可以在年底将所缴纳的保证金一次性发还给个人，这种短时间的提取期限未能有效发挥制度的担保功能。从实践中的成效来看，廉政保证金制度应当建立对公务员从政生涯进行长期担保的机制，即公务员在退休后只能采取分期取款的方式取得个人账户中的保证金，这种做法可以有效防止个别公务员抱有在退休后逃避腐败惩罚的机会主义倾向。[②]

第二，进一步完善廉政保证金制度的设计架构。一是完善廉政保证金的缴纳方式和缴纳比例。在缴纳方式上，实行个人缴纳和财政补贴相结合，即由公务员个人和政府财政共同承担筹集廉洁账户中的廉政资金，并且个人账户的开户权应归属于政府掌管，实行按月缴纳的制度，实现不间断地对公务员进行反腐警示。同时，应当根据公务员个人职位的高低等级来划

---

① 林毅夫：《关于制度变迁的经济学理论：诱致性变迁与强制性变迁》，载《财产权利与制度变迁——产权学派与新制度学派译文集》，上海人民出版社 1994 年版，第 384 页。

② 林学飞：《廉政公积金改革的理性透视——由江门试行廉政公积金引发的思考》，载《中共浙江省委党校学报》2010 年第 5 期。

分出不同的廉政保证金缴纳标准。部门不同、职位级别不同的公务员贪污腐败给国家和社会带来的破坏力也不尽相同。因此,应当实行分类管理办法,针对不同级别和部门的公务员采取不同标准的缴纳比例,充分实现公务员个人权、责、利三者的统一。二是健全对廉政保证金资金管理和使用的监管制度。廉政保证金制度的运行是一项系统的工程,从存款的缴纳到资金的提取、减扣以及保值增值环节,都需要一个良好的管理和监督机制。在管理上,可以借鉴住房公积金管理办法实现廉政保证金的保值增值。三是建立由政府或者社会主导的资金监管机构,定期公开相关信息,接受社会公众对廉政保证金资金管理的监督。

3.完善相关配套措施,增强廉政保证金制度反腐的功效

廉政保证金制度虽然是地方政府在反腐败斗争中的一项创新举措,但廉政保证金制度只是整个反腐体系中的一个环节,无法离开其他相关制度的协同作用。应当完善其他配套制度,发挥廉政保证金制度的预期作用。

第一,建立对权力进行有效制约的行政体制。腐败行为从本质上讲是以权力为手段、用私利置换公益的行为。因此,预防腐败的根本措施应当首先建立对公共权力运行的监控体系,防止权力滥用;减少政府行政审批事项,向社会公布政府权力清单,以此限制腐败行为发生的空间。

第二,健全权力监督机制,实现权力运行的全程监控,防止权力失衡。对权力的监控机制越完善,越能及时发现公务员的腐败行为。因此,当前制度改革的目标应当是积极推行政务公开和信息公开制度,逐步试点推行公务员的个人财产申报公示制度,减少政府以及公务员个人的寻租行为。强化社会监督,发挥自媒体的作用,引入网络反腐制度,鼓励和支持社会公众积极参与到反腐败斗争的浪潮中,推动政府廉政建设。

第三,加强对公务员群体的廉政教育。道德控制机制作为社会控制机制的一个主要子系统,一方面从主观上对公务员进行道德教育和引导,抑制其腐败的动机和欲望;另一方面,也可以发挥道德的谴责功能,借助社会舆论的力量对腐败者内心进行惩罚,加大其腐败的心理成本。

监察体制改革背景下年轻干部反腐败治理研究

——以检察监督为视角

杨大琴　黄　伦[*]

腐败一般指由经济社会发展而引起的公职人员在职位上作风不正、行为不正而引起的政治和社会问题,腐败从违纪到违法,最终走向职务犯罪。职务犯罪并不完全是一个法律概念,而是法学理论研究者们对职务有关的犯罪的概称[①]。监察体制改革后,形成了一套以党政合体的纪检监察为主的权力监督模式,保障了腐败惩治活动的顺利进行。检察机关作为司法机关,负责对监察机关查办公职人员犯罪案件的审查起诉,在惩治腐败中发挥着重要的作用;五年来,全国检察机关通过监检衔接,共审查起诉国家工作人员贪污受贿等职务犯罪7.8万余人,其中不乏年轻干部[②]。年轻干部作为党和国家的接班人,能否做到廉洁自律,直接关系到党和国家事业的未来[③]。加强对年轻干部的教育管理和监督,提高年轻干部党性觉悟、增强拒腐防变能力,防范年轻干部职务犯罪的发生,既是政治任务,又是一项系统工程。35岁以下的年轻公职人员,正是事业有成、如日中天之时,便悄然登场,"贪"得惊天动地,"挪"得风生水起,又是为何呢?从近年来查处的职务犯罪人员看,腐败堕落

---

　　* 杨大琴,贵州省毕节市人民检察院检察委员会委员、第三检察部(职务犯罪)主任、一级检察官;黄伦,贵州省毕节市人民检察院员额检察官,主要从事职务犯罪理论研究与实务工作。

　　① 万雯:《关于职务犯罪案件的分析与思考》,http://www.mzyfz.com/cms/fanfuchanglian/fanfudongyuan/zuixinxiaoxi/html/1136/2016-09-30/content-1224209.html,最后访问日期:2024年8月20日。

　　② 年轻干部是一个专业术语,是一个相对概念,一般为40周岁以下的干部,如共产党员网先锋文汇2020年7月20日发布的《年轻干部:20+、30+、40+》就明确40岁以下为年轻干部,本文对年轻干部定性为35周岁以下。

　　③ 陈曦:《新时代优秀年轻干部的标准及培养路径》,载《党政干部学刊》2022年第7期。

没有年龄之分,只要手中有权,权能生利,权可滥用,不论在哪个年龄段,都会有腐败分子涌现,但相对比较,"35岁现象"比起"59岁现象"将会更可怕,因为它的潜伏期更长,危害性更大①。为此,本文立足检察机关作为国家法律监督机关的宪法定位和全面依法治国中担负的责任使命,结合G省B市近四年来审查起诉年轻干部职务犯罪数据分析探讨,期冀从中总结到年轻干部职务犯罪源头治理途径,为党和国家贡献更优检察力量。

一、新时代年轻干部腐败案发趋势

国家监察体制改革后,反腐败合力有效提升,监察机关以高压态势调查和惩处了一批十八大以来"不收手、不放手"的"大老虎、小苍蝇",贪污腐败类案件的存量正逐年被消化,增量有所下降。从B市近年查处案件分析,职务犯罪的年轻干部中,大多刚走上工作岗位,行政职级普遍较低,多是单位副职、基层站所领导和一般工作人员,体现出如下趋势。

1.涉案人员数量呈上升趋势。如图1所示,从B市2019年以来年轻干部职务犯罪数据分析,2019年13人、2020年16人、2021年21人,2022年22人,合计72人,年轻干部职务犯罪人数呈缓慢上升趋势。

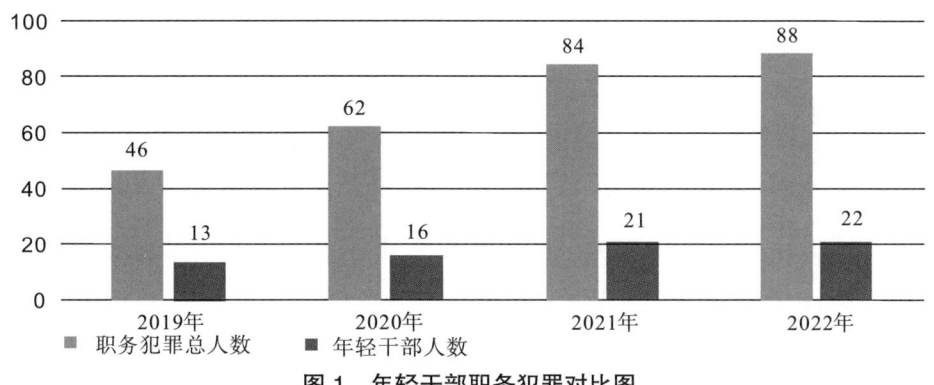

图1 年轻干部职务犯罪对比图

2.犯罪比例逐年下降。如图2所示,从年轻干部职务犯罪与职务犯罪总人数比例上来看,2019年28%、2020年26%、2021年25%、2022年

① 石玉:《官场的"35岁现象"及从众式腐败》,https://news.ifeng.com/a/20140904/41865349_0.shtml,最后访问日期:2024年8月20日。

25%,总比例呈逐渐下降趋势,但下降趋势较缓。

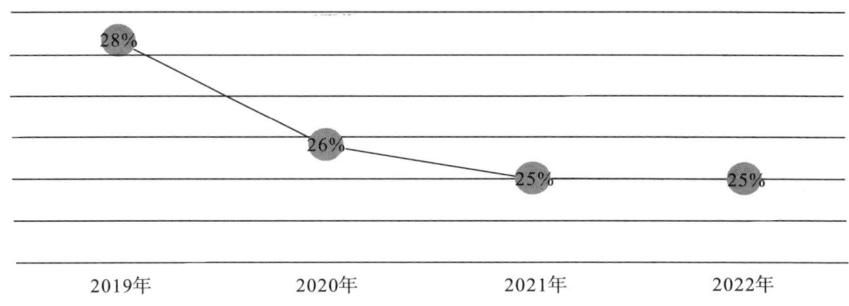

图 2　年轻干部职务犯罪与总职务犯罪比例

3."权""钱"岗位犯罪高发。如图 3 所示,按照年轻干部职务犯罪工作岗位性质分析,"现管"执法人员 18 人,"涉钱"岗位人员 14 人,一般工作岗位人员 9 人,其他 31 人,执法岗位和资金密集岗位是年轻干部的多发易发点。

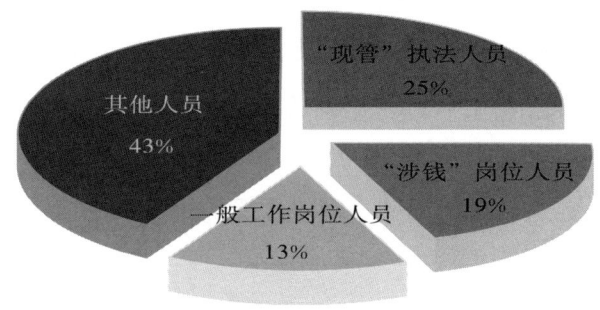

图 3　年轻干部职务犯罪构成图

4.涉财型犯罪仍占主流。如图 4 所示,按照涉嫌罪名进行分析,受贿罪 19 人,挪用公款 13 人,贪污罪 9 人,玩忽职守、滥用职权罪 7 人,其他 24 人,贪贿及挪用公款等涉财型犯罪是主流。

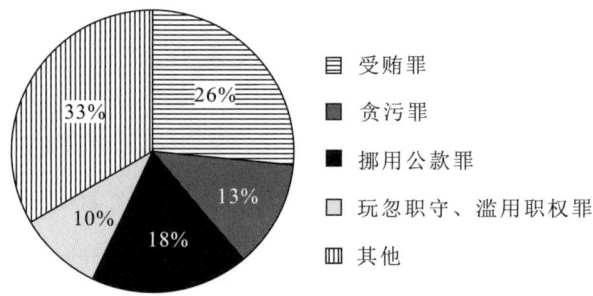

图 4　年轻干部职务犯罪罪名

二、新时代年轻干部腐败特征

1. 基层"现管"职务特征明显。区、县（市）一级的基层年轻干部，走上乡科级领导干部岗位的不多，走上县处级岗位的更少，相对来说，这部分年轻干部虽然未能踏入领导岗位或者初步进入领导岗位，但大多处于一线权力相对集中和终端执法工作岗位，在行政机关权力的行使上具有一定的话语权和决定权，是年轻干部犯罪的"重灾区"，行政职务特征与职务犯罪行为密切关联，"权钱交易"比较直接。如负有征地拆迁、查处违法建筑职权的房屋征收管理局、国土资源局，负有监督安全生产职责的安全生产监督管理局、经济能源管理局执法人员，负有监督管理 KTV、酒店正常经营，排查相关场所涉黄、涉毒、涉赌的公安机关派出所，或因工作原因掌握在逃犯罪分子信息的警察或者辅警人员等，这部分可归属为具有"现管"职权的行政人员为 18 人，占比 25%。如 J 县某派出所所长黄某俊利用职务便利，在工作中对辖区内某 KTV 经营活动给予关照，黄某俊通过入干股的形式收受贿赂 9 万余元。如 Q 市汤某利用担任国土资源局执法监察大队队长的便利，收受监管对象贿赂 5.6 万元，对行贿对象违法采矿不予制止，导致国有资源被非法采集 5.6 亿余元。Q 区某派出所副所长陈某贤多次接受辖区娱乐场所经营者安排的免单消费及其他不正当行为，对行贿人娱乐场所卖淫活动及其他刑事案件降格处理，并收受贿赂 12 万余元。

2. "捞金"犯罪动机直接明确。犯罪动机通常是指人的主观心态，旁人无法窥探，一些年轻干部疯狂"捞金"，其动机包括网络游戏充值、打赏主播、归还赌债等不良行为以及用于个人消费、满足自己的物质欲望。从涉职务犯罪的年轻干部来看，利用职务便利大肆挪用、贪污公共财产，非法收受他人财物方式直接"捞金"，主要集中在受贿、贪污、挪用公款等罪名，该部分人员为 41 人，占比 56.9%。如 W 县王某洪在生活中玩名为"魔域"和"威尼斯商人"的网络游戏，并利用该网络游戏进行营利，后利用担任 W 县某财政分局会计的职务之便，个人挪用和伙同他人挪用公款共计 159 万余元,贪污公款共计26万余元用于上述网络游戏营利活动[①]。在该县另一起挪用公款一案中,张某先利用其担任某实验高级中学出纳的职务便利,将自己经手的学校水电费、房租、学杂费存入和转账到其个人建行卡、工行卡、农村信用社的卡上用于网上购买彩票进行营利活动,共计挪用公款205.5万余元。

3. 犯罪方式网络"无形"化。年轻干部普遍具有学历高、头脑灵活、知识面广、专业技能强等职业特点,在互联网网络领域,具有其他年龄层干部不具备的优势,在案发的年轻干部中,有56人为大学专科以上文化,占比为82.4%。与传统职务犯罪手法不同,现代化、高知性的年轻干部将"互联网+"融入其中,利用自身优势钻制度的空子和系统软件的漏洞,取代了传统现金交易,通常采取虚假列支、冒领方式,套取国有资金后以虚假平账方式非法占有公共财物,"有形"占有逐步走向"无形"侵蚀,行为更难以被发现,侦破难度也更大。利用高科技实施职务犯罪具有较强的隐蔽性,行为人长时间反复多次作案,胆子越来越大,犯罪金额也越来越多。如B市某民族中学李某就利用作为学校出纳的便利,在学校监管不善将转账使用的UK由其独自保管的情况下,通过网银多次转款90余万元挪作他用,长时间未被发现。Q区某医院出纳梁某,利用医院财务管理日清月结的财务管理漏洞,将医院周末收到的现金和医院备用金1254万余元存入个人账户购买理财产品,每月月底赎回,非法获取了理财收益。

4. "涉钱"岗位多发易发。年轻干部初入社会,经济基础相对较差,若沉迷于网络游戏、网络赌博、购买奢侈品等,更易起"歪主意"。在涉案人员中,有部分年轻干部职务犯罪人员主要呈现在财务人员以及涉及资金管理的部门,主要作案方式为挪用公款和贪污,犯罪呈现出犯罪时间短、次数多、金额大等特点。这些案件犯罪人员均系会计或者出纳,由于其掌管大量的资金、现金,在缺乏相关监管时,容易成为职务犯罪的重灾区,该部分人员为14人,占比19.4%。如Q市李某花利用先后担任某财政分局

[①] 李易娥:《沉迷网络游戏挪用公款 男子获刑八年六个月》,https://www.chinacourt.org/article/detail/2020/07/id/5334134.shtml,最后访问日期:2024年11月5日。

会计的职务便利,使用违规保管标志财政分局局长、出纳身份的存储介质"USBkey"及其个人的"USBkey",在财政支付业务平台上虚构资金用款申请计划、开具电子业务结算书以及委托银行代发等方式,多次套取财政资金1135万余元,后将赃款汇入银行账户后用于日常开支等。

三、新时代年轻干部腐败原因分析

年轻干部善于接受新事物、新观点、新思潮,工作中有干劲、有冲劲、有闯劲,充满无限的可能与机会;但由于受到历史条件和现实因素的制约,个人法律意识淡薄、理想信念不坚定、单位监督缺失等,让"年轻"成为干部培养的"绊脚石",而非"垫脚石",在成长过程中出现一些违纪违规的问题,因此,重视青年才俊,必须要确保用好年轻干部这把"双刃剑"。

1.法律意识淡薄,法纪面前恣意而为。职务犯罪的年轻干部中,部分人员缺乏公正执法的工作思维。走上职务犯罪的年轻干部都具有一定的教育背景和综合素养,对法律法规都有一定的认识,对罪与非罪有一定的判断,对自己的工作性质有较清晰的认识,往往认为只要按照常规方式处置工作中的问题,自己就不会犯错误,在自负心理和法律意识淡薄情况下,当被纪委监委指出存在违纪违法情况时,还认为自己是正确的,最终的结果导致执法犯法,后悔莫及;有的年轻干部对"罪"与"非罪"、违纪违法的界限认识不清,越过廉政"红线",触碰了法律的"高压线"仍不自知,尤其部分年轻干部一旦进入公职队伍手握权柄时,伴随而来的是内心的优越感与日俱增,开始盲目自大、狂妄自得,最后变得我行我素、目无法纪,公然知法犯法,走上职务犯罪的不归路。如赫章H县公安局禁毒大队民警蒋某某将抓捕信息透露给平时与自己关系要好的犯罪嫌疑人,认为自己仅是违反了工作纪律,其是在"知恩图报",却不知其行为已触犯了刑法。D县黄某某在担任某乡政法委书记期间,利用职务之便挪用脱贫攻坚专项资金90余万元,后黄某某在被提拔到了D县政法委副书记的岗位上才一个月就因挪用公款无法归还而自行到监察委投案,知法犯法。

2.理想信念滑坡,甘于在金钱中沦陷。年轻干部职务犯罪的原因有多方面，理想信念缺失是最根本的原因，有的人误以为社会地位主要通过拥有金钱的多少来衡量，因此在经济消费上处处与人攀比，以证明自己在社会上"吃得开""混得好"。一旦受到不良习气的侵扰，精神世界逐渐空虚、党性思维蜕化，贪婪的心理防线一旦被撕破，就容易在违纪违法甚至职务犯罪的道路上越滑越远，沦为金钱的奴隶。其中权力观是领导干部世界观、人生观、价值观的集中体现，决定着人的理想信念、价值标准和行为选择。从某种意义上讲，权力观是观察领导干部世界观、人生观、价值观最直接、最集中、最具体的窗口。对公职人员来说，权力就意味着责任和义务，权力是人民给的，是用来为人民服务的，但在翻滚涌动的经济大潮中，有一些年轻干部摆不正位置，政治觉悟不高，信念不足够的坚定，免疫力不足够的强，最终把权力当成谋私的工具，亵渎了人民赋予的权力，走向了后悔的腐化堕落之路。结合办案情况分析，年轻干部中基本属于"80后""90后"，大多数是独生子女，在崇尚物质、追求享受、拜金主义、盲目攀比的环境下成长起来的他们容易放松自我约束。被查处的年轻干部，大多集中在"管钱、管项目、管审批"等资金密集、权力集中的工作岗位。他们虽然没有多高的级别，却因身处一线岗位，拥有着直接办理具体事项的便利。其中一部分年轻干部便利用监管漏洞，将本不属于自己的钱财据为己有，小错逐渐累积成大错[1]。如H县朱某某系某乡镇扶贫站站长，其本应当带领人民脱贫致富，却将扶贫站的资金当成自己家的金库，任意挥霍，在无法归还后，采用编造虚假账目，伪造签字等方式，企图掩盖公款被挪用的事实，使得国家扶贫资金遭受巨大损失。

3.教育引导不足，人情世故中迷失自我。教育引导不到位，是导致年轻干部尤其是身处关键岗位年轻干部违纪违法的重要诱因[2]。现阶段，虽然党和国家对年轻干部的任用培养极其重视，现在各级单位的相关用人政策不断向年轻人倾斜，给了年轻人很多大展宏图的机会，但部分用人单位过于重视年轻化和高学历，忽视了对年轻干部的党性、作风、品德、廉洁性的考

---

① 沈东方：《莫用贪腐赌未来》，载《中国纪检监察报》2021年7月19日。

② 李庆：《不让干部在"油水"前滑倒》，载《中国纪检监察报》2021年6月8日。

察,导致部分私欲过重、道德缺失、信念低下的年轻干部得到重视和培养。而在教育引导中,所在单位开展诸如廉洁教育、警示教育等活动主要以身居高位的领导为教育主体,相对忽视年轻干部,教育引导性不强,达不到应有的效果。在此情况下,大量年轻干部在职业上"站队"上进,在生活中展现"哥们义气"特权优势,在人情世故中轻易迷失自我。如 J 区公安分局副局长龙某因担任分管刑事侦查工作的副局长,对提携上进的局长谢某邦感恩戴德,受谢某邦的安排,对涉嫌刑事犯罪李某某从轻处理,使得李某某逃脱了应当追究的刑事责任,最终龙某某也因徇私枉法罪被依法处理。D 县某新区房屋征收与补偿部门的黎某某就在一群朋友每天的吃喝迎捧的虚假情谊中沦陷,收受"铁哥们"贿赂 140 余万元后,违规发放不应当发放的补偿款,直到法庭上还幼稚地认为"兄弟些给的财物是感情好的表达",辩解自己并不想收受他人贿赂,只是"好朋友"的人情实在绕不过,才收了他们的好处。

4. 监管存在漏洞,给予腐败可乘之机。权力要想正确运行,就必须受到监督和制约,很多年轻干部的党性觉悟、能力锻炼、社会阅历远远不够,如果没有外部的强有力的外在监管,其廉政风险会变得极大。少数基层领导对干部职务违纪违法导致的各种问题认识模糊,"难免论""难管论"在现实中一定范围内存在,自然对干部失察、失管、失控甚至无原则地加以袒护和纵容。有的单位把公章交由年轻干部保管,任其滥用却无人过问;有的单位会计和出纳由年轻干部一人兼任,领导审批也是形同虚设;还有的单位把制度挂在墙上、写在纸上,根本起不到监管作用。一些单位的主要领导疏于履行监管责任,还美其名曰"对年轻干部充分信任",实则是给年轻干部的成长之路挖下了深坑、埋下了隐患[①]。如 D 县某公立幼儿园明知幼儿保育费收取后到上交教育管理部门之间有三个月无人监管的监督漏洞不处置,导致吴某某利用监管漏洞将上述费用多次挪用购买理财产品谋取私利。如 Z 县王某武在经开区财政局副局长岗位工作期间,未严格按法律法规履

---

① 赵振宇、王丹妮:《莫让成长"黄金期"变成贪腐"危险期"——年轻干部违纪违法问题透视》,载《中国纪检监察》2021 年第 15 期。

行监督职责,明知前任会计未移交银行印鉴、财务专用章而不及时收回,致使银行印鉴、财务专用章长期由出纳王某梅(已判刑)一人保管,导致王某梅将大量公款挪用购买彩票和个人消费,造成财政资金损失 469 万余元的严重后果。

四、年轻干部反腐败治理建议

习近平总书记在 2023 年新年贺词中指出,明天的中国,希望基于青年。青年兴则国家形象,中国发展要靠广大青年挺膺担当。年轻干部是党和国家事业发展的希望,加强年轻干部教育管理监督,无论作为党的纪律监察机关,还是作为国家法律监督机关,都应当有所作为,通过加强法纪教育,筑牢理想信念根基,树立和践行正确政绩观,将严管和厚爱结合起来,把党内监督和司法惩治融合起来,防止年轻干部"前脚刚踏上仕途,后脚就走入歧途",最大限度地预防和遏制年轻干部职务犯罪的发生。

1.加强监检衔接力度,共同夯实年轻干部防腐墙。党的二十大报告指出,腐败是危害党的生命力和战斗力的最大毒瘤,反腐败是最彻底的自我革命。只要存在腐败问题产生的土壤和条件,反腐败斗争就一刻不能停,必须永远吹冲锋号[①]。现在的年轻干部几乎都是经过大学高等教育的,知识丰富、理解能力强,不缺干劲、不缺才华,但受所学专业的限制,大部分年轻干部在校期间并未接受过法纪教育,在步入工作岗位后,对法律法规法纪了解较少,意识淡薄,不能正确区分部分违法违纪现象,进而导致自身出现违纪违法的行为。因此,笔者认为应做到以下几点:一是加强监检衔接,强化打击力度。检察机关对监委移送权力集中、资金密集、资源富集等领域的腐败,要从严从快处理,尤其是群众身边的"蝇贪"以及领导干部配偶、子女及其配偶等亲属和身边工作人员利用影响力谋私贪腐的案件,要快捕快诉,从严打击,通过司法惩治促使年轻干部在具体公务行为中严格在法规法纪的框架内行使职权,使尊法学法守法用法成为自我行为的底线,时刻自重自省自警自励,知敬畏、存戒惧、守底线,真正做到防微杜渐,自觉筑

---

① 《在中国共产党第二十次全国代表大会上的报告》,载《人民日报》2022 年 10 月 26 日第 2 版。

牢拒腐防变"防火墙"。二是加强年轻干部岗前职务犯罪培训力度。对即将入职的年轻干部,在岗前培训中,检察机关可建议党的纪律监察部门将职务犯罪司法惩治课程融入培训中,通过培训促使年轻干部对职务犯罪的惩治有根本的了解,让年轻干部拥有一定的法纪防线。三是开展庭审警示教育,提高年轻干部敬法畏法的意识。俗话说:"初生牛犊不怕虎"。年轻干部在初入岗位时,一般都是敢闯敢干,天不怕地不怕。要适时组织年轻干部参加职务犯罪庭审警示教育,让年轻干部实实在在地感受到触犯法纪将付出沉重的代价,进而遵纪守法,严守底线,切实做到心中有戒、行有所止、警钟长鸣。

2. 精准制发社会治理检察建议,助推溯源治理。检察机关受理监察机关办理的所有职务犯罪案件,在审查起诉环节、审判环节,通过审查案卷、讯问、庭审等方式,与涉嫌犯罪的年轻干部接触较多,检察机关以个案为载体,对年轻干部犯罪的成因进行深入分析,可充分挖掘存在的共性问题。在年轻干部职务犯罪治理中,一是充分发挥检察机关法律监督职能。检察机关加强与监察机关、审判机关的沟通,以类案为基础,总结年轻干部职务犯罪类案的特点,深入挖掘个案中的共性问题,将发现的问题形成专报及时呈报党委(纪委)部门,共同促进案发行业系统堵漏建制,从而提升社会治理的法治化水平。二是将检察建议做成刚性。检察建议作为检察机关行使法律监督职能的重要手段,在推进社会治理法治化、促进依法行政、维护国家利益和社会公益等方面具有重要作用[①]。针对年轻干部职务犯罪案发单位违法行使职权或者不作为的情况,检察机关要精准制发检察建议,通过检察建议督促案发单位依法履行职责,以案促改、以案促治,推动案发单位扎牢制度笼子、规范权力运行,增强行政机关履职纠错的主动性积极性,有效地促进依法行政,提升行政执法效能,推进法治政府建设,实现法律监督的双赢多赢共赢。三是将检察建议做到刚性。检察机关对审查起诉中发现年轻干部职务犯罪存在问题的检察建议制发后,要督促落实和跟踪问效,

---

① 《检查日报社评:检察建议要做成刚性做到刚性》,https://www.spp.gov.cn/spp/zdgz/201809/t20180925_393590.shtml,最后访问日期:2024 年 11 月 8 日。

必要时要将检察建议抄送纪委监委，推动案发单位完善制度、补齐监管短板，将治理年轻干部职务犯罪的检察建议做到刚性，切实发挥对年轻干部职务犯罪同类问题的社会治理作用。

3. 强化融合履职监督模式，营造风清气正社会环境。检察机关在司法办案过程中，注重融合履职，聚合各部门力量，实现全链条的监督履职联动；要充分运用办案大数据系统，全面分析研判市场监管、执法司法等高风险岗位和重大领域年轻干部职务犯罪的规律特点和案件暴露出来的深层次问题，通过行刑衔接机制强化检察监督，助推年轻干部职务犯罪防治实现"未病先防、欲病早治、既病防变、愈后防复"的防治理念。一方面，负责职务犯罪的检察部门应加强与检察机关其他刑事条线的对接。要充分利用其他刑事检察部门与相关行政机关建立的"两法衔接"机制体制和大数据平台，充分掌握行政机关有案不移、以罚代刑等不规范行为，防患于未然，从源头防止一线执法监督不到位而引发的职务犯罪问题发生。另一方面，要加强与检察机关行政检察部门的工作协作。针对年轻干部职务犯罪暴露出的关于行政机关执法不规范、不依法执法等情形，要及时抄送行政检察部门，由行政检察依法对侵犯不特定人员或损坏公共利益等问题进行公益诉讼监督，以群众反映强烈突出问题为"小切口"，通过发现一个问题，推动解决一类问题的方式，不断提升行政执法的合法性、规范性，以此推动行政执法规范化，助力铲除滋生腐败的土壤，营造依法有序、清正廉洁、执法公正的社会环境。

法务会计鉴定防控基建工程腐败风险探析 *

董沿岑 **

法务会计鉴定对打击基建工程腐败风险具有重要价值，基建工程腐败风险侦查、公诉阶段普遍需要法务会计鉴定机构就犯罪嫌疑人腐败资金的流转、金额、凭证等会计事实提供专业鉴定意见，作为依法追究犯罪嫌疑人刑事责任的重要证据。本文主要探讨法务会计鉴定防控基建工程腐败风险的类型、难题、风险、成因与路径，确保精准防控基建工程腐败风险行为，确保基建工程安全、基建监管有序与工程财务干净，确保基建工程高质量发展。

一、法务会计鉴定防控基建工程腐败风险的类型

基建工程腐败风险的实施主体包括建设单位、勘察单位、设计单位、施工单位和监理单位及其负责人、职工。

建设单位为基建工程投资方，为业主单位或项目业主，提出建设规划、提供建设用地和建设资金；勘察设计单位是从事建设工程勘察和建设工程设计工作的单位，负责编制建设工程勘察文件和设计文件；监理单位是取得工程监理企业资质证书、受业主委托对工程建设进行第三方监理的企业；施工单位是指从事房屋、构筑物和设备安装等生产活动的企业。建筑施工

* 本文系湖南省普通高等学校哲学社会科学重点研究基地——湖南省法务会计研究基地研究成果，2021 年国家社科基金一般项目"数字经济时代法务会计监控领导干部财产制度建构研究"（编号：21BFX042）、2019 年湖南省教育厅创新平台开放基金项目"大数据背景下法务会计监控高校官员财产路径研究"（编号：19K014）、2019 年湖南省社会科学成果评审委员会课题"大数据视域下法务会计监控官员财产制度建构研究"（编号：XSP19YBZ182）、2021 年湖南省高校教改重点项目"数字时代复合型法务会计人才培养路径研究"（编号：HNGU-2021-0239）的阶段成果。

** 董沿岑，湖南大学工商管理学院会计学博士研究生，湖南省法务会计研究基地研究员，主要从事司法会计研究。

企业为从事土木工程、建筑工程、线路管道设备安装工程的施工总承包企业、专业承包(分包)企业和劳务企业。

基建工程腐败风险的罪名主要包括国有建设工程发生的贪污罪、挪用公款罪、受贿罪、单位受贿罪、利用影响力受贿罪、行贿罪、对有影响力的人行贿罪、对单位行贿罪、介绍贿赂罪、单位行贿罪、巨额财产来源不明罪、隐瞒境外存款罪、私分国有资产罪和民营建设工程发生的职务侵占罪、非国家工作人员受贿罪、对非国家工作人员行贿罪等。

按照基建工程不同阶段区分,法务会计鉴定防控基建工程腐败风险的类型主要包括:

(一)项目立项腐败风险

基建工程项目立项阶段的核心在于落实项目的建设必要性和经济可行性。建设必要性腐败风险在于因项目腐败行为导致出现"可有可无工程""今天建明天拆"等非必要的"人情"工程、"关系"项目;经济可行性腐败风险在于因项目腐败行为导致可能出现"今天修明天改"项目和非必要的严重超支项目。

(二)方案编制腐败风险

基建工程不规范操作甚至腐败风险往往发生在基建工程实施方案编制阶段。方案编制阶段的腐败风险主要包括因腐败风险行为造成倾向性指定施工材料或施工主体、基建预算超标准建设。如某基建工程使用的墙面涂料,在实施方案阶段指定的进口品牌倾向性选择隐含了贿赂行为。

(三)招标投标腐败风险

招投标阶段包括标书编制、邀标对象选择、合同签订,招标投标腐败风险主要存在于标书编制和邀标对象选择阶段。为将不满足邀标条件的单位纳入邀标范围,标书可能降低标准,预先设定有利于请托人的技术要求、资格条件或评标标准,或故意泄露标底和招标条件,以便请托人利用虚假增资、虚假重组、虚假评估报告等达到招标条件,或对于围标、串标等行为放任不管甚至提供帮助,造成不具备资质的投标人与招标代理人串通,弄虚作假骗取中标,中标后将工程分包、转包或将工程项目"化整为零"规避招标,[①]控制邀请投标单位范围,招标项目不完整。

（四）工程施工腐败风险

工程施工阶段腐败风险主要发生在工程款支付、工程量变更两个层面,因腐败行为导致随意支付工程款、任意虚夸工程进度、虚增工程量、随意更改工程量等。有的利用隐蔽性工程、拆除工程等后期结算难点随意夸大工程量或进行工程量变更,建设方和监理人员相互勾结、捏造事实、弄虚作假,合谋作假签证搞假变更,导致高估冒算、偷工减料、以次充好的情况出现。在基建工程中实施套取工程资金的隐蔽性犯罪,必须在材料采购及施工等各个环节进行连续操作,如虚假采购建筑材料→增加库存→减少工程施工用建筑材料→套取资金,同时因用材不足造成工程等级不达标或工程质量问题。基建施工中财务核算"黑数"表现多种多样,有薪酬"黑数",有材料"黑数",有分段工程"黑数",有租赁设备费"黑数",当发现财务数据指标出现不符合行业一般指标、数据值波动幅度较大时,就应关注核查其造假套取资金行为。[②]

（五）结算验收腐败风险

因腐败风险行为造成建设、施工、监理三方合谋篡改招标文件条款,留下合同变更"活口",不按照实际工程量规范结算,虚减虚增工程量,故意增加基建工程结算金额,由此导致结算验收腐败风险的出现。

二、法务会计鉴定防控基建工程腐败风险的难题

基建工程领域投资金额大、建设周期长、利益关系复杂,劳民伤财的"形象工程"、脱离实际的"政绩工程"、威胁安全的"豆腐渣"工程时有发生,索贿、受贿、贪污违法犯罪较为普遍,是腐败重灾区。尽管法务会计鉴定可以成为基建工程腐败风险治理的主要证据,对防控基建工程腐败风险具有重要价值,但其主要难题有:

---

① 董仁周:《会计假账法律治理》,人民法院出版社 2006 年版。

② 董仁周:《论法务会计视角的假账司法治理制度创新》,载《甘肃社会科学》2010 年第 9 期。

（一）财务资金流转存在虚假隐蔽

基建工程财务资金流转造假形式多样，如以虚增工程量套取资金私分，通过土包方挂靠的建筑安装公司账户套取资金，以土包方名义制作虚假结算与付款申报手续，以土包方名义签字，采取转账支付和虚假现金支付手段套取资金。转账支付到土包方挂靠的建筑安装公司账户后，再转账支付给项目部账户即分公司账户，土包方收取手续费；现金支付为项目部人员取走私分。[1]

基建工程造假财务资金流转集中体现了虚假隐蔽特征：

1.形式合规内容虚假。虚增工程量、多报费用、采取虚假外包方式、虚开工程发票、虚报冒领等相关凭证与正常结算凭证表面无异常，但内容虚假。因虚假工程结算单编号、结算内容、签字审批等项目内容齐全，工程任务量、任务书等整套资料齐全，虚增工程量附加于真实工程结算单，难以发现异常。

2.现金流向隐蔽性强。支付过程的资金流向难以发现异常，借用承建方账户进行资金中转，采用转账和现金支付方式，从土木工程公司账户转账支付至土包方账户，再由土包方账户转入指定人账户，现金支付流向为土木工程现金支付给项目部指定人员，隐蔽性较强。

3.账目难以发现异常。从支付凭证看，虚假结算及付款申报手续与正常无异，现金支付正常，从土木工程公司账目看难以发现异常。个人分得奖金在账目通过"应付职工薪酬"体现，其金额与往年比有较大波动。土包方挂靠建筑公司，通过建筑公司招投标和资金转付，没有核算项目账务。

（二）财务会计资料缺失不全

基建工程出现腐败风险的重要原因就是会计核算、审核、内部控制机制缺失，制度不健全、有空子可钻，导致某些会计资料缺失或不齐全。土包方通过挂靠建筑公司中标，缴纳一定管理费用，土包方由于财务会计制度不健全，没有单独核算承包项目，既无成本费用的详细核算，也无工程进度、工程量记载，给法务会计鉴定带来难题。

---

① 董仁周：《法务会计治理腐败论》，载《湖南社会科学》2014年第5期。

（三）财务指标数据异常波动

基建工程腐败风险的财务数据可通过横向或纵向对比发现异常波动信息，如以虚假方法承揽工程，雇用民工施工，其工程款支付金额较为均等，不符合工程建设进度规律。

三、法务会计鉴定防控基建工程腐败风险的内容

（一）鉴定材料风险

因接受鉴定的基建工程建设单位会计核算不健全、会计资料不完整，造成提交法务会计鉴定依据的原始资料不全面、不真实、不客观，甚至难以恰当获取，因受法务会计专业能力判断不足制约，导致提交的基建工程腐败案件鉴定资料可能没有经过合法程序取得，存在不利于司法机关侦查公诉的不合法、不真实鉴定资料，产生鉴定材料风险。大量基建工程层层转包，雇请大量流动劳动力，成本控制及核算可塑性很大，加上基建工程完工后很难溯源的客观特殊性，法务会计鉴定材料一定程度上存在较大风险，[①]鉴定机构与具体实施鉴定的鉴定人员必须在鉴定前对此有清醒预判和应对策略。

（二）鉴定能力风险

由于基建工程腐败案件涉及利益关系复杂、财务会计资料不全、财务数据存在虚假，法务会计鉴定机构未能根据案情充分评估鉴定条件和鉴定能力，随意接受基建工程腐败案件鉴定委托，造成鉴定能力不足，受理鉴定后难以完成鉴定任务。有的法务会计鉴定机构基于创收维持生存发展需要，未能居于中立客观与能力胜任准则，尽可能满足委托人即侦查、检察机关要求出具鉴定报告。有的法务会计鉴定机构缺乏会计、审计、法律等专业知识，认为出具鉴定意见属于普通咨询业务，没有把鉴定意见作为案件核心证据对待，未能认真审阅司法机关提交的鉴定资料，缺乏对鉴定资料真实性、关联性、合法性的专业判断，只作简单描述，甚至只对腐败数据加减

---

① 潘红：《司法会计鉴定的风险及其控制措施》，载《中国乡镇企业会计》2016 年第 3 期。

运算后出具鉴定报告,难以达到鉴定意见的客观、独立、公正要求。有的法务会计鉴定机构难以适应网络、期货、证券、电商、大数据等新型犯罪发展需要,不具备鉴定技术人才与技术能力,增加了鉴定技术风险。

（三）鉴定程序风险

因基建工程法务会计鉴定难度较大,开展法务会计鉴定之前,鉴定人员应制定详尽鉴定工作方案,确保鉴定程序完整、鉴定意见客观,但法务会计鉴定机构接受鉴定委托后,缺乏鉴定工作计划与具体实施方案的情况比较普遍,难以保障鉴定程序公正完整。会计师事务所出具法务会计鉴定报告,简单套用《审计准则》出具"司法审计报告"而非法务会计鉴定报告,[1] 存在严重的鉴定程序风险。

（四）鉴定道德风险

有的法务会计鉴定人员缺乏职业道德约束,以物质利益为导向,基于追逐名利需要,违背客观公正执业准则,难以有效完成鉴定程序,鉴定报告形式不符合法定要求,鉴定报告意见不符合职业规则,导致法务会计鉴定存在严重的职业道德风险。

（五）鉴定意见风险

因基建工程属于腐败重灾区,账证不全、账实不符、原始凭证与记账凭证不符,单位财务资料与真实账务存在严重出入、账目混乱、手续不全、疏于管理、涉案时间长,受鉴定材料或客观条件限制,对司法机关委托的鉴定案件难以得出明确鉴定意见,给法务会计鉴定工作带来很大困难,导致鉴定意见难以查明真实情况,难以出具准确意见,影响司法公正裁判,难以精准打击基建工程腐败风险行为。由于基建工程具有特殊性,基建工程财务会计鉴定呈现不同特性,法务会计鉴定意见更要保持谨慎性原则,鉴定意见数据选择取舍要严格借助并遵循刑事诉讼"有利于被告人"原则,只有在充分、真实占有鉴定财务书证条件下,才能确认鉴定意见及其反映鉴定意见实质内容的财务数据。[2] 如某基建工程项目鉴定意见的当事人不认可财

---

[1] 杨书怀:《法务会计鉴定意见的采信机制研究》,载《会计研究》2013年第8期。

[2] 刘玮:《姜某贪污案中的司法会计鉴定运用研究》,湖南大学2018年硕士学位论文。

务成本数额，其主要依据是有些应该计入成本的开支难以用正式财务发票反映，但在建设施工中确实已经发生，要求计入工程成本，调减工程利润。在刑事诉讼案件法务会计鉴定中，此类成本开支一般应认同并减除等额利润，与财务核算或财务检查数据认定具有显著区别。

（六）鉴定证据风险

法务会计鉴定意见属于刑事诉讼核心证据，经法院审查庭审质证后，在效力上高于其他证据。由于基建工程建设业务会计核算的固有缺陷，往往造成鉴定材料存在各种各样的瑕疵与缺陷，鉴定程序没有严格执行职业标准，鉴定意见粗制滥造，难以经得起专业检验与验证，造成鉴定证据不具备真实性、合法性与关联性的证据特征，难以成为基建工程腐败风险惩处的有力证据。鉴定证据风险在基建工程财务会计鉴定实务中客观存在。由于基建工程资金流一般较大，工程完工后难以溯源实量核查，建筑材料种类繁多，采购渠道多样，建筑材料仓库盘点难度大等诸多原因，厘清财务资料掺杂的虚假财务书证鉴定需要开展大量的细致工作，如承建方与建筑材料提供方联手造假，作为鉴定材料的财务书证资料难以辨别真伪，客观上会加大法务会计鉴定证据风险。

（七）鉴定责任风险

因法务会计鉴定机构未能按照法律法规与执业规范开展符合职业谨慎的专业鉴定，出具不合法的鉴定意见，难以作为刑事证据采信，导致错误采取人身和财产强制措施、错误诉讼、错误判决，造成司法裁判不公，引致申诉上访、国家赔偿等，对国家、集体和被告人利益造成损害，因此承担的不利后果属于法务会计鉴定责任风险，包括鉴定民事责任、行政责任、刑事责任。明显失准的鉴定意见被采信之前，必须经过律师和公诉人的法庭质证关，鉴定责任风险一般在故意或明显违反相关程序出具鉴定意见的情形时必然发生。[1]

---

① 管明松：《会计师事务所司法会计鉴定业务风险防范研究》，云南财经大学2017年硕士学位论文。

四、法务会计鉴定防控基建工程腐败不力的成因

（一）鉴定材料证明力有瑕疵

法务会计鉴定意见作为提交法庭的诉讼证据，需要经过法庭严格质证，支撑鉴定意见的鉴定材料是否适格，成为鉴定材料证明力强弱的核心依据，鉴定材料证明力瑕疵成为鉴定意见被法庭是否采信发挥证据效力的主要因素，如未经交易事实证明的询问材料、问询记录，如果作为出具鉴定意见的支撑材料，则存在鉴定意见不被采信的较大风险。另外，鉴定材料提交程序不当，直接违背司法鉴定送检应然规则，造成程序不当，直接制约鉴定意见能否采信。由此可见，鉴定材料证明力瑕疵成为基建工程腐败风险法务会计鉴定风险的直接成因。

（二）鉴定人员专业能力不足

法务会计鉴定人员专业能力素养成为确保法务会计鉴定意见客观科学的基础条件之一，专业鉴定能力不足必将导致难以完整有效地完成法务会计鉴定项目，不利于打击基建工程贪贿犯罪。法务会计鉴定人员较高的法律素养一定程度上能够保障法务会计鉴定意见避免鉴定程序瑕疵、证明能力不足风险。法务会计鉴定人员专业能力不足成为基建工程腐败风险法务会计鉴定风险的根本成因。

（三）鉴定人员道德素质不高

道德是每个人发自内心的自我约束，不需要人监督，成本非常低，每时每刻都在起作用，对人的约束比制度约束更为重要，成为产生基建工程腐败风险法务会计鉴定风险的重要变量因素。法务会计鉴定人员职业道德是保证基建工程腐败风险法务会计鉴定意见客观科学的无形防线，职业道德缺失必将造成鉴定过程和程序失慎，甚至出现违背财务事实的违法鉴定意见。如果法务会计鉴定人员职业道德素质不高，无论设计多么完美、多么精确的法务会计鉴定准则、方案、程序，都会由于道德风险无法产生应有功效。

（四）鉴定机构自律约束不强

法务会计鉴定结论成为审判基建工程腐败风险的关键证据，法务会计鉴定意见的科学性和公正性，直接关系到具体个案的司法公正，法务会计鉴定机构的自律约束能力成为直接影响基建工程腐败风险法务会计鉴定意见证明力的主要因素。由于法务会计鉴定业务存在较强的市场竞争，制度约束刚性不足，鉴定机构承揽及完成法务会计鉴定业务存在违背行业自律行为，为法务会计鉴定意见失准埋下伏笔，鉴定机构违规操作存在较大空间，少数鉴定机构片面追求经济利益，导致鉴定市场混乱无序，影响法务会计鉴定质量，损害法务会计鉴定机构中立公正形象。法务会计鉴定机构自律约束不强，成为基建工程腐败风险法务会计鉴定风险的主成因。

（五）鉴定职业标准执行不力

法务会计鉴定职业标准执行不力成为基建工程腐败风险法务会计鉴定风险的重要成因，表现在：

一是鉴定职责不清楚，即法务会计鉴定机构的具体部门、岗位职责不清楚，员工没有清晰职责范围，无从完成本职工作。

二是鉴定跟踪不到位，对法务会计鉴定问题跟踪不到位，难以有针对性地解决鉴定实际难题。

三是鉴定职业标准不统一，法务会计鉴定职业标准至今没有细化，导致法务会计职业人员往往对鉴定技术、方法与过程认识差异较大，导致基建工程腐败风险的法务会计鉴定意见存在较大风险。

四是职业操守不忠诚，法务会计鉴定风险与法务会计鉴定机构及其鉴定人员的职业操守存在较大关联性，因鉴定赔偿责任承担主体为法务会计鉴定机构而非法务会计鉴定人员，部分缺乏鉴定职业操守的法务会计鉴定人员为谋取个人利益，不顾职业道德与法律法规约束，对基建工程腐败风险案件出具具有较大风险的法务会计鉴定意见。

（六）鉴定违法责任追究不力

鉴定违法责任追究不力成为基建工程腐败风险法务会计鉴定风险的主

要成因。法务会计鉴定责任追究的目的在于完善法务会计鉴定运行机制，促进严格公正鉴定。法务会计鉴定人通过出具法务会计鉴定意见参与基建工程腐败风险公诉审判，影响监察、检察、法院办案人员对案件事实的基本认定与证据判断，应当构建法务会计鉴定人违法责任追究机制，纳入司法责任制监督范畴。完善法务会计鉴定人违法责任追究制度，优化法务会计鉴定人客观、独立、公平的鉴定环境；以不当行为为主、主观过错为辅，确立法务会计鉴定人员归责原则，细化法务会计鉴定人的法律责任与豁免制度。鉴定人权利保障和专家辅助人的制约机制能够从外部为法务会计鉴定人建设责任追究创建良好环境。

五、法务会计鉴定防控基建工程腐败风险的路径

（一）持续提升鉴定能力

法务会计鉴定人员要持续加强专业知识学习更新，不断提高辨识能力和分析问题能力，严格遵守法律法规、司法鉴定人职业道德规范和基本准则，对受理鉴定事项涉及的法律法规和涉案证据关键点进行细致分析，依法独立、客观、公正提供鉴定服务。法务会计鉴定机构接受委托鉴定前，应初步分析委托鉴定事项与鉴定资料，根据业务范围、鉴定人员专业能力，[①] 审慎受理委托鉴定案件，如超出业务范围与鉴定能力的鉴定委托案件应不予受理；接受委托鉴定事项时应全面评估鉴定独立性，如存在可能影响独立、客观、公正鉴定的情形应当回避，鉴定机构与鉴定事项存在利害关系应不予受理，应秉承独立性原则，由鉴定人员独立审查鉴定资料，出具客观公正的鉴定意见。

（二）全面规范鉴定程序

法务会计鉴定机构应建立鉴定质量风控体系、质量管理规范、质量监督复核程序，完善鉴定管理规范，鉴定过程严格执行技术标准，对鉴定程序和鉴定意见严格复核，对涉及重大案件或特别复杂、疑难、特殊技术问题或多个鉴定类别的鉴定事项，应组织专家论证会议，提交权威专家审核，确保鉴

---

① 王通：《法务会计鉴定结论采用问题探讨》，江西财经大学 2012 年硕士学位论文。

定意见客观准确、具体规范、科学可靠、公平公正,有利于司法审判机关准确认定案件事实、定罪量刑、防止冤假错案。

(三)严格完成鉴定过程

法务会计鉴定机构签定鉴定委托书时应向委托机关告知鉴定风险,对因鉴定材料有限、资料不规范、混乱等无法查清委托事项,对无法获取所需的鉴定资料与数据,应及时与委托机关沟通,要求办案机关补充侦查,提供更完整、合法的证据,补充提供相关资料,否则不能出具鉴定意见。对基建工程腐败资金应直接细化至所有涉案资金数据,合理确认涉案受害人损失金额、查明涉案资金,确保法务会计鉴定意见为委托机关对犯罪嫌疑人定罪量刑、追回赃款提供可采信的支持证据。

(四)精准确定鉴定意见

应深入了解案情,准确把握所需检材,慎用言词检材,供述、证人证言等原则上不能作为鉴定检材,当财务会计资料不齐全应谨慎出具鉴定意见,采取合理文书形式提供线索、证据等。法务会计鉴定意见初步形成后,应同建设单位、施工单位、监理单位充分沟通,交换意见,形成最终鉴定意见。

(五)提供管理咨询建议

法务会计鉴定机构应根据鉴定工作开展情况,对发现的建设单位问题及时提供管理咨询建议,由委托机关以司法建议送达,推进建筑市场秩序持续规范,减少基建工程腐败风险发生频率。具体包括如下内容:

完善基建工程权力监督机制。建立规范完整的基建工程监督程序与制约机制,所有从事建设工程承包的单位和个人接受廉政资格审查,完善行贿犯罪档案查询机制,推行廉洁准入制度。有行贿劣迹的限制其参与工程建设承包,对涉及重大事项、重大额度资金使用、重点工程建设等环节,严格审查招标文件,全程监督专家评标过程,防范腐败。

完善基建工程合同监控制度。关注施工方、供应商履约能力、售后服务、质量保证,修正有瑕疵、遗漏、显失公平的合同条款,建设、施工、监理三方共同验收设备、材料的规格、品牌、型号、材质、色泽等,防控基建工程合同腐败风险。

完善基建工程变更签证程序。组织各方参加重要、大宗的基建工程设计变更和现场签证过程，依法完成设计变更和现场签证，各方签字认可，确保工程变更造价合法有效，防控腐败风险。

完善基建工程造价结算制度。围绕工程变更签证是否符合合同文件要求、工程量计算是否正确、综合单价确定依据是否充分合理等，全面审核竣工图纸，关注取消项目是否列入竣工图计取工程费用，增加内容是否重复多算，隐蔽部分竣工图是否与原始资料或影像资料相符。

（六）追究违法鉴定责任

对基建工程腐败风险出具违法鉴定意见的法务会计鉴定机构，应依法加大违法鉴定法律责任追究力度，依法追究法务会计鉴定机构的行政违法责任、民事赔偿责任、刑事处罚责任，增强法务会计鉴定机构与鉴定人员的自律约束机制。

（七）购买鉴定执业保险

法务会计鉴定机构应为本机构及法务会计鉴定人员向专业保险公司购买执业保险，确保因各种主观、客观因素导致法务会计鉴定机构与鉴定人员承担民事赔偿责任、行政罚款责任时，由保险公司代为承担财产法律责任，降低法务会计鉴定执业风险。

（八）优化法务会计队伍

建设监察机关法务会计人才队伍。2017 年监察检察体制改革造成检察系统多年建成的法务会计人才队伍分化转移至非法务会计岗位，导致法务会计鉴定能力弱化，必须逐步在监察委员会、检察机关建设法务会计人才队伍，确保基建工程腐败侦查、公诉的法务会计鉴定证据能力持续提升。

优化法务会计鉴定队伍能力建设。强化法务会计鉴定机构监管制度、职业标准、执业规范、风控指南体系建设，增强法务会计鉴定服务能力。①

校地联合培养法务会计鉴定人才。由监察委员会、检察院、公安机关与

---

① 黄银利、张莉：《注册会计师在法务会计鉴定中的风险控制》，载《财会通讯》2015 年第 2 期。

高校法学院、会计学院联合培育具有法律、会计等多元专业知识结构的复合型法务会计人才，充实到法务会计人才队伍，增强法务会计人才专业与道德素质。

全面引进复合型法务会计人才。监察委员会、检察院、公安机关应积极引进具有会计、法律、计算机、大数据、英语等多学科知识的复合型法务会计人才，助力建设法务会计人才队伍。

新时代教育腐败治理中的协同性分析 *

郭艳芳　　陈辉林 **

党的二十大报告强调："教育是国之大计、党之大计。"① 这体现了教育事关党领导的中华民族伟大复兴。按照法律逻辑的思路推理，如果作为国之大计的教育出现了问题，那么势必会影响党之大计。换言之，教育腐败损害的不仅仅是教育的公平正义，还会伤及学生、老师、家长等教育相关主体的切身利益，进一步还会影响由教育相关主体等个体基数组建的群体利益，最终导致整个社会的人心动荡，影响党之大计。2023 年 1 月至 5 月，从在教育系统短短数月被舆论层层报道的浙江余姚前教育局局长王某、贵阳实验小学前校长钟某、南方医科大学前党委书记陈某、云南省昆明市西山区前教育局局长李某、阳泉市前教育局局长高某、湖南省湘潭市前教育局局长胡某等人涉嫌违纪违法事件频频不断来看，我国教育腐败问题仍然是整个社会需要面临的反腐败问题的重中之重。虽然党的十八大后曝光的教育系统的违纪案件已经基本得到遏制，② 但是教育系统的反腐败是一项长期性、复杂性、艰巨性的工程。党的二十大报告强调："反腐败是最彻底的自我革命""坚持不敢腐、不能腐、不想腐一体推进，同时发力、同向发力、

---

　　* 本文系 2023 年贵州省高校人文社会科学研究基地项目"新时代教育腐败治理中的党规与国法的协同性研究"（项目编号：23RWJD073）。

　　** 郭艳芳，贵州师范大学数字人文学院副教授，博士，主要从事监察法学研究；陈辉林，贵州师范大学数字人文学院教授，主要从事思想政治教育研究。

　　① 习近平：《高举中国特色社会主义伟大旗帜 为全面建设社会主义现代化国家而团结奋斗——在中国共产党第二十次全国代表大会上的报告》，载《人民日报》2022 年 10 月 26 日第 2 版。

　　② 朱琳、陈雨晴：《全面从严治党背景下教育系统违纪行为研究》，载《北京航空航天大学学报》（社会科学版）2022 年第 3 期。

综合发力"。[①]这更加体现了党在新时代跳出旧史治乱兴衰周期率的理性新自觉，赋予新时代背景下教育腐败治理中的"协同反腐论"新方略。这给新时代背景下研究教育腐败治理中的党性与国法的协同性问题提供了明确的方向。

一、新时代教育腐败的实质

不言而喻，教育腐败肯定是发生在教育系统中的腐败问题。一般公众对教育腐败的基本认识，贪污受贿就是腐败。2007 年，由雅克·哈拉克（Jacques Hallak）与穆瑞尔·波森（Muriel Poisson）基于教育腐败而形成的研究报告中，将教育腐败界定为"有目的地将公共资源服务于私人利益，对教育产品的数量和质量产生实质影响，进而影响教育机会、质量和公平的行为"[②]。简言之，教育腐败的本质就是钱权交易。同时，也有学者将教育腐败界定为："当事人为了牟取不当利益，在教育系统中实施的非法的或不当的行为和事件，并造成不良影响。"[③]可以看出，学界对教育腐败的界定，基本上都是与相关主体"获得非法或者不当利益"挂钩。不管是在哪个层次的教育，在极可能涉及的教育行政管理人员、专职教师、学生、家长、供应商等腐败发生主体之间，将可能发生的"不同性质的违法行为"与"获得非法或者不当利益"作为教育腐败的关键因素。

近几年报道的教育腐败事件频频出现，如涉及权钱交易或者私人协议或者裙带关系发生的教师在职不在岗、未获官方许可或者公示的教师交换或者教师任命或者教师岗位变换，以及不符合教育政策性规定的学生跨片区入学、与私人补习班机构恶意串通的教学、家庭背景参差不齐的学生受差别对待等。面对复杂多变的国内外形势以及形形色色的意识形态的挑战，新时代教育腐败可能也并非仅限于贪污受贿或者钱权交易。再如，东

---

① 习近平：《高举中国特色社会主义伟大旗帜 为全面建设社会主义现代化国家而团结奋斗——在中国共产党第二十次全国代表大会上的报告》，载《人民日报》2022 年 10 月 26 日第 2 版。

② 雅克·哈拉克等：《如何应对学校腐败？——联合国教科文组织教育伦理与教育腐败报告主要观点》，载《世界教育信息》2011 年第 2 期。

③ 王文礼、许明：《国际高等教育腐败问题研究述评》，载《西北师大学报（社会科学版）》2008 年第 4 期。

南大学马克思主义学院前院长袁某红不雅视频、四川音乐学院教师被妻子举报婚内出轨多名女性、南昌大学周某斌权色交易等事件，都是发生在教育系统的教师角色展现出的骄奢淫逸、精神萎靡等现象。这种形式明显的骄奢淫逸、精神萎靡等违纪行为，是否也是一种教育腐败行为？在保留"教育腐败"界定内容的基础上，可以说，在中国特色社会主义新时代时期对"新时代教育腐败"的界定更加细化。新时代教育腐败已经并不是将仅仅在教育系统的贪污受贿认定为腐败。从教育腐败基本上都与"获得非法或者不当利益"紧密联系而言，贪污受贿仅是腐败的表现，而非本质内容。新时代教育腐败可以表现为贪污受贿等严重腐败犯罪，也可以包括不作为的懒政惰政、骄奢淫逸、精神萎靡等形式的腐败。[①] 因为以上表现为不作为的懒政惰政、骄奢淫逸、精神萎靡等腐败形式，腐败发生主体的行为并非都是直接与"获得非法或者不当利益"紧密联系。腐败发生主体的不作为的懒政惰政、骄奢淫逸、精神萎靡等形式的腐败，也同样让其他人丧失了或者被无形中剥夺了"获得合法或者正当利益"的机会。至此，将新时代教育腐败的行为界定为"作为或者不作为"的不同情形就非常必要。相对教育腐败行为一定程度上仅从"获得非法或者不当利益"的界定范围来说，将腐败行为主体这种并非"获得非法或者不当利益"的不作为的懒政惰政、骄奢淫逸、精神萎靡等形式腐败纳入新时代教育腐败的界定更为贴切。这在一定程度上对新时代背景下教育系统潜在的或者已经存在的腐败问题予以威慑。

二、新时代教育腐败治理中的党规与国法的协同性

鉴于党规与国法是归属两个不同的系统，而且党规是政治思维占据主导作用的产物，国法又是法治思维占据主导作用的必然结果，那么要实现党规与国法二者的协同，就必然要协调好党规与国法之间的关系。《中央党内法规制定工作第二个五年规划（2018—2022）》特别强调："坚持党内法规同国家法律衔接和协调。"习近平总书记也多次强调："要完善党内法规制

---

① 王传利：《跳出旧史治乱兴衰周期率的理性新自觉》，载《北京大学学报》（哲学社会科学版）2022年第6期。

定体制机制，注重党内法规同国家法律的衔接和协调。"①新时代教育腐败治理中的党规与国法的协同性表现主要如下：

（一）价值理念协同

价值追求直接影响着具体行动过程中的方向。如果价值追求不一致，那么难免在具体行动过程中会偏离方向，影响行为所要达到的终极目标。主要体现在以下几方面：

1. 共同的法治精神

这是教育腐败治理中党规与国法的价值理念协同的根本内容。"法治精神"是在党的十五大报告中提出"依法治国"之后，在党的十七大报告中提出的内容。"法治精神"在我国是中国特色社会主义法治精神。基于法治意识、法治思维和法治理念基础上的法治精神的培育，对于实现党规与国法的协同具有至关重要的作用，②同样对于在新时代教育腐败治理中党规与国法的价值协同也具有至关重要的作用。鉴于中国特色社会主义法治精神是一个抽象的概念，在《弘扬法治精神，形成法治风尚》一文中，习近平总书记深刻阐述了社会主义法治精神的具体表征，认为"法治精神是法治的灵魂"，"使法必行之法就是法治精神"。③即党必须在我国宪法与法律范围内活动，这是党的高度自觉，也是坚持党的领导的具体体现。

同时，中共中央印发的《中国共产党普通高等学校基层组织工作条例》（以下简称《条例》）中规定："坚持党管办学方向、党管干部、党管人才。"然而，在教育系统阵营中，通过公共职权谋取物质利益的腐败形式不言而喻。在对涉及教师管理中的就职、转岗或者调任等教师队伍建设或者涉及职务晋升的地位利益或者涉及享受教育机会、获取教育资源信息的特权利益，由校党委书记、校长或者院党委书记、院长等行政级别的主体组成校党委或者院党委在享有实际决策权，并由此作出决策的时候，是否遵循在宪法法律范围的内容，直接决定着是"党管干部、党管人才"还是"以权谋私"

---

① 中共中央文献研究室编：《习近平关于全面从严治党论述摘编》，中央文献出版社2016年版，第105页。

② 韩强等：《依规治党和依法治国协同推进的路径思考》，载《治理研究》2019年第3期。

③ 习近平：《弘扬法治精神 形成法治风尚》，载《浙江日报》2006年5月17日第20版。

的腐败。故而,共同的法治精神作为教育腐败治理中党规与国法的价值理念协同的根本内容,就是要把党的领导,维护学校、教师、学生及其他相关关系人合法权益和依法治校有机统一起来。

2. 法治思维和政治思维的统一

这是新时代教育腐败治理中党规与国法价值理念协同的关键内容。鉴于党规与国法归属两个不同的系统,而且党规是政治思维占据主导作用的产物,国法又是法治思维占据主导作用的必然结果,那么要实现党规与国法的协同,就必然要协调好政治思维和法治思维的关系。

政治思维对任何一个政党而言,都是非常重要的。政党通过政治思维的主导,在开展的政治、经济、文化等自由活动中都会侧重于其自身的价值追求,并将其政治整体思维、性质宗旨渗入社会的各个领域。如党的二十大报告强调:"教育是国之大计、党之大计""全面贯彻党的教育方针,落实立德树人根本任务"。①由此可以看出政治思维在教育系统的渗入。学校作为教书育人的主场地,各级教育行政主管部门作为与教育紧密联系的主要部门,其工作人员在从事其本职工作的同时,要时刻谨记作出的任何实际决策,都要贯彻党的教育方针以及党的大局思维。在学校与各级教育行政主管部门分别制定的相关文件中,也要体现党的价值追求。然而,现实生活中存在的克扣学生伙食费、教育乱收费、职位评定权钱交易、人事安排任人唯亲、基建工程暗箱操作等屡屡不止,就是掌握一定权力的具体个人或者具体集体混淆了政治思维与法治思维的关系,混淆了政治思维与个人思维的关系。学校党委与各级教育行政主管部门在对具体的个人或者具体的集体作出实际决策的时候,不能以政治思维决定法治思维,更不能出现以党代政、以党代法的情况。在遵循我国宪法、法律及其他规范的情形下,围绕"办好人民满意的教育"这一出发点,从程序与实体的操作层面,保障学校、教师、学生及其他相关关系人的合法权益,才是在新时代教育腐败治理中坚持党规与国法的法治思维和政治思维的统一。

---

① 习近平:《高举中国特色社会主义伟大旗帜 为全面建设社会主义现代化国家而团结奋斗——在中国共产党第二十次全国代表大会上的报告》,载《人民日报》2022年10月26日第2版。

（二）立规立法与执法协同

1.立规立法协同

立规立法协同是指党规和国法在制定环节能够有机衔接、相互促进。这也是新时代教育腐败治理下党规与国法的立规立法协同的基础内容。既然党规与国法分属不同的系统，那么党规就不能代替国法，更不能超越国法，否则有违代表国家意志的法的精神。同样，国法也不能代替党规，否则可能存在扩大党规制定主体、约束主体范围之嫌。立规、立法协同是对两者关系的更高要求，也是更高追求。

党规与国法虽属不同的领域，但是也会发生重叠和交叉，尤其体现在对具有教育从业者身份兼具党员干部和党和各级组织的行为规定上。我国涉及教育的法律主要包括《中华人民共和国义务教育法》《中华人民共和国职业教育法》《中华人民共和国教师法》《中华人民共和国教育法》《中华人民共和国民办教育促进法》《中华人民共和国高等教育法》《中华人民共和国家庭教育促进法》等。此外，我国在涉及惩治学术腐败问题时，还有《中华人民共和国著作权法》、《国家通用语言文字法》和《中华人民共和国知识产权法》等相关法律。当被约束主体需要承担刑事责任时，又有《中华人民共和国刑法》对其予以规范。鉴于涉及教育系统中的以上法律立法及修改的时间先后不同，会导致党规与国法关系上出现复杂的情况，因此就需要加强党对涉及教育相关立法工作的领导，统筹好党规与国法的立法进程，避免和减少两者在某些规范内容上的不一致甚至矛盾和冲突，使两者能够朝着共同的目标发挥积极作用。

2.执法协同

上述涉及教育系统的国法来自国家权力机关，由国家强制力保证实施。党规来自党内，基本是靠教育从业者兼具党员身份形成的党性修养、纪律约束和政治自觉来保障实施。由于党规与国法不但具有不同的执法主体，还具有不同的法律依据、法律素养和法律环境，这一定程度都会给执法的协同上造成困难。为此，才有党组织和领导干部必须自觉维护我国宪法和法律权威，党委加强对全面推进依法治国统一领导，坚决贯彻党的理论和路线方针政策。这样才能最大限度地在不同层面构建起执法的协同机制。

三、新时代教育腐败治理中的党规与国法的协同性之困及其原因

2008 年，联合国教科文组织在公布的《学校腐败：出路在何方》中警示指出："全球教育领域腐败问题严重，不管是富国还是穷国都存在着教育腐败现象。"究其因在于教育体系是一个相对容易滋生利益空间的重要系统。习近平总书记提出："教育是国之大计、党之大计。"我国必须深入推进教育系统的反腐败工作，而党规与国法的协同发展是我国教育系统进行法治建设的重要措施。因此，在教育腐败治理之中必须坚持党规与国法的协同性。同时，习近平总书记在十八届中央纪委三次全会上强调："全党同志要深刻认识反腐败斗争的长期性、复杂性、艰巨性。"也就意味着新时代教育腐败治理中的党规与国法的协同中会不可避免地面临一些困难。

（一）新时代教育腐败治理中党规与国法的协同性之困

1.法治观念与法治思维的欠缺

无论是依规治党，还是依法治国，都需要建立在科学、合理的法治思维和法治观念之上，这是法治的基础。[①] 在教育系统内经过长期的法治教育宣传活动，广大的教育从业者的法治理念普遍建立，其法治思维也相应得到初步确立。然而，在新时代教育腐败治理中的党规与国法的协同性领域，法治思维与法治观念的广度与深度还存在欠缺。正如《中共中央关于全面推进依法治国若干重大问题的决定》中强调："更不能以言代法、以权压法。"这说明在党内和国法层面仍然存在着以言代法、以权压法的客观现象。比如，在可以滋生利益空间的教育系统的党内，不乏一些已经具备法治思维和法治观念的领导干部对特权的痴迷，热衷于钻研党纪与国法的空白，法律意识淡漠，对人民的监督持无视或者轻视的态度。

（1）法治观念与法治思维的广度欠缺

对任何一个执政党来说，如何协调好党规与国法的关系都是一个法治难题。新时代教育系统的党内能够把党员干部的言行和组织权力限制在党

---

① 韩强：《党内法规与国家法律的协同问题研究》，载《理论学刊》2015 年第 12 期。

规和国法的范围内，相信才能实现教育系统的有序发展。在探索这一问题时，中共中央印发的《中国共产党普通高等学校基层组织工作条例》中规定："坚持党管办学方向、党管干部、党管人才""坚持高校党的建设与人才培养。"可以看出，党规对国法的引领和保障。然而，教育系统的一些党内领导干部没有深刻认识党规对国法的引领和保障的内涵是以党性对人性的升华与提升为基础。①

任何一个政党都是由具体的人组成的。人是复杂的，既有善的一面也有恶的一面，正是这种不确定性和复杂性造就的人性缺陷，才有了人性的升华与提升。党性具有先进性和人民性，以党规为保障。坚持党性首先要尊重人性，党并不等同于党员，更不等同于个体党员。② 教育系统的党内坚持党管干部、党管人才的原则，仍旧存在人性与党性的落差。比如，在教育系统阵营中，由担任各级党委书记、各级厅（局）长、校长或者院长、党委委员等行政级别的个体组成各级党委时，党性既可能因其个体散发的人性光辉而使整体显著升华，也可能受制于占据主领导地位的少数个体乃至个别党员的人性堕落而一时沉沦。从新时代教育系统发生的违纪违法案件来看，其违法个体往往混淆了党性与人性。当个体党员作为某项或者某部分的权力主体，在享有权力的同时放大了人性的作用，那么距离走向腐败的边缘或者深陷腐败旋涡已不再遥远。

个体党员既享有执政党的成员身份，也同时享有作为一名普通公民的身份。由千千万万的个体党员汇聚成的执政党，自身的法治状态在一定程度上直接决定着国家的法治状态。因此，教育系统中的个体党员的法治观念和法治意识和法治行为，不仅对自身作为一名普通公民的身份具有强烈的引领和示范效应作用，同时也在一定意义上对其他个体党员、个体普通公民以及国家法治状态具有一定的影响。故而，只要教育系统的党内欠缺法治观念与法治思维的广度，就会将党纪严于国法误解为党纪大于国法或者党纪凌驾于国法之上，偏离新时代教育腐败治理中的党规与国法的协同

---

① 陈志英：《党规国法衔接协调的人性基础——基于党性和人性辩证统一的思考》，载《党内法规研究》2022 年第 1 期。

② 曹峰旗、柴瑞：《困境与路径：党员退出机制的政治生态学分析》，载《探索》2004 年第 1 期。

性中坚持的共同的法治精神。

（2）法治观念与法治思维的深度欠缺

结合旧史的政权兴亡周期率，如果执政的阶级能够有效、及时解决社会基本矛盾，保持社会的有序、稳定，那么该执政阶级的生命周期将得以延续。如果执政的阶级不思进取，穷奢极欲，致使民怨沸腾，打破了社会正常运行的基本平衡，那么将面临该社会走入绝境的巨大风险。至此，"让人民来监督政府"是我国执政党在如何跳出治乱兴衰历史周期率确定的第一个答案。[①]该观点立足教育这一系统，人民在对教育系统的教育从业人员进行监督时，一般将教育系统中表现出来的腐败行为，如受贿、非法收费、挪用公款、非法获利等视为腐败行为。然而，随着教育领域越发可以滋生出的利益空间，教育系统中的潜规则行为也引起了社会各界的关注。

潜规则是指存在于正式制度之外的另一套行为准则和规范。[②]潜规则一般与学校组织或者教育主管部门主流的制度相冲突，其反映在教师的日常职业行为上，是部分老师"投入于"这些非合法交易活动，进行"利益均沾""权利期权"等自我利益最大化的行为或者损害别人利益的行为。[③]可以看出，这些行为属于负面观感的，为契约社会主流所否定。[④]这一行为存在的缘由，归因于腐败主体热衷于钻研党纪与国法的空白。这就需要党纪与国法的协同中都要有明确的定位。然而，面对复杂、广阔的教师教育活动范围，法律不可避免地存在滞后性，党纪也会客观存在一定范围的空白。这不仅体现在没有准确的定位上，也表现在面对新问题时没有及时的法律解决方案。如教育系统中的某些党员干部，并没有通过某些不当行为获得自我利益最大化，可是不当行为间接或者直接侵犯限定对象的利益最大化，特别在事项涉及的内容及其程序等方面的不公开或者过失甚至故意的不公

---

① 陈理：《中国共产党对跳出历史周期率的科学回答》，载《中国纪检监察报》2023年4月13日第5版。

② 倪士光、杨瑞东、王希：《潜规则知觉对高校教师工作压力的影响——基于广东省四所高校的调查》，载《中国青年社会科学》2016年第4期。

③ 罗任权、索光举：《试论教育系统潜规则行为的综合治理》，载《探索》2010年第3期。

④ 林炜双、高腾：《作为组织政治行为的潜规则：影响因素与作用机制》，载《公共行政评论》2010年第4期。

开等尤为突出。这在一定程度上直接剥夺的就是限定对象的知情权、参与权、选择权、申诉权等，也不排除民事责任的其他侵权。至此，教育系统中表现出来的腐败行为，如受贿、非法收费、挪用公款、非法获利等视为腐败行为只是腐败的一种表现，不作为的懒政惰政、精神萎靡导致限定对象的自我利益损失，也可以演化为腐败行为。

民事法律关系中的侵权可以分为作为的侵权与不作为的侵权。作为犯和不作为犯也分属于刑事法律关系中的两种犯罪。新时代的共产党人在全面从严治党实践中，党的二十大报告明确认为"腐败是危害党的生命力和战斗力的最大毒瘤"。反腐败是最彻底的革命。故而，在新时代教育腐败治理中坚持党规与国法的法治思维和政治思维的统一，就需要将腐败行为不仅定位为贪腐的积极作为，还应定位为不作为的懒政惰政、精神萎靡的不作为。这种作为与不作为的腐败行为都是间接或者直接侵害了限定对象的合法权益。然而，不管是作为监督主体的人民，还是作为被监督主体的腐败党员干部，都往往忽视将腐败的不作为行为纳入被监督的范围之内。

2. 教育法治体制尚未理顺

新时代教育腐败治理中的党规与国法是否能够有效协调配合是两者能否协同的重要方面。从教育系统涉及的党规与国法实施体制来看，各级党组织及其党员领导干部都有执行之责，都需要遵守党纪，依法办事。

从具体的执行层面来看，教育主管部门（厅、市、区或者县）、高校、高校的各个学院或者联合部门以及其他中小学教育机构等都会建立党委，以保证党的领导对教育相关部门或者学校日常工作事务的实现。从现有各层教育主管部门及其学校的党纪与国法执行体系看，党委、纪委对廉政文化建设与反腐工作的领导，一定程度上可能会对具体的反腐倡廉工作产生影响。如果把这种影响严格控制在正确方向把握、法律制定和政策引导方面，党规与国法的实施就会各安其位，相互协调。[①] 实际中，一旦有个别领导试图干预具体的反腐倡廉工作，将党委决定视为党员领导干部的个人或者部门人员决定，以及党委领导班子组成的党政联席会议基本上由主要领导搞

---

① 韩强：《党内法规与国家法律的协同问题研究》，载《理论学刊》2015 年第 12 期。

"一言堂"，势必会直接影响具体案件的审理与决定。从舆论报道出的学校高层领导频频腐败行为来看，现有的高校规章制度尚不能对此作出有效的抵御，这也是目前新时代教育系统腐败屡屡发生的重要原因。因此，必须在教育法治体制上加以改革，规范各级党委与反腐倡廉部门的关系，既要坚持党的领导，又要把反腐倡廉的独立性提高到一个新的高度，从教育法治体制上解决党规与国法实施的协同问题。

（二）新时代教育腐败治理中党规与国法协同性之困的原因

新时代教育腐败治理中党规与国法的协同性是法治建设的目标所在，在全面从严治党的大背景下，实现两者协同性的重要性毫无疑问。然而，正是这种重要性、紧迫性才会与之伴随推进过程中的困难重重，因为如何协调好党规与国法的关系本就是一个法治难题。至此，造成新时代教育腐败治理中党规与国法协同性之困的原因既有国家教育法治体制、国际教育环境等宏观层面的因素，也有地区教育资源差异、教育系统主体差异等微观层面的因素。

新时代教育腐败治理中适用的党规与国法的交叉越来越多。如在教师干部工作中，有《党政领导干部选拔任用工作条例》《中国共产党廉洁自律准则》《中国共产党纪律处分条例》等一系列党规起着规范作用的同时，国法层面也有《教师法》《教育法》等起着对教育系统工作人员的规范。如何在众多的党规与国法中确定适用的具体原则、法律条款以及法律位阶的上下高低，不是一件容易的事情。更甚，教育系统党员干部在有着不同专业背景、社会阅历以及理解能力的客观情形下，通过对党规与国法的外部表达，如果存在对其理解差异，可能会造成同样性质的事情的处理过程、处理程序以及处理结果存在显著差异，进一步给教育系统党内群体以及党外群体造成不必要的误解，甚至引发教育系统党内群体以及党外群体的不安骚动和秩序混乱，如"党大还是法大"这一伪命题引发的理论与实践争议。至此，从形式上，应尽量加强党规与国法话语体系的外部表达的协调性。

党规与国法的话语体系集中反映的是各自主体所欲实现的目标。如果话语体系不同，那么各自主体往往存在迥异的侧重目标，由此导致所欲实现的目标存在巨大的差异。故而,党规与国法的协同性从党规与国法话语体系的外部表达入手极为重要。否则,党规与国法话语体系的外部表达协调性存在问题,想要发挥新时代教育腐败治理中党规与国法的协同性的重要作用实属不易。党规与国法话语体系的外部表达是否协调主要是由词语、语句乃至语篇等话语元素的选择及风格差异导致。鉴于党规适用的主体是中国共产党党员,并且调整的对象是高于社会一般活动要求的党务活动,因此构成党规话语体系的外部表达的词语、语句基本是政治话语,整体话语元素也基本具有鲜明的政治性,形象通俗易懂。如将不同大小的腐败主体称为"虎贪""蝇贪",将国法党纪称为"底线""红线"等。[1] 而构成国法话语体系的外部表达的词语、语句具有高度的专业性,整体话语元素具有舶来性,这源于我国大量法律的外部表达吸收转化的是国外法律理论的表达。党规话语元素的政治性、通俗性与国法话语元素的专业性、舶来性形成强烈的对比,使得党规与国法在外部表达的微观结构上呈现出表述风格差异,造成二者协同性的困难。[2]

四、新时代教育腐败治理中的党规与国法的协同性方略

党的二十大报告提出:"深化标本兼治,推进反腐败国家立法,加强新时代廉洁文化建设,教育引导广大党员、干部增强不想腐的自觉,清清白白做人、干干净净做事,使严厉惩治、规范权力、教育引导紧密结合、协调联动,不断取得更多制度性成果和更大治理效能。"此重要部署为新时代教育腐败治理中党规与国法的协同性指明了新方略,需要坚持"严厉惩治、规范权力、教育引导"协同发力的战略决策。

（一）以道德观为基础的教育引导

道德品性,是人性与党性都应该坚守的品性。我国《宪法》与《中国共产党章程》中都有涉及倡导提高人民"道德素质""道德教育"的内容。党的二十大报告在"提高全社会文明程度"的具体内容中也强调"提高人民道德

---

① 邹东升、姚靖:《党内法规"党言党语"与"法言法语"的界分与融合》,载《探索》2019 年第 5 期。
② 徐昕、吴金昌:《话语体系视阈下党规国法的衔接问题研究》,载《理论导刊》2023 年第 6 期。

水准"。毕竟社会中的大众群体所能够理解的主要规范和知识就是道德，因为道德是从人孩童之时起就构成学校教化与社会教化的内容。① 在教育系统中不管出现不作为的懒政惰政或者骄奢淫逸等腐败行为，还是出现作为的贪赃受贿等腐败行为，涉案的教育系统中的党员干部可能会以误解了党规与国法话语体系的外部表达，对国家法律规范的内容理解不透彻，来为自身已经完成的腐败行为寻找各种辩解；也可能以同样误解了话语体系的外部表达，需要进一步通过学习《中国共产党章程》提高政治思想意识，来为自身已经完成的腐败行为寻找各种谅解理由。但是，很少有涉案的人员以对道德教育内容的理解产生严重误解或者巨大偏差为由，为自身的腐败行为进行辩解。即便很少有涉案人员为自身的腐败行为辩解，也很难让大众相信专门从事教育工作的人员，会出现对道德教育内容的理解存在严重误解或者巨大偏差。

当前我国教育腐败治理体系在架构上相对已经比较全面，但是人民群体对从事教育工作人员的信任程度与教育从业者自身道德素质的大小，是不能彻底清除新时代教育腐败治理死角的重要因素。在教育系统实践中，任何教育从业者都可能出现道德失误，任何与之相关的法律制裁也都可能出现疏漏。如果任由这些偶然性的符号来左右、干扰人民群体对教育腐败治理中的党规与国法的协同性认知，那么人们对教育腐败治理中的党规与国法的协同性信任也将变得极为敏感与不稳定。特别我国在关系文化盛行的当下，人情与面子关系成为教育系统发生腐败的重要因素。人民群体对教育系统的信任容易被人格信任异化为因人而异、因事而异的不确定性。换句话说，一个道德上不值得尊重的教育工作者，在职业与党性、品行上同样也不值得尊重。当人民群体和具有教育从业者身份的个体打交道时，首先直面的是作为独立的个体。个体的道德品性是人民群体观察与认知该个体的党性与合法执法的重要"窗口"，或者是人民群体观察与认知由该个体组成的集体组织的党性与合法执法的重要"窗口"。如果教育系统的从业者能够主动地并且主观上以道德标准检点私生活、不掺杂人情与面子因素的正派作风、守住廉政底线等，势必会对新时代教育腐败治理中的党规与

---

① 伍德志：《论法律认知的信任逻辑研究》，载《中国法学》2023 年第 4 期。

国法的协同性的发展发挥重要的作用。

（二）以法治化的方式规范权力

对我国来说，实现党纪和国法"双笼关虎"，是新时代规范权力运行，以惩治和预防腐败的重要理路。①其中法治反腐是坚持党规与国法协调统一，是规范权力运行诸多方式中的重要方式。可以说，在中国特色社会主义新时代，将教育系统中的反腐败工作融入法治，通过制定和实施国家法律体系及规范性文件，规范权力运行，惩治和预防腐败，建设廉洁政治，已成为新时代教育腐败治理中的重要发展趋势。②

目前的中国教育系统，明显是行政权力太强，法治和民主问责较弱。例如，有些学校的校（院）党委、校（院）长、校（院）纪委、教职工代表大会等之间没有完全厘清权力界限。学校（院）权力中的决策权、执行权没有完全厘清，监督权软弱无力。学校（院）的校（院）党委常委会过多干预行政事务的事情屡见不鲜，甚至行政权力侵入学术事项也司空见惯。作为关键利益相关者的教职工（特别是非知名或无职务身份）、学生等无力制约学校（院）层面来自政府支持的权力，也缺少正常表达的制度和机制，举报和集体反映也只是借助媒体或者更高的权力来监督。特别是有些学校师生并不能起到实质性的民主监督作用，权力不规范，权力配置不合理是学校产生腐败的关键因素。虽然在教育系统中展开自上而下的"运动式"反腐败可以抓住一批腐败分子，但如果不从根本上解决权力不规范、配置不合理的问题，是绝对不能从根本上铲除腐败的。此时，新时代教育腐败治理中的党规与国法的协同性，就需要将全面从严治党和全面依法治国进行有机结合。其中，法治就是治理教育系统腐败的实现方式。这种以法治化的方式规范权力，实际上就是要改变传统教育系统中的反腐败工作理念和方法，注重运用法治思维和法治方式应对腐败问题，使教育系统开展的各项工作于法有据。

首先，强化法治思维，是保障权力规范运行的观念基础。其一，从教育系统腐败主体方面来说，教育系统中的教育从业者，特别是党员干部要增

---

① 刘远亮：《新时代反腐败工作的法治化转向及其路径优化分析》，载《兰州学刊》2020年第4期。
② 汪习根：《权力的法治规约：政治文明法治化研究》，武汉大学出版社2009年版，第10页。

强法治观念，依法依规行使手中的权力。否则，这些主体受传统"官本位"观念的影响，极易导致人治现象。这种现象不仅对从事教育工作的党员干部有效规范行使权力产生制约，而且导致权力腐败问题将无法从根本上得到解决。其二，从治理教育系统腐败方式角度来说，强化法治意识。教育系统中的教育从业者具有一定的法治意识，但是这种法治意识是为了规避法律漏洞，还是为了规范权力，依法用权，产生的效果截然不同。教育系统中的各级纪委和监察委员会，在形成监督合力的同时，必须要求教育从业者（特别是领导干部）强化法治意识。这种强化主要是在坚持依法办事的基础上，重在局限于依法用权、依法控权的法治意识层面，来从法治思维观念方面保障权力规范运作。其次，完善法治化程序治理，强化反腐工作法治化。其一，鉴于法律规范的滞后性、稳定性特征，不可避免有些法律规范滞后于当前形势的发展。例如，条款中缺少明确的责任主体、没有相关的配套政策、没有具体的执行程序或者存在原则性的自由裁量权过大等问题。而这些问题的合理处理，离不开法治化的程序治理来控制和规范权力的行使。其二，对教育系统中的领导干部来说，除了要受到国家法律的约束以外，还必须严格受到党纪条例的限制。在查处教育系统中的人员腐败案件过程中，不仅要实现监察机关与司法执法机关的有效衔接，还要进一步明确监察机关、检察机关、公安机关的具体管辖权，严防这些机关权力滥用。

（三）以程序的法治化进行严厉惩治

党的二十大报告重申党的十九大报告中"坚持受贿行贿一起查"的重要部署。这体现了新时代协同性反腐的特点。[①]从我国反腐实践来看，以惩罚的方式制约腐败，一定程度上是卓有成效的。但是这种惩罚的程度对有"权"与有"钱"的主体而言，并没有全部采取严厉惩治的态度。特别针对权钱交易、行贿受贿的腐败形式，虽然需要法律严惩腐败主体，重拳反腐，才能有效遏制腐败蔓延。然而在实际的反腐实践中，对有"权"的受贿方是严惩，对提供"钱"的行贿方相对惩处不足。这样一定程度上无疑会助长行

① 王传利：《跳出旧史治乱兴衰周期率的理性新自觉》，载《北京大学学报（哲学社会科学版）》2022 年第 6 期。

贿之风，客观上不仅会刺激更多的行贿者肆无忌惮地腐蚀教育系统中的党政干部队伍，也会促使一些主观上不想参与行贿，但是又不得已迎合此种风气的党员干部参与其中，破坏了党员干部队伍的整体局面。鉴于行贿与受贿的相互依存性，在严厉打击教育系统中的受贿者的同时，绝对不可以宽松的态度对待体制内外的行贿者。这种将涉嫌腐败行为的相对主体全部纳入严厉惩治的法治化程序中，才会达到严厉惩治的效果，以此对产生萌芽腐败意识的涉嫌相对主体也能起到威慑作用。

此外，以不作为的懒政惰政、骄奢淫逸方式存在的腐败形式，属于新时代教育腐败形式。相对这些形式存在的腐败主体而言，可能不存在行贿主体，甚至存在的是受害主体。毕竟以这种形式存在的腐败主体，让其他人丧失了或者无形中被剥夺了"获得合法或者正当利益的机会"。目前，教育系统中的教育从业者切身利益受损时，一般会通过撰写异议材料、信访、纪检举报等方式反映到上级机关或者同级业务主管机关，以此寄希望依靠更高的权力监督解决。然而，实践中更多的又会将此种纠纷转交给被反映的教育机构处理，想当然是拖而不决或者给予其他压力，妥协摆平。这种缺乏上级主管机关和社会的实质性监督而启动的自我申诉，最终不了了之，导致教育系统的公信力下降。这也就是为什么教育系统中的腐败主体长期滥用权力获利或者剥夺其他人获取合法权益的机会，而没有及时得到惩处或者严厉惩处的直接性原因。其实导致这种原因的因素，就是申请人没有具体的程序向上级主管部门或者专门分歧解决机构申诉。如果仅仅将申请人被反映的教育机构作为处理主体，这种既是"裁判员"又是"运动员"的主体作出的处理结果可想而知。故而，为了维护教育系统中的公正和秩序，严厉惩治这种不作为的腐败行为，应制定由上级主管部门或者专门分歧解决机构主管，公开的具体处理程序。受损主体可以在穷尽教育系统内部救济手段之后，申诉到上一级主管部门或者专门分歧解决机构。这样可以最大化地避免受损主体的合法权益被腐败主体久拖不决，反过来也可以将违法尚未构成腐败犯罪的主体行为扼杀在萌芽阶段。此举不仅有助于提升反腐败工作整体成效，也维护了教育系统中的公正和秩序。

博士研究生招生廉政风险防控研究 [*]

梁　建 ^{**}

博士研究生教育是我国最高层级的学历教育，要保证其教育质量，招生环节非常关键。而博士研究生招生的最大特点是招生单位享有很大的自主权。博士研究生招生考试除招生计划经国家教育主管部门批准下达外，其他各个环节，如招考时间、考试方式、考试科目、命题范围、评卷、复试、录取等，均由各招生单位自行确定。这些招生环节如果处理不当，将出现程度不同的廉政风险，进而不仅损害博士研究生招生选拔的公平和公正，同时也会严重影响博士研究生教育的质量。因此，探讨博士研究生招生的廉政风险防控，不论是从博士研究生招生的公平、公正，还是从保证博士研究生教育的质量来说，都是非常必要和有意义的。

一、博士研究生招生制度概述

虽然汉语中很早就出现了"博士"一词，但作为现代意义上的学位的指称，则是晚近的事。现有文献说明，民国时期当时的国民政府已经试图建立包括博士在内的学位授予制度。根据1935年国民政府颁布的《学位授予法》和《学位分级细则》的规定，当时高等教育的学位分为学士、硕士、博士三级。^② 其后在1940年，针对博士学位，国民政府教育部还曾起草过《博士学位评定会组织法》和《博士学位考试细则》，但行政院以"各校设备及师资限制，学术研究，窒碍良多，博士学位之授予，暂行缓办"。其后由于政局

＊　本文系2023年贵州省高校人文社科研究基地项目"硕士研究生招生廉政风险防控研究"（项目编号：23RWJD072）的阶段性成果。

＊＊　梁建，贵州师范大学廉洁文化研究院副教授，博士，主要从事纪检监察理论研究。

②　宋恩荣、章咸选编：《中华民国教育法规选编》，江苏教育出版社1990年版，第423~425页。

动荡，一直到 1949 年，中国也未真正开展博士研究生教育。①

新中国成立后也力图建立完整的学位体系，并且 1956 年高教部拟定了《中华人民共和国学位条例（草案）》，规定中国的学位由硕士和博士构成，但该条例最终并未出台。② 同年中华人民共和国教育部还颁布了《1956 年高等学校招收副博士研究生暂行办法》，③ 办法中副博士的叫法显然是效仿苏联的结果，当时苏联的学位体系即包括博士和副博士两级，副博士类似于三级学位制中的硕士。该副博士的招生仅仅进行了一年，1957 年就停止招生了。④ 这些研究生最终未取得副博士学位，只有研究生毕业证。在此前后中国各高校和研究机构也曾招收过一段时间的研究生，但并未有硕士、博士之分，也未曾授予学位。"文化大革命"开始后，中国的学位制度建设被完全搁置下来。

"文革"结束后，国家层面对各级高层次人才的需求非常强烈。为此，在制度体系方面，1980 年第五届全国人民代表大会常务委员会第十三次会议通过了《中华人民共和国学位条例》（以下简称《条例》）。《条例》规定中国的学位体系由学士、硕士、博士构成；其后又颁行了《中华人民共和国学位条例暂行实施办法》。就博士学位而言，这两部法规就招生单位、招生考试、在学科研、学位论文和学位授予等作出了明确的要求。随后，博士研究生的招生工作提上议事日程。1981 年 11 月，教育部发布了《关于做好一九八一年攻读博士学位研究生招生工作的通知》（以下简称《通知》）。《通知》决定从 1981 年开始在全国范围内进行博士研究生招生，《通知》要求各级教育管理部门和招生单位为博士研究生招生做好准备。《通知》规定博士研究生的基本报考条件为：1980、1981 年毕业的硕士研究生，拥护四项基本原则，身体健康，业务优秀，年龄一般不超过 40 岁，经所在单位或培养单位同意。符合报考条件的考生"由招生单位审查合格后，发给准考证。

---

① "教育部"教育年鉴编纂委员会：《第三次中国教育年鉴》，台北正中书局 1957 年版，第 444 页。
② 吴镇柔等主编：《中华人民共和国学位制度史》，北京理工大学出版社 2001 年版，第 76~77 页。
③ 国务院法制办公室：《中华人民共和国法规汇编 1956-1957》（第 3 卷），中国法制出版社 2005 年版，第 369~371 页。
④ 汤德用：《中国考试词典》，黄山书社 1998 年版，第 313 页。

政审、体检标准可参阅高等学校本科招生的有关规定。如有其他项目要求，可在复查中检查"。《通知》明确博士研究生招生考试可以通过笔试、口试两种方式进行。其中笔试科目通常应当包括马克思主义理论、外语、基础理论及专业课四门科目。博士研究生的录取要坚持质量第一的原则。在德、智、体全面衡量的基础上，由博士生导师提出初步录取意见后，经招生单位学术委员会审核通过后，由招生单位行政主要负责人批准、确定录取名单。最终的录取名单要报省级教育主管部门、高等学校招生委员会、各主管部委和教育部备案。① 但由于时间较为仓促，各招生单位1981年实际上并未招生。1982年7月，教育部又下发了《关于招收攻读博士学位研究生的暂行规定》（以下简称《规定》）。该《规定》明确博士研究生报考的基本条件为：熟悉马列主义和毛泽东思想的基本原理，品德良好，遵纪守法，坚持四项基本原则；已获得硕士学位的在职人员，在录取前能够取得硕士学位的应届毕业生，或具有同等学力者；一般年龄不超过40岁，身体健康；本门学科有关的两名副高级以上职称专家的推荐。符合报考条件的考生需通过所在单位向招生单位送交报考博士生申请表，硕士学位证书或证明书，硕士课程学习成绩单、硕士学位论文全文和评议书，专家推荐书，体格检查表，政治审查表。应届毕业考生必须在录取前补交硕士学位证书。同等学力考生不用提交硕士学位证书或证明书和硕士课程学习成绩单、硕士学位论文全文和评议书，但应当提交在公开刊物上发表的达到硕士学位论文水平的学术论文并开列已经学习过的硕士课程。招生以笔试与口试相结合的方式进行。笔试科目一般包括马列主义理论课、外国语和业务课。其中业务课的考试科目数由各招生单位自行确定。招生单位还可以进行除笔试、口试外的其他必要测验。录取的标准和程序与1981年11月的《通知》基本一致。② 由此形成了此后影响巨大的"普通招考"的博士研究生方式。而两份文件对我国此后的博士研究生招生工作具有指导性意义，到目前为止

---

① 教育部高校学生司：《1977-2003年全国研究生招生工作文件选编》（上册），北京航空航天大学出版社2004年版，第77~79页。
② 教育部高校学生司：《1977-2003年全国研究生招生工作文件选编》（上册），北京航空航天大学出版社2004年版，第93~95页。

我国的博士研究生招生工作基本都是在此基础上展开工作的。

此后,1984年,为了加速培养我国社会主义现代化建设需要的高级专门人才,教育部决定在博士研究生培养单位的博士学位的学科、专业中试行对少数优秀硕士生提前攻读博士学位的办法。由此产生了"提前攻博"这种博士研究生招生方式。这种招生方式要求提前攻读博士学位的硕士生必须政治思想好,科研能力强,硕士学位课程成绩优秀,有培养前途。"提前攻博"的基本程序是,经硕士生申请、硕士生指导教师推荐、教研室(研究室)提出意见、系审核,并经招生单位的研究生招生主管部门核准之后,可以参加同年度博士生入学考试,或参加由招生单位的二级单位(系或研究所)考试小组单独组织的考试。由系(研究所)单独组织的考试小组由三名副高级以上职称的专家组成,专家应以本学科、专业的博士生导师为主。"提前攻博"考试的时间、方式、科目、内容由各单位自定。考试合格者,经校、院(研究院)长批准,可以提前攻读博士学位,享受博士生待遇。[①]由此,提前攻读博士学位的招生方式开始在各博士研究生招生单位展开。但由于提前攻博是以面向本单位为主的招生形式,所以影响相对较小。

此后较长的一段时间内,我国的博士研究生招生方式保持相对稳定的状态。一直到1992年才有新的变化,在这一年由国家教育委员会、国务院学位委员会联合发布的《研究生教育和学位工作"八五"计划和十年规划要点》中指出,在国家教育委员会批准的情况下,少数博士生培养单位可以在部分学科、专业进行硕士、博士连读的试点工作。此后,部分高校开始尝试硕博连读方式的博士研究生招生。1995年,原国家教委召开全国研究生教育工作座谈会,在会后下发的《关于进一步改进和加强研究生工作的若干意见》中明确,少数有条件的单位经批准可试行将硕士、博士两个培养阶段连通,实行"硕、博连读"的培养方式,各培养单位可在硕士研究生完成课程学习后,进行资格考试,合格者继续从事博士学位论文工作。[②]1998年,国家教育委员会在《关于做好1998年招收攻读博士学位研究生工作的

---

① 教育部高校学生司:《1977-2003年全国研究生招生工作文件选编》(上册),北京航空航天大学出版社2004年版,第157~158页。

② 张国栋:《我国贯通式博士生培养模式的研究》,上海交通大学2008年博士学位论文,第33页。

通知》，明确把硕士博士学位连读作为博士生招生选拔方式正式在文件中列出。

2000 年，又一种新的博士研究生招生方式出现。在这一年的 9 月，教育部同意北京大学在数学系、物理系等系试行，在优秀应届本科毕业生中通过考试招收直接攻读博士学位研究生的工作。并要求北京大学及时总结经验，不断完善选拔办法。[①]北京大学招收"直博生"的尝试显然得到了教育部的认可，2001 年，在教育部发布《关于做好 2002 年招收攻读博士学位研究生工作的通知》中就增加了"直接攻博"的招生方式。教育部要求，想进行"直接攻博"的招生院校需先自行制定招生方案，只有方案得到教育部批准的才能招生。2002 年，就有南开大学、南京大学等校的部分专业获得招收"直博生"的资格。[②]

提前攻博、硕博连读、直接攻博三种博士研究生招生选拔方式主要是在本招生单位内进行，只有少数招生单位的直博生选拔对外单位学生开放。

经过二十余年的发展，以"普通招考"为主的博士研究生招生模式开始暴露出一些问题，如初试笔试的权重过大等，于是部分高校开始学习欧美国家，实行"申请-审核"制的招生尝试。其中，北京大学在调研的基础之上，决定从 2003 年开设，博士生招生要从以笔试为核心向侧重于素质能力的申请和审核相结合过渡。[③]但北京大学并未完全推行"申请-考核"制，只是在传统的普通招考基础上进行了一些改革。2007 年复旦大学上海医学院在博士招生中开始试行"申请-考核"制，在该年的博士研究生招考中，复旦大学上海医学院要求考生除了填报名表，还必须提交一份申请书，主要包括科研情况、硕士毕业论文、未来研究计划、专家推荐信等申请材料。但考生依然要参加初试的笔试，只是将申请材料和初试笔试成绩都作为录取的依据。此后，"申请-考核"制招生在复旦大学的各院系逐渐推展，但由于这种招生方式仍处于摸索阶段，因之出现了一个比较有意思的细节，即各

---

① 张国栋：《我国贯通式博士生培养模式的研究》，上海交通大学 2008 年博士学位论文，第 34 页。

② 教育部高校学生司：《1977-2003 年全国研究生招生工作文件选编》（下册），北京航空航天大学出版社 2004 年版，第 986~989 页。

③ 陈文燕：《我国博士生招考方式变革的探析》，复旦大学 2011 年硕士学位论文，第 16 页。

院系对这种招生方式的表述不一,同时就有"申请-考核"、"申请-面试"、"申请-审核"、"考试-申请"以及"申请-考试＋考核"等提法。① 此后其他高校也跟进开始尝试"申请-考核"制招生。但值得注意的是,虽然从2007年开始就有招生单位在实行"申请-考核"制博士研究生招生,但教育部很长一段时间都未给予这种招生方式以正式的名分。如教育部《2014年招收攻读博士学位研究生工作管理办法》中,其提到的招生方式包括"普通招考""直接攻博""硕博连读"三种,(注:1984年开始的"提前攻博"招生方式,根据教育部《2010年全国招收攻读博士学位研究生工作管理办法》的规定,实际上并入"硕博连读"招生。② 此后即未有"提前攻博"这种招生形式)并没有提及"申请-考核"制。③ 受此影响,不少招生单位在博士研究生招生简章中,关于"申请-考核"制,用词都比较微妙,如上海交通大学用的是"公开招考(申请入学)",把"申请-考核"制归为"普通招考"一类,只是在后面加括号注明"申请入学"。一直到2017年,"申请-考核"制在部分招生单位试行十年后,才为教育部所正式承认。在《教育部办公厅关于做好2017年招收攻读博士学位研究生工作的通知》中提出,要深化博士研究生招生制度改革,完善"申请-考核"的博士研究生招生选拔机制。对于如何推进完善"申请-考核"制,教育部要求各招生单位根据国家招生政策、自身办学特色、学科特点、培养目标等,制定并公布学术性申请条件、材料审核办法和程序、通过标准和申诉机制等。对于申请材料,应组织导师组和本单位相关学术组织进行认真审核,给出审核意见或成绩。要充分发挥初试(笔试)和复试各自的优势,全面考核考生的能力、素质与知识。要加强对导师的遴选和培训,规范导师在录取中的作用。要集体研究制定科学的录取办法,包括申请材料、初试、复试的权重和具体要求等,提前在本单

① 张凯:《中美博士研究生招生制度发展比较研究》,河南大学2016年硕士学位论文,第26页。

② 教育部:《2010年全国招收攻读博士学位研究生工作管理办法》,https://www.lnzsks.com/lnzkbfiles/2009/2009120404.htm,最后访问日期:2024年7月27日。

③ 教育部:《2010年全国招收攻读博士学位研究生工作管理办法》,https://www.lnzsks.com/lnzkbfiles/2009/2009120404.htm,最后访问日期:2024年7月27日。

位网站向社会公布并严格执行。^① 自此开始,"申请-考核"制开始逐渐成为博士研究生招生的主要形式。但从教育部的表述来看,在形式上"申请-考核"制仍旧属于"普通招考"的一种形式,并不是一种单独的博士研究生招生形式。^②

综上,自20世纪80年代我国开始博士研究生招生开始,先后出现了"普通招考""提前攻博""硕博连读""直接攻博"四种博士研究生招生方式,现在仍在执行的招生方式是"普通招考""硕博连读""直接攻博"三种,其中最主要的招生形式是"普通招考",而"普通招考"的具体形式已经从传统的"初试(笔试)+复试"开始向"申请-考核"制过渡。

二、博士研究生招生的廉政风险节点

如上所述,我国的博士研究生招生的形式虽然曾有四种,但现存只有"普通招考""硕博连读""直接攻博"三种形式,其中最主要的形式是"普通招考",其他几种形式涉及面很小,在"普通招考"形式下实际上存在传统的"初试(笔试)+复试"和"申请-考核"制两种形式,从趋势来说,"申请-考核"制正在取代传统"初试(笔试)+复试"制。

"普通招考"形式下传统的"初试(笔试)+复试"制的博士研究生招生从程序上说,大致分为四个阶段:制定招生政策、初试、复试及录取。在这四个阶段中,都存在一定程度的廉政风险。在招生政策制定阶段,主要廉政风险节点包括招生计划的制订、招生限制条件的制定、招生优惠条件的制定。在初试环节,主要的廉政风险节点有试卷的命制、考试、试卷的批改、成绩的登录和发布。在复试环节主要的风险节点包括复试分数线的划定、复试规则的制定、复试计分。录取阶段的廉政风险节点主要是录取标准的制定。

"普通招考"形式下"申请-考核"制的博士研究生招生从程序上说,也

① 教育部:《2014年招收攻读博士学位研究生工作管理办法》,http://www.moe.gov.cn/srcsite/A15/moe_778/s3114/201403/t20140327_167125.html,最后访问日期:2024年7月27日。

② 教育部办公厅:《关于做好2017年招收攻读博士学位研究生工作的通知》,http://www.moe.gov.cn/srcsite/A15/moe_778/s3114/201704/t20170421_303012.html,最后访问日期:2024年7月27日。

大致分为四个阶段：招生政策的制定、申请、复试及录取。在这四个阶段中，在招生政策制定阶段，主要廉政风险节点包括招生计划的制订、招生限制条件的制定、招生优惠条件的制定。在申请环节，申请资格的制定、资格初审、审核结果的登录和发布。在考核阶段，主要的廉政风险节点包括笔试、面试。录取阶段的廉政风险节点主要是录取标准的制定。

按照教育部的要求，"硕博连读"招生的基本流程是：首先由拟进行硕博连读的硕士研究生在被录取后提出申请，然后经招生单位核准和同专业博士生导师同意后取得硕博连读资格，申请人在完成要求的课程学习并通过资格考核后，最终进入博士研究生阶段的学习。"硕博连读"录取依据是：课程学习情况，资格考核的成绩，思想政治表现，身体健康状况。[①] 故这种招生方式的廉政风险节点包括导师同意、招生单位的核准、课程学习、博士资格考核、思想政治表现、身体健康状况等。

"直接攻博"是指特定学科和专业的本科毕业生直接取得博士研究生入学资格的一种博士研究生招生方式。而按照教育部的要求，"直接攻博"选拔方法由各招生单位按"规范、严格、科学"的原则自行拟定后，报教育部批准即可实行。[②] 故这种招生方式的主要廉政风险节点即是招生单位拟定的选拔办法。

由于"硕博连读"和"直接攻博"是两种很小众的博士研究生招生方式，其涉及的廉政风险也相对较小，故在后面的分析讨论中，这两种招生方式的风险防控将从略。

三、博士研究生招生政策制定环节的廉政风险防控

政策是考试招生的基础，本部分主要探讨对博士研究生招生政策制定的廉政风险防控。

博士研究生招生政策的制定环节，其中隐含的廉政风险主要包括招生

---

① 教育部办公厅：《关于做好 2019 年招收攻读博士学位研究生工作的通知》，https://grawww.nju.edu.cn/14/17/c2707a594967/page.htm，最后访问日期：2024 年 7 月 27 日。

② 教育部高校学生司：《1977-2003 年全国研究生招生工作文件选编》（下册），北京航空航天大学出版社 2004 年版，第 826 页。

计划的制订、招生限制条件的制定、招生优惠条件的制定。要防范招生政策制定阶段的廉政风险,当然必须从这三个方面加强防控。

本节讨论的博士研究生招生计划是指国家和招生单位根据社会经济发展需要及招生单位发展规模、办学条件、专业布局确定的博士研究生招生人数。博士研究生招生计划制订的程序通常是各博士研究生招生二级单位(院、系、所、部等)根据本二级单位的办学条件和专业布局向招生单位上报招生计划,招生单位经过统筹考虑后再向国家教育主管部门上报招生计划,最终由国家教育主管部门下达招生计划。相对来说,这一阶段的廉政风险比较小,因为招生计划的决定权在国家教育主管部门。通常情况下,各招生单位的录取人数一般不超过国家下达的指标数,如果录取过程中确需调整招生规模,由招生单位所在地的省级招生办将调整意见汇总后报国家教育主管部门审批。[①]但并不意味着没有廉政风险,这个环节的廉政风险主要就出在"一般不得超过国家下达的招生规模数"中"一般"二字上。虽然有相关程序要走,但"一般"就意味着可以有"特殊","特殊"就意味着可以为部分人徇私舞弊提供可能,所以要防范博士研究生招生计划的廉政风险,就必须制定细则,加强对"特殊"录取情况的审查和监督,以剔除可能存在的徇私舞弊情况。

在博士研究生招生限制条件方面,各招生单位大体上都是根据国家教育主管部门的要求制定的,基本的要求通常是:拥护中国共产党的领导,遵纪守法。已获硕士学位的人员;入学前取得硕士学位的应届硕士毕业生;获得学士学位后 6 年或 6 年以上,并达到与硕士毕业生同等学力的人员(同等学力考生通常需要提交相应的证明材料)。报考国家计划内考生的年龄不超过 45 周岁,自筹经费和委托培养的考生不限年龄。符合国家和招生单位的体检要求。与报考学科有关的两名正高级职称的专家推荐。[②] 由于这些条件是国家的硬性规定,所以廉政风险也相对较少,但其中硕士毕业生

① 教育部高校学生司:《1977-2003 年全国研究生招生工作文件选编》(下册),北京航空航天大学出版社 2004 年版,第 1029 页。

② 教育部高校学生司:《1977-2003 年全国研究生招生工作文件选编》(下册),北京航空航天大学出版社 2004 年版,第 1029 页。

同等学力的鉴定和身体健康要求两个条件存在廉政风险问题。个别考生由于没有硕士学力，但又想参加博士研究生招生，所以只能以同等学力参加考试，但要达到同等学力要求有一定的难度，所以会出现作假等情况；而在身体健康方面，个别考生的身体条件达不到学校的要求，他们也有可能开具假的身体健康证明。为了防范这两个方面的问题，高校招生部门在制定限制条件的细则时需特别考虑，针对同等学力作假问题，可以考虑通过加强对同等学力材料的审核来解决；而对体检作假问题可以通过集中在招生学校指定的医院集中体检的方式予以解决。

基于各种现实问题的考量，国家教育主管部门在博士研究生招生工作中推出了部分优惠条件，如各种专项计划，现有比较为大众所知的就有"少数民族高层次骨干人才计划""对口支援西部地区高校定向培养研究生计划""援疆博士师资计划""高校思想政治工作骨干在职攻读博士学位专项计划"等专项计划。另破格录取也可以说是一种招生优惠条件。这些优惠条件的制定本是利国利民的好事，但在执行过程中可能会被某些别有用心的人利用，而偏离优惠条件拟定的初衷。在优惠条件执行的过程中最容易出现廉政风险的地方即是身份条件，如"少数民族高层次骨干人才计划"招生中就存在考生假冒少数民族身份的问题，破格录取中存在为某些特殊考生量身制定破格条件的问题。要防止优惠条件被别有用心的人所利用，从而出现廉政风险，最重要的是必须制定严明的政策，并根据政策加强对各类报考人员的身份审查，同时可以通过公示的形式加强群众监督。

从总体上说，高校博士研究招生政策制定环节的廉政风险相对较小，但细部处理不好，也会产生各种廉政风险问题，所以相关的廉政风险防控也不能掉以轻心。

四、高校博士研究生招生考试阶段的廉政风险防控

考试环节是博士研究生招生过程中廉政风险比较高的一个环节，"普通招考"形式的博士研究生招生的考试环节通常由两部分组成，即初试（申请）和复试（考核），本部分主要分析博士研究生招生考试过程中这两部分

的廉政风险防控问题。

在"普通招考"形式下传统的"初试（笔试）+复试"制的博士研究生招生考试的初试环节，国家教育主管部门的基本要求是：初试的笔试科目应包括政治理论、外语（含听力测试）及不少于两门的专业课。应届硕士毕业生和硕士学位获得者可以免试政治理论。此外，各招生单位还可以进行其他必要的考核。试卷由招生单位自行组织评阅。考生如对评卷结果有异议，不得查阅试卷，但可向招生单位提出申请，由该单位进行复查，并将复查结果及时告知考生本人。[①] 各博士研究生招生单位的招生简章基本上沿用了这些要求，但如果具体分析一下初试流程，可以发现试卷的命制、考试、试卷的批改等环节均存在廉政风险。在试卷的命制环节，各博士研究生招生单位通常会让一名或数名博士生导师（外语和政治理论科目有可能不是博士生导师）来命制某一科目的试题，但由于对命题教师的管理比较宽松（不像高考命题教师在命题过程中实行全封闭，一直到科目开科才解封），各招生单位除了让命题教师签订保密协定外，对命题教师的行动生活没有任何限制和约束，而我们知道报考博士研究生的第一步通常就是联系导师，这样个别参与命题的博士生导师完全可能基于某种考量向某些考生泄题。虽然泄题是一种严重违法犯罪行为，但如果考生和博士生导师均不告知外界相关情况，要查处这种违法犯罪行为是很难取得实证的。而在考题命制完成后，从制作试卷到试卷进入考场，这中间也涉及众多环节，这些环节处理不善，也可能造成泄题。在试卷进场后的考试环节，虽然各学校均会制定"考场规则"，但如果规则执行不严，也会出现廉政风险问题，如小抄、抄袭、与工作人员串通等。再有就是评卷环节，博士生招生考试的阅卷环节与命题环节有相似之处，通常由命题教师来批阅试卷，虽然也会采取类似糊名等防舞弊措施，但由于考生数量较少、试题的标准化程度不高，评卷教师基于某种目的，完全可以进行一些违规舞弊操作。要实现上述环节的廉政风险防控，由于试卷命制环节和批阅环节具有相似性，为了降低廉

---

① 教育部高校学生司：《1977—2003 年全国研究生招生工作文件选编》（下册），北京航空航天大学出版社 2004 年版，第 824 页。

政风险，可以考虑聘请水平相当的外单位人员来完成这两个环节，以避免既当"运动员"又当"裁判员"情况的出现。而对于考试环节，除严格执行"考场规则"外，也可以考虑引进高科技设备作为辅助。

对于"普通招考"形式下的"申请-考核"制的博士研究生招生的申请环节，国家教育主管部门只有指导性意见：各招生单位应根据国家招生政策、自身办学特色、学科特点、培养目标等，制定并公布学术性申请条件、材料审核办法和程序、通过标准和申诉机制等。对于申请材料，应组织导师组和本单位相关学术组织进行认真审核，给出审核意见或成绩。[1]因之具体如何申请，完全取决于各招生单位。以南京大学历史学院为例，其申请流程大致为：考生按学院要求提交申请材料，学院收到申请材料后，组织教授考核小组对申请材料进行初审。考核小组就申请者的外语、硕士课程成绩及毕业论文（含评议书）（应届硕士毕业生提交论文开题报告）、科研成果、研究计划及专家推荐意见综合考虑后，每位导师名下择优确定不超出4名（含4名）初审通过者。[2]其他招生单位的申请审核流程大致类似。从审核流程来看，还是比较严密的。但在执行过程中也可能会出现廉政风险，上述审核流程名义上是由考核小组来完成，而博士生导师完全可能是考核小组成员，即或不是，众所周知，中国是一个人情社会，所以审核的关键还是导师的态度，小组成员的意见只会起辅助作用，甚至不起作用。而上述要求综合考虑的内容本身没有严格的标准，所以这样下来导师的标准和态度就大致可以决定审核的结果，如此个别导师就完全可以违规操作。为了防止审核阶段廉政风险的出现，同样可以考虑把这个环节交给同层次的外单位人员来完成，同时可以考虑把审核内容量化，以减少审核的随意性和非规范性，从而保证审核的公平和公正。

在"普通招考"形式下传统的"初试（笔试）+复试"制的博士研究生招生考试的复试环节，国家教育主管部门也只是提出了指导性意见：招生

---

[1] 教育部高校学生司：《1977-2003年全国研究生招生工作文件选编》（下册），北京航空航天大学出版社2004年版，第1038页。

[2] 教育部高校学生司：《1977-2003年全国研究生招生工作文件选编》（下册），北京航空航天大学出版社2004年版，第826页。

单位在自行确定复试的考生名单后应及时书面告知考生复试的时间和地点。招生单位组织的复试小组应当包括导师且不少于三人。复试主要考查考生的综合能力和是否具有博士生培养的潜能。复试要有相关记录和成绩、评语。同等学力考生除正常复试外，还需加试（笔试）两门本专业硕士学位主干课程。① 从时间安排来看，部分招生单位为了节约考生的时间和财务成本，在初试（笔试）完成后马上安排所有的考生进行复试，而另一些招生单位则是在初试（笔试）成绩出来后安排部分上线考生复试。不管是哪一种情况，各招生单位的复试流程基本上都符合按教育主管部门的要求。对于复试的具体安排，虽然各招生单位也会拟定一定的细则，但部分流于形式。如前所述，中国是一个人情社会，复试的成绩基本取决于导师的喜好，复试小组其他成员基本不会参与意见，这种喜好很多时候可以决定最终的录取结果，当然导师如果是基于学术考量给自己喜欢的考生给高分也是完全可以理解的，但这当中也不排除基于其他原因的喜好，这样就变成了复试腐败。为了复试的公平公正，防范廉政风险，笔者认为复试过程中考生应当匿名，同时导师也应当回避，并加强对复试内容的量化。

对于"普通招考"形式下的"申请-考核"制的博士研究生招生的考核环节，国家教育主管部门并未有具体的规定，所以如何考核，基本由各招生单位和它的二级部门决定。仍以南京大学历史学院为例，其细则规定：考核小组一般由不少于五人的本学科副高级以上专业技术职务的专家组成。考核包括初试和复试，初试为笔试，复试为面试，笔试由各专业自行组织笔试，由导师组现场商议命题。面试首先由申请者通过8分钟左右的PPT介绍个人简况、博士阶段研究计划；然后由考核小组以汉语或英语就相关问题提问，考核小组成员就回答情况各自评分，面试得分以平均成绩计。考核内容主要包括申请者的思想品德和政治素质、学术水平、健康状况等。同等学力申请者，除参加学校统一的政治理论考试外，复试还须加试（笔试）两门本专业硕士学位主干课程。初试、复试成绩均以百分

① 教育部办公厅：《关于做好2017年招收攻读博士学位研究生工作的通知》，http://www.moe.gov.cn/srcsite/A15/moe_778/s3114/201704/t20170421_303012.html，最后访问日期：2024年7月27日。

制计。最终成绩包括初试和复试成绩，各占50%。考核结果在历史学院网站和南大BBS小百合网站上公布，并及时通知申请者。①从南京大学历史学院的考核流程来看，从形式上看有点类似于原来"初试（笔试）＋复试"制时代的初试和复试的融合，当然实际上是有所不同的，由于考生规模缩小了，考核阶段初试（笔试）由导师组现场商议命题进行，不再像以前那样事先要命卷、印卷，而如上所述这些环节均面临廉政风险，同时减少了笔试的科目，由传统的三科（两门专业加外语）变为一门专业课；作为复试的面试与传统的复试也有所不同，特别是PPT介绍博士阶段研究计划的出现，一定程度上能考察出考生学术视野和潜力；最终的综合成绩由各占50%的初试和复试成绩构成则与传统类似考试。上述考核流程的设计，由于参与人员更多，且有现场命制笔试试题的要求，这在一定程度上为学术选拔奠定了良好的基础，也在一定程度上减少了本环节的廉政风险。但由于导师仍能参加作为复试的面试，且面试成绩占综合成绩的50%，如果导师有非学术考量，他仍能像传统考试的复试一样违规决定考核结果。为了防范这种廉政风险的出现，仍然可以考虑将整个考核环节交给同层次的外单位人员来完成，或者至少要求导师不能参加报考自己博士生考生的复试。

从高校博士研究生招生的整个流程来看，考试是其中最为核心和关键的环节，其一旦出现腐败行为，将直接影响招生的最终结果，故而必须采取各种措施来强化对本环节的监控和防范。

五、高校博士研究生录取工作的廉政风险防控

录取工作是高校博士研究生招生工作的最后一环，本部分将讨论如何实现对录取工作的廉政风险防控。

在"普通招考"形式下传统的"初试（笔试）＋复试"制的博士研究生招生的录取环节，国家教育主管部门只是提出了总体的要求，以至今仍在

---

① 南京大学历史学院、南京大学国际关系研究院：《2020年博士研究生招生"申请－考核制办法"》，https://history.nju.edu.cn/04/3d/c28498a459837/page.htm，最后访问日期：2024年7月27日。

执行的教育部印发的《2014年招收攻读博士学位研究生工作管理办法》为例，其要求：录取必须坚持"择优录取、保证质量、宁缺毋滥"的原则。录取结果由本单位的招生工作领导小组负责。招生单位要在录取前对拟录取考生的所有报考材料进行复核。拟录取名单由招生单位的院（系、所）等二级部门根据招生计划，结合考生的思想政治素质和品德、申请材料、初试和复试成绩、体检结果等决定，并经报本单位招生工作领导小组审定后予以公示。[①]对于具体怎么执行上述要求，完全取决于各招生单位，而各招生单位一般也只是提出类似的指导性意见，而把决定权下放给各二级招生单位，二级招生单位惯常的做法是把录取名额分配给各个导师，这样博士研究生最终能否被录取很大程度上就取决于导师。如前所述，博士研究生学习阶段是对学术创造性要求很高的一个阶段，由导师来综合考量一名考生的学术潜力并最终决定是否录取。从学术的角度说是没有问题的，但我们并不能排除个别导师有学术考量之外的其他录取考虑因素，我们在博士研究生招生当中时不时会看到初试、复试均第一的考生最终并未被录取的情况，这当中就不排除存在利益交换的情况，而这实际上就是招生腐败，这当然是与法律和各类招生制度相违背的。故此，要避免录取阶段廉政风险的出现，最好把录取的决定权交由有学术决定能力的群体去把握，如由二级单位组织的一个外单位本专业专家教授组成的录取小组等。

由于国家教育主管部门把"申请-考核"制视作"普通招考"形式的一种改革，并不是一种单独的招生形式，因之对于"申请-考核"制下的博士研究生的录取工作并未有具体明确的录取要求和指导意见，各招生单位和二级单位大都是根据国家教育主管部门对于"普通招考"的录取要求制定本单位的录取规则。南京大学历史学院的规定是：根据资格审查和专业笔试、综合口试成绩排名等方面的全面考量，由各专业提出建议录取名单，上报学院招生领导小组。建议录取名单经学院招生领导小

---

① 　教育部高校学生司：《1977–2003年全国研究生招生工作文件选编》（下册），北京航空航天大学出版社2004年版，第826页。

组审核决定后上报校研究生院。经校研究生院审核通过者即为拟录取博士研究生。拟录取博士研究生经网上公示一周无异议，且体检、政审合格并顺利调档者，由校研究生院发出博士研究生录取通知书。①南京大学历史学院的录取规定当中也提到最终的录取是"全面考量"的结果，这也就可能会出现传统"初试（笔试）＋复试"制下录取的弊端，即导师可能会违反录取规定。浙江大学教育学院的录取规则是：思想政治素质和品德考核合格。初审与复试满分均为 100 分，合格分为 60 分，不合格者不予录取。各专业根据考生综合分的排序，在专业录取额定数内确定拟录取名单。考生初审成绩占 30%，复试成绩占 70%。录取综合分＝初审成绩 ×30% ＋复试成绩 ×70%。体检合格，体检不合格者不予录取。拟录取名单及有关复试材料一并报学院，经学院研究生招生工作领导小组审核后报研究生院。②浙江大学教育学院虽然要求"各专业根据考生综合分的排序，在专业录取额定数内确定拟录取名单"，但其中的初审和复试均不排斥导师参加，这又回到导师主导录取结果的老路上来了。要防范这当中的廉政风险，其思路仍然是把录取的决定权交由有学术决定能力的群体去把握。

除上述常规性的博士研究生录取外，在"普通招考"形式下传统的"初试（笔试）＋复试"制的博士研究生的录取还存在一种形式的录取，即破格录取。破格录取是指考生初试成绩（总成绩或单科成绩）低于录取基本要求，但因专业成绩或业务能力相对突出而产生的录取。破格录取的初衷本来是为了不拘一格录取专业能力突出考生而设置。但现实当中由于没有严格的标准，破格录取往往成为某些人谋取不当利益的孔道，要破除这当中可能存在的利益输送，最好的方式就是不再设置破格录取的方式，这也是当下的一种趋势。

录取是博士研究生招生的最好一道关口，只有把好这道关口，整个招生流程才能做到公正和公平，防止招生腐败的出现。

① 南京大学历史学院、南京大学国际关系研究院：《2020 年博士研究生招生"申请－考核制办法"》，https://history.nju.edu.cn/04/3d/c28498a459837/page.htm，最后访问日期：2024 年 7 月 27 日。
② 教育学院研究生招生工作领导小组：《教育学院 2020 年博士"申请－考核招生实施办法"》，http://www.ced.zju.edu.cn/2020/0117/c26973a1957184/page.htm，最后访问日期：2024 年 7 月 27 日。

结 论

博士研究生教育作为我国层级最高的学历教育,在其招生工作中由于招生高校享有很大的自主权(其中导师又在其中扮演着非常重要的角色),故而博士研究生招生的各个环节均存在不同程度的廉政风险,这些廉政风险如果处理不当,将不仅损害博士研究生招生选拔的公平和公正,也将严重影响博士研究生教育的质量。要防范这些廉政风险必须从多个方面着手。

加强制度建设,使招生考试规范化。从试卷印刷、运输到分发、保管,到申请资料的审核,再到复试的考核,各个环节都要制定严密的措施,并严格按照程序操作加强对导师和考生的诚信教育和考试纪律教育,对于考试违纪事件,发现一起严肃处理一起,绝不姑息迁就。

建立责任制和责任追究制度。招生单位的党政主要领导是本单位博士研究生招生考试工作的第一责任人,确保招生工作正常开展、不发生违纪违规问题是他们的应尽职责。如果招生工作中发生违纪、违规问题,则不仅要追究当事人的责任,还要追究主要领导的责任。

实施阳光工程,使招生考试透明化。公开一切可以公开的信息,增强招生工作透明度。主要做到招生政策公开、招生资质公开、招生计划公开、录取信息公开、申诉渠道公开、违规处理公开。

加大监督力度。首先要主动接受纪检监察部门的监督,整个招生录取过程中纪检监察部门都应当参与其中,学校招生组织部门和二级单位应当主动向纪检监察部门汇报工作流程,自觉接受纪检监察组对招生录取各项工作的监督。其次要接受社会监督和考生监督,通过网络公布举报电话,使社会和考生能及时反映违规违纪行为。

我国高校招生权力配置与廉政风险防范研究

白林文[*]

一、高校招生权力配置下廉政风险防范研究的意义

现代政治学认为，权力的实质是一种价值控制，权力的运作过程就是对资源的争夺、占有、控制和分配的过程，权力资源由人员、金钱、知识、职业、社会地位、土地、武力、法律、传统、习俗等元素构成，不同主体拥有的权力差别源自他们各自掌握权力资源的数量及其组合结构形式的不同。高校招生考试制度的权力资源包括招生政策、招生人员、招生计划、科目设置、考试命题、录取标准、招生收费、违规处罚等要素，在不同的历史发展阶段，中央政府、地方政府、高校三者所拥有的高校招生考试权是明显不同的。

中央、地方与高校关系演变历史，1949年至1976年，高校招生考试制度的中央集权阶段；1977年至今，地方与高校获得一定程度的招生自主权且自主权不断增大。[①]实行分权后，中央与地方的权力合理配置却成为一个难题。总体而言，高度的集中统一必定造成地方缺少灵活性、自主性、积极性；而地方主动性高则必定导致规则的统一程度低。任何分权的制度结构都无法完全消除这个权力统一和分散之间的悖论以及可能引发的种种社会问题。随着所获得资源的不断增多，地方政府已不再仅仅是一个纵向依赖的行政组织，已逐渐成为一个具有独立经济利益的经济组织。受到资源来源的限制，地方政府往往把实现地区利益和政府官员利益的最大化作为

---

* 白林文，贵州师范大学廉洁文化研究院（纪检监察研究院）副教授，博士，主要从事历史文献学研究。

① 罗立祝：《中央、地方与高校之间的高校招生考试权力配置研究》，"高校招生与宪法平等"学术研讨会，2009年论文集。

其组织目标。对于如何划分中央与地方的权限，党的十六届三中全会指出，属于全国性跨省的事务由中央政府管理，以保证国家法制统一、政令统一和市场统一；而属于面向本行政区域的地方性事务由地方政府管理，以降低管理成本、提高社会效率；另外，属于中央和地区共同管理的事务，要区别不同情况，明确各自的管理范围，分清主次责任。对于地方政府的利益追求，一方面，在不违背国家公共利益的前提下，中央政府应该承认其合理性，赋予地方政府一定的自主权。另一方面，对于地方政府所无法履行的一些职能，如协调各区域发展的不平衡、调整区域之间的利益冲突、维护民族团结和国家统一等，则必须由中央政府来履行。在实践中，中央政府与地方政府的权力分配不是一种静态的、固定的比例关系，而是随着社会政治经济环境而调整的动态过程。在理论和实践中，权力由中央政府向地方政府分散已经不存在争议，但是对于中央与地方之间如何分权，哪些权力应该属于中央、哪些权力应该属于地方等问题，人们却有着明显分歧。笔者认为，对于中央与地方的权力职能划分，应以组织职能和服务范围作为分权标准，中央负责跨省性的招考事务管理，地方政府负责本区域的招考事务，而高校则负责本校的招考事务。

从现有招考政策来看，教育部的招生管理职责共有六条：（1）领导全国高校招生工作；（2）制定有关招生工作的规章；（3）确定高校招生考试种类，审批各省高校招生考试科目设置方案，以及有关招生改革方案；（4）授权教育部考试中心、有关省级招委和高校组织考试命题工作；（5）指导有关部门、省级教育行政部门和高校编制招生来源计划，将汇总备案的招生来源计划统一分送各省级招生委员会；（6）组织或督促有关部门调查处理招生工作中发生的重大问题；等等。

现有招生政策对省级招生委员会的职责有：（1）执行教育部有关高校招生工作的规章，并结合本地区实际制订必要的补充规定或实施细则；（2）接受教育部委托组织统考试题的命题工作；（3）汇总并公布高校在本省的分专业招生计划和有关招生章程；（4）受行政部门委托调查处理或协助有关部门调查本地区招生工作中发生的重大问题；等等。由于地方政府与中央政府的职能基本上是一致的，并且中央在行政上容易对地方进行控制，因此在分权改革中，中央政府总是把招考权力优先转移给地方政府，而转移给高校的招考权却显得极为有限。对高校而言，无论权力集中在中央政府还是地方政府，结果都是高校缺乏招生自主权。因此，在高校与政府的博弈中，政府总是赢家。笔者认为，未来分权的重点不应该只在政府内部之间进行，而要让高校拥有更多的招生自主权。正如刘海峰教授所言："招生录取方面将来模式或者发展应该是招考问题，应该扩大高校自主权，而不应该放在省市招办或者考试院。"①

高校招生自主是高校招生考试权力配置改革的方向。自主就是不受别人支配实现自己意志的能力。高校作为具有法人地位的独立办学主体，笔者认为一所高校只有拥有了自主决定招生计划和招生标准的权力，才能称得上具有真正意义上的招生自主权。"办学自主权本来就是高等学校与生俱来的权利，是教育规律的客观要求。现在我们常说'放权'，实际上应该是'还权'，即政府主管部门应该把本来属于高等学校的权利还给高等学校。"这包括自主制定招生标准权和自主决定招生计划权。

目前我国高校涉及招生体制的权力种类主要有下面十种：（1）本科生与研究生招生规模决定权；（2）专科生招生规模决定权；（3）普通高校招生规划权分类和分专业招生规模、自主调节比例；（4）民办和成人高校规划权规模、比例；（5）高校特殊生招生决定权保送生、定向生、委培生、特长生和自费生；（6）高校招收外国留学生决定权；（7）学生择校权；（8）国家高考管理权；（9）高校自主招生权；（10）改革招生体制决策权和决定权。

高等院校的自主招生改革已经越来越深入，全国各大高等院校也已经适应了自主招生的运作流程，通过自主招生可以更加明确本校的办学特色，通过招收那些符合办学特色特点的生源，可以更利于高等院校的发展，在竞争日益激烈的高校招生工作中开辟属于自己的天地。但是，在实际的高校自主招生工作中出现了很多问题，主要的原因还是自主招生制度刚刚实行，伴随着自主招生而来的各种问题没有被充分考虑到，针对出现的问题

---

① 刘海峰：《高校招生考试制度改革研究》，经济科学出版社 2010 年版，第 16 页。

没有制定相应的规章制度。自主招生的具体执行中存在很多人为因素,这给那些走后门的人提供了一个机会,对有腐败心理的招生工作者产生了诱惑。在这种情况下,高校的反腐问题也受到了人们的关注。

高校招生权力资源包括招生政策、招生人员、招生计划、科目设置、考试命题、录取标准、招生收费、违规处罚等要素,在不同的历史发展阶段,中央政府、地方政府、高校三者所拥有的高校招生考试权明显不同。而招生权力如何配置决定了高校招生各个环节存在不同的廉政风险,如果处理不当的话则会影响高校招生的公正、公平、公开,从而影响到高校招生的教育质量问题。所以,从高校招生权力配置的角度来探索高校招生廉政风险从而提出防范措施对于高校的招生健康发展有重要的意义。

二、高校招生权力配置存在问题与不足

当前,高考高招过程中存在的腐败现象日益严重,据研究表明,近年来名校生源中来自农村的比例越来越低,农村与城市升学机会不均等,存在明显不公。部分有钱有权之人利用权力和金钱为子女升学铺路,高校招生潜规则触目惊心。随着高校招生扩招,高考的录取率高,但名牌高校和一些热门专业的报考竞争非常激烈。在招生过程中,特别是自主招生高校可以自主设定招生标准、招生流程,特别是面试环节,存在漏洞,不够规范严密,对招生权力也缺乏有力的监督机制,为招生权力运行带来了寻租空间。[①] 这突出表现在,人才评价标准具有很大的"弹性";"点招"和递条子的现象存在,造假舞弊获取保送名额和加分,将赞助费与录取挂钩,通过调剂补录等环节进行暗箱操作。这严重损害了高校招考的公平性,严重影响了普通考生对社会的信任和自主招生的信心。

我国高校招生权力配置情况。当前我国正处在社会转型时期,社会权力结构也处在调整和转变阶段,中央与地方、国家与社会、国家与公民等一系列权力关系都处在不断调整之中。如何进行权力制衡和权力优化配置,尤其是对公权力的配置,一直是政府改革的重要内容之一。社会转型背景

---

① 罗家文:《从行政权力到学术权力:高校招生权的性质走向》,载《学术瞭望》2015年第2期。

下的高校自主招生改革试点，也面临着同一问题。长期计划经济体制下的管理模式在新的改革形势下如何转变，即在多元利益驱动下形成的新型权力结构中如何对各种权力进行制衡，以更好地推动高校自主招生改革的顺利开展，值得我们深思。需要指出的是，高校自主招生的权力制衡包括两个层面：内部的权力配置和外部的权力配置。内部的权力配置主要指对高校自主招生组织管理与实施者权力的配置，外部的权力配置主要指高校与社会政治、经济、文化各领域及其他利益相关者之间的权力配置和权力协调。

高校自主招生内部的权力制衡配置。从中国高校的发展历程来看，中国高等学校从建立初始就在一种以强调政府行为为基础的制度环境中运行。在这种制度背景下，高校办学的主体是国家和教育行政部门，高校隶属于政府，形成了单一的按照行政机构规则行事的运行机制。随着高等教育规模的扩大、职能的拓展以及社会责任的增加，高等学校与政府之间相互依存、相互协调的程度越来越高。事实上，尽管政府与高校的权力关系相当复杂，但两者的基本点是一致的：高等学校是政府倚重的社会力量；政府是高等学校最主要的支持者；高等学校以政府为中介与社会发生各种联系，发挥各种职能。在政府与高校之间的博弈中，高校始终处于弱势地位，政府拥有控制权、主动权。当然，这样的管理模式是适应当时的管理体制的，有其存在的制度环境。但随着计划经济体制的逐步被取代和社会主义市场经济体制的逐步确立，高校自主招生改革也被提上了日程。从表面上看，高校自主招生改革是把原来属于中央、地方各级政府及教育主管部门的权力转移给高校，高校成为大权在握的主宰者。但实际上，这不是简单的权力转移，而是一种职能的重新划分，是政府与高校之间关于招生权归属问题博弈的结果。另外，针对高校自主招生的内部权力归属问题，仅考虑政府与高校是远远不够的，还应考虑政府（组织管理者）、高校（实施者）和社会（监督者、服务者）三者的协调、整合。在市场经济全面渗透社会生活的背景下，高校自主招生已不仅仅限于高校和政府本身，它还成为一种社会活动。政府职能逐渐从直接管理向间接性宏观管理转变，是政府、高校和考生及社会其他方面的权利和义务逐渐明晰的过程，是高校与考生、与社会由间接联系发展为直接联系的过程。

高校自主招生外部的权力制衡配置。从法律角度来看，我国 20 世纪 80 年代以来制定的教育法律、教育行政法规和地方性法规及教育行政规章中，大都涉及扩大和落实高校的自主权问题。由此可见，一系列法律法规的重大改革使政府对高等教育的管理职能发生了很大的变化，高等教育管理体制也从高度的"集权"走向适度的"分权"，高校的办学自主权在逐渐扩大。在高校招生自主权的归属问题上，从各相关法律条文规定看，招生自主权并非高校固有的权力，而是政府给高校的授权。[①] 可见，高校自主招生改革把招生自主权交给高校，其实是一种落实法律规定的行为。但目前，针对高校自主招生的各种权力关系的制衡，尚无相关的法律加以规范，即便是国家在这种改革大背景下的政府职能转变问题，也仍在研究和不断完善之中。这就为如何对高校自主招生外部权力制衡的关系问题带来了一定的困难。这些问题在当前的高校自主招生过程中都是必须考虑的，需要从制度层面对其进行探讨。另外，中国正处在社会转型期。社会转型不仅仅是国民经济体制的转型，而且包括社会结构等各方面的重大调整和改革。这些调整和改革由于直接关涉不同群体的利益，如何通过权力的重新配置以实现利益平衡，达到社会和谐发展，既是当前社会关注的焦点，也是当前改革的着力点。因此，当前也是一个权力重新调整和配置的时代。如同美国的未来学家托夫勒所言，出现"权力变移"。高校自主招生的外部权力制衡关系必然深受其影响。高校自主招生在实施过程中，肯定要与社会发生联系，但这种联系都是通过利益交换来完成的，不会对高校自主招生改革构成控制性因素，是一种平等的、互惠的交往。即使非政府组织通过各种途径影响高校自主招生，也是以政府和高校对自主招生的管理为基础的。换言之，即使是非政府组织与高校自主招生发生关系，也是通过政府和高校的中介而发生作用的。

---

① 王志武：《把高校招生权关进综合评价制度的笼子里——兼论我国高校招生录取综合评价制度建设》，载《中国考试》2013 年第 12 期。

通过调查分析,目前高校招生存在问题有以下几点:

1. 部分招生工作人员素质较低。高校在进行招生工作人员选择时,采取个人申报与主管部门推荐相结合的方式,一般来自学工系统、财务系统、纪委系统、专业教师等。工作人员的选拔往往以"能"的考察为主,而忽视了"德"的考察,使部分道德素质低下的人混入招生队伍,抵御金钱诱惑的能力降低,加大了廉政风险。

2. 缺少完善的信息公开机制。虽自在 2005 年以来,部分高校对年度招生计划、录取时间、录取分数以及录取规则进行了公开;但是在具体的实施过程中,很多高校并没有制定完善的高考招生信息公开机制,大量本应被社会大众知晓的信息被人为地掩盖起来。高考招生缺乏了透明度,考生知情权无法保障,廉政风险也就难以避免。

3. 招生领域监督机制不健全。大部分高校在招生过程中,都成立了招生领导小组,并邀请本校纪律监察部门参与全程监督。但是,招生工作中没有将内部监督和外部监督有机结合起来,即没有邀请社会对招生工作进行监督,没有达成不同利益群体的制衡。

4. 自主招生存在的问题。近些年来,高等教育招生工作的录取制度在不断深化和改革,同时也使得高校的自主招生权利得到扩大,国家允许和鼓励各大高等院校根据高校的办学条件、特色以及对不同人才的需求而进行特殊人才的选拔和招录。但是在高校自主招生过程中,很多高校没有完整的自主招生制度或者体系,对于学生的考核很难做到公正、客观的评价。此外,很多高校在自主招生过程中会存在走后门、托关系的现象,这严重违背了国家规定高校自主招生的标准和准则,也存在严重的高校自主招生廉政风险。很多高校自主招生在确定名额、笔试、面试以及录取等方面存在重要的廉政风险问题。一是分配名额问题。高校自主招生在分配名额问题上存在一定的廉政风险问题,监察部门不能全面参与分配名单以及分配标准,很多高校的自主招生分配制度和流程不完善等。二是笔试问题。在高校自主招生过程中会有笔试环节,而在笔试环节会存在一定的高校自主招生廉政风险,如选择命题的标准、命题专家、阅卷人员等,这些都存在一定的风险问题，如果监察部门没有全面进行监察或者监督制度不健全多会形成廉政风险隐患。三是面试问题。面试阶段是高校自主招生的重要阶段，在高校自主招生这一阶段，面试的考场以及考官都会是高校自主招生廉政风险的重要问题，如果面试考官没有按照流程进行面试，或者考官的评分不客观、不公正都会形成高校自主招生的廉政风险。四是录取问题。录取阶段是高校自主招生风险最高的阶段。高校自主招生录取阶段具有较低的透明度，容易形成较大的廉政风险。

三、目前权力配置下高校招生存在廉政风险原因分析

1. 高校招生权力机制不完善，存在廉政风险。在招生领域，高校公职人员凭借手中的权力资源进行交易现象较普遍，且具有较强的隐蔽性。尤其是高考招生制度的变革使高校招生人员的权力不断扩大，旧的相关体制已不适应当前形势，新的体制尚未建立健全，存在着较大的漏洞，这种制度结构的变化使得招生人员对当前的环境难以适应。特别是面对外界的诱惑，手握权力的招生人员往往经受不住"糖衣炮弹"的袭击，运用手中的权力谋取私利，导致招生腐败现象越来越严重。

2. 主管部门监督的缺位造成招生廉政风险。主管部门普遍认为高校管理者素质高，政治素养过硬，拒腐防腐能力强，对高校领导干部充分信任，因此对高校监督不够重视，也忽视了对高校管理者的有效监督；同时，随着高校办学自主权的扩大，办学经费的来源趋向多元化，不再单一依赖政府拨款，使得主管部门对高校资金的筹措和使用的监管难度加大，对高校的监管仍停留在经费划拨和报表审核等方面，监督机制没有与时俱进，无法进行有效监督。

3. 纪检监察部门的监督有时不到位造成招生廉政风险。高校纪检监察部门作为专门的监督机构，其职能较弱。其原因一是高校对纪检监察部门的工作不太重视，分管纪检监察的工作人员只能被动工作，形同虚设。二是高校监察纪检部门的管理实行的是同级党委领导为主、上级纪检部门业务指导为辅的双重领导模式，其人事任免都掌握在同级党政领导班子手里，

使得纪检部门缺乏独立性和权威性。三是高校纪检监察部门的人员安排一般不会从工作实际出发，导致纪检监察干部的专业能力通常不足。四是监督制度不够健全。尽管在招生过程中，各高校都成立了招生领导小组或是招生监督小组，但是这无异于是自己监督自己，只能靠自身的思想道德修养进行招生行为约束。从制度上讲，我国现实的招生监督制度一方面是缺乏利益相异的第三方的社会监督，另一方面其监督力度大为不足，很多情况下表现为走走过场，有问题出现则有所动作，无问题暴露则无所作为。

4. 权力配置不合理导致招生配额不合理。中国是人口大国，高等教育资源具有极大的稀缺性，尤其是优质的高等教育资源。因此，为了实现公民平等接受高等教育，相关教育行政主管部门在我国高校招生制度中采用了配额制，即将招生名额按照一定标准进行区域上的分配。但现行的分省配额制不能在教育资源短缺的情况下实现公正的比例平等，更不能给因教育发展不平衡而给予照顾的弱势地区和群体实施补偿公正。从现实的社会现象中看，"高考移民就是由这些不合理的配额制度所导致的社会应激表现"。

5. 高校招生信息公开机制还不完善。如果在招生过程中缺乏信息公开机制，就没法将招生过程透明化，各种监督部门就不能有效地对高校招生进行监督，最大限度地维护考生的权益。目前，虽然很多高校招生管理部门已经对年度招生计划、招生专业目录、录取时间、录取分数线及录取规则等进行信息公示，但是由于没有相关信息公开细则，使得信息公开机制不完善，信息阻隔现象时有发生，这样容易使招生信息公开制度变成一种形式，缺乏其本身功能。在现实操作中，容易给高校招生信息公开制度的运作平添几分商业逻辑，使得教育公正逻辑被挤压，而教育权力的商业化寻租则大行其道。

6. 对招生权力划分未完全明确，从而导致廉政风险发生。高校权力对高考招生制度的影响力。高校权力是国家赋予高校的一种公权力，按照权利性质划分通常由政治权力、行政权力、学术权力和其他利益群体的权力构成，而前三种权力是最主要的权力。目前我国高校权力主要由行政权力占主导地位,学术权力、政治权力、其他利益群体权力等则居次要地位。行政权力在高校权力中的主导地位直接决定了其在高考招生和录取过程中的影响力。行政权力是与职位相联系的制度化了的权力。高校中行政权力的主体主要是指行政机构及行政人员。其行政权力的作用方式是通过指示、指令、决议等,自上而下贯彻执行,具有一定的强制性。除强制性外,行政权力还具有统一性、规范性等特征,这些特征共同构成了对高考招生制度的影响,其影响力主要表现为高考招生、录取的招生计划、录取名额都是教育部和各级教育行政主管部门根据国家和社会人才需求统一计划实施的。高考招生考试的时间每年都是全国统一的,高考考试各省的考区和考点都是由各级教育行政主管部门确定的,也是相对固定的。各省高考考试的内容都是按照统一的考试大纲进行命题、有统一的考试科目、使用统一的考试分数作为招生录取的依据和标准。然而,正是由于行政权力在高考招生和录取过程中强制得过严、统一得过死,导致各省必须执行和采用相对统一的标准和模式,这不利于不同类型和不同层次的高校选拔合适的培养对象。

7. 自主招生考试权力扩大导致的招生廉政风险。有些高等院校在自主招生过程中很难辨别考生所提供信息的真伪,更有甚者,负责招生工作的负责人或者考官在利益的驱使下去帮助考生制造虚假的考生信息,如一些特长成果、荣誉称号、参赛事迹等,通过这些造假的信息让考生顺利达到招考条件进而实现被录取的目的。[①]高校自主招生审核问题等自主招生中的各个环节都是高等院校自己需要解决的问题,但是近年来,高校扩招越来越多,招收的学生多,报名的学生更多,而对这些学生的资格审核就变成了一项繁杂的工作。但是,高等院校的招生工作者是有限的,大量的工作会导致在审核过程中出现很多问题,如漏审、判断失误等,更有大量的家长通过审核这个环节进行人为的"操作",让不符合资格的学生顺利通过资格审核。高校自主招生廉政风险问题的产生原因有以下几点:一是高校自主招生权力过大。高校在进行自主招生过程中,既承担着高校自主招生的考试

---

① 樊本富:《权力制衡理论与高校自主招生》,载《江苏高教》2010 年第 1 期。

工作，还承担着高校自主招生的录取工作。高校自主招生的权力过大，使得在高校自主招生的命题、阅卷等环节会出现很大的廉政风险问题。二是不公开、透明的信息。很多的高校自主招生信息及环节都没有公开化和透明化，其中的审核和面试环节是信息和透明度最低的环节，也是最容易发生廉政风险的环节，在这个环节当中容易出现暗箱操作、走后门等廉政问题。三是内、外监督力量薄弱。很多高校在自主招生过程中没有健全和有效的监督机制，高校内部的自主招生监察部门没有履行监督职责，没有严格按照监督流程来执行监督工作。在内部监督失效的情况下，外部监督应该起重要的作用，但是高校自主招生的信息非公开化和非透明化，使得外部监督力量也非常薄弱，缺乏有效的外部监督机制。四是高校不健全和不完善的自主招生流程。很多高校在自主招生流程上存在缺陷和不足，这就给高校自主招生廉政问题提供了契机，容易产生廉政风险问题。

四、对高校招生权力配置的廉政风险防范对策与建议

完善高校招生权力科学配置方法，准确厘清高校招生权力使用界限，有效监督高校权力行使过程，大力提高高校招生权力运行效率，是深入开展高校招生反腐败斗争、坚决斩断腐败之根、彻底消灭腐败现象的重中之重。

1.进一步强化高校招生权力构建法定化。不论是从教育法学理论还是教育立法的实践来看，高校是享有一定的招生自主权的，无疑，这种招生自主权兼具公权和私权的双重特点，是一种受到限制的权力。1998年，全国人大通过的《中华人民共和国高等教育法》明确提出了赋予高等学校七个方面的办学自主权，其中就包括招生权。根据最新教育部文件的规定，高校自主招生权主要包括：一是在招生计划5%的范围内确定分省来源计划；二是结合学校办学特色及培养要求，设置招生专业和报名条件；三是决定考核方式和内容，在统一高考的基础上，选择决定通过材料评审、笔试、综合面试、专业面试或综合评价考核方式及其具体考核试题的命制；四是在达到考生所在省（区、市）有关高校同批次同科类录取控制分数线的基础上，自主决定录取标准，考生可享受多大的优惠分值以及录取到何种专业。

因此，依据法律法规的授权，高等学校在招生中享有一定的自主权，但这种权限也应受到法律法规的约束和国家教育管理权的限制。根据《国务院办公厅关于印发教育部主要职责内设机构和人员编制规定的通知》，教育部高校学生司承担各类高等教育的招生考试和学生学籍管理工作。高等学校有义务接受政府主管部门对学校教育教学工作的指导，政府必须负有监督学校遵守国家法律、法规的责任。

2.优化高校招生权力结构配置。根据17、18世纪英国哲学家洛克和法国启蒙思想家孟德斯鸠提出的权力制衡理论，为防止滥用权力，必须通过权力制约权力，通过分权实现权力各部门之间的相互制约，达到制衡。我们看到，自主招生领域出现问题，很多是源于权力太过集中造成的，个别学校招生被招办主任、分管校长"把持"。学校招生决策机构形同虚设，往往只是象征性地走程序。要着力解决行政权力过大的问题：一是解决决策机构的"代表性"的问题，学校考试招生工作委员会应当吸纳学术委员会负责人、教代会代表等人参加，明确其决策机构的职能定位。学校招办作为学校招生委员会的办事机构，负责招委会决策的组织和贯彻落实，属于决策执行机构。二是学术事项去"行政化"。涉及学术选拔评价的权力应重心下移，注重发挥学科专家的作用。成立院系考试招生工作委员会，负责选拔标准制定、学生专业素质考核和综合素质评价等事项。三是增强监督的力量和力度。成立考试招生监督小组，对校、院考试招生委员会的决策及考试招生工作的组织、执行工作进行"全员、全过程、全方位"监督；可以考虑赋予纪委书记"一票否决权"，考试招生委员会形成拟录名单之后，由纪委书记签字后上报省招办。注重发挥复查制度的"事后"监督作用，利用好"学籍"注册这一政策"防线"，对于在抽查和复核中不达标或通过"点招"等途径违规录取的学生，一律不予学籍注册。形成监督权对决策权、执行权的有效牵制和制衡。四是增强自主招生权运行正当程序。正当程序的缺位是腐败滋生、发展、蔓延的重要原因。要把自主招生简章、考生资格名单等重大事项列入"三重一大"集体决策范畴，按照"三重一大"集体决策规则和程序进行集体决策，增强决策民主化和规范化。要建立健全招生权力运行程序规则,建立健全考试安全保密、利益冲突回避、校内执法监察、重要事项报告、招办主任定期轮岗、新生入学抽查复核、信息公开、廉政风险防控等制度程序控制,推进招生录取工作的科学性、廉洁性、安全性和公平性。五是着眼全方位监督制约。对教育行政部门、招生机构、学校、考录人员、学生等参与招生的各个主体,报名、考试、录取各个阶段,保密、考务、诚信、公开各个环节,可能出现的违规行为,进行全面梳理和界定;同时,强调了对包括自主招生在内的特殊类型招生的监督制约,将出台违反国家规定的报考条件,或者录取不具备条件的考生界定为违规行为。

3.规范扩大高校自主招生的权力。需要将"以权力制约权力"、"以权利制约权力"和"以社会制约权力"三种权力制衡理论综合起来。通过建立高校自主招生内部权力制衡和外部权力制衡机制,把权力运行过程控制在有效的监督制约之下,促使高校自主招生权在规定的轨道和范围内公正而积极地行使。一是政府从过去的控制模式转向监督模式。鉴于中国强调政府控制高等教育的传统,改革的重心应当落在权力的下放、角色的定位和职能的转变上。就高校自主招生改革来说,我们不是讨论政府要不要涉足改革,而是政府如何把握对高校自主招生控制的分寸。政府应站在高校和社会(市场)背后扮演监督者和服务者的角色,从政府控制模式向政府监督模式转变。这种转变并不意味着政府丧失其对高校自主招生的调控,而是在更高的层次上加强立法和监督的权力。政府在给予高校更多招生自主权的同时,要求其提高自主招生的效率和效益,并且通过制度化的评价和监督体系保证高校自主招生的健康实施。二是高校应当努力完善自主招生体制改革。高校拥有招生自主权,既是建立社会主义市场经济体制的必然要求,也是符合高等教育自身发展规律的。正如美国学者赫钦斯所言,失去了自治,高等教育就失去了精华。高校自主招生改革在社会主义市场经济的运行模式下,要求政府与高校之间的关系,从简单的上下级行政隶属关系转变为产权和职能明晰的举办者和经营者的关系,从以计划为约束的直接联系转变为以市场为导向的间接联系。高校根据社会政治、经济、文化、教育的特点和要求,努力探索符合中国国情的自主招生模式,不断完善招生程序、评价手段、选拔标准等，在政府的"必要控制"范围内，灵活机动地推进自主招生改革。招生管理给高校以充分自主权，随着高校逐步成为相对独立的市场主体以及大学毕业生就业的市场化，高校将会更加注重选择有利于实现高校功能和市场需要的新生。给高校以充分自主的招生权限，创造一种申请者寻找合适自己的大学、大学选择适合它的学生的高校新生录取管理机制。招考服务社会化运作。高校招生是规模最大的一种人才选拔活动，每年国家社会家庭都要花费巨大的人、财、物于这一活动，如何实现高校招生活动效益最大化，是我国高校招生管理体制改革必须研究的问题。实行招考分离，建立专门的服务机构主持高校招生事宜，为招生院校和考生提供全方位的社会化服务，并切实加强国家各级招生管理部门对高校招生的监督指导。这样，既能有效地改善招生服务质量，促进招生活动价值最大化，也有利于招考工作互相监督相互制衡，确保招考公平。

4. 在政府与高校权力分配中充分利用社会这个缓冲地带。就高校自主招生来说，政府与高校之间的关系并非单向的，它们之间还横亘着社会（主要是市场与"第三部门"）这一角色。[①] 从本质上来说，市场强调竞争和利益，"第三部门"则力图促进合作和维系公平公正。因此，对于高校自主招生中政府与高校权力分配的探讨，不能仅仅局限于两者之间，而应看到整个社会格局和教育大环境的变化，在政府、社会与高校之间的多重交叉关系中展开探索。对于高校招生自主权，政府与高校之间一直存在着矛盾，相对独立且具有良好沟通功能的"第三方要素"可以协调高校自主招生的多方利益群体，中介组织应运而生。中介组织处在独立于政府和高校之外的中间位置，起着一种"缓冲器"的作用。一方面，它是高校的代言人，帮助高校提出对政府的要求。援引美国学者伯顿·克拉克的话："这个缓冲机构'了解高校'，'同情它们的需要'，并为它们向政府讲话。"另一方面，它又是政府的助手，帮助政府将适当形式的责任施加给高校。由于我国还缺乏有关社会中介组织的经验，可能会面临这样的困境：囿于传统的惯性，政府或高校不习惯社会中介组织的介入而产生排斥情绪或行为，或者社会中

---

① 耿刚：《当前高校招生制度中的中央与地方关系研究》，载《常熟理工学院学报》2010年第24期。

介组织在实际运行过程中偏向政府一端而形同虚设。因此,社会中介组织要有效地发挥作用,必须具备中立性、自律性和多元参与性等特点。

5.建立健全的高校招生制度,杜绝廉政风险的随意发生。一是制定严格、科学、合理、公正的招生配额制度。我国高校招生在配额上存在的地域差别,在一定程度上损害了教育公平。因此,要在招生过程中实现地域平等和教育公正,就应当根据比例平等原则和补偿原则明确规定大学入学配额的地域标准、种类、各标准之间权重以及录取的顺序等细则。在配额制定上,不设定机动指标,确保配额制度的刚性,减少以往出现的弊端。二是建立完善的高考制度。高校招生制度及政策对基础教育的导向作用是不容忽视的,公正合理的招生制度可以引导基础教育走上良性发展道路。我国现行的高考制度是高度统一和集中的,整个录取过程也基本是以高考分数作为唯一标准。其他诸如心理素质、社会活动能力、发明创新等因素很少考虑,并且高考本身也很难对这些因素进行合理公正的评价,这就影响了尊重个性的全面发展和尊重共性的个性化发展的辩证关系。因此,针对学生基本素质的个性化差别而制定统一考试和多元化招生考试相结合的多元评价体系是我国高考改革的必然路径。采用以统一考试为参考,高校根据自身的办学特点和专业特点,制定一个多元可行的公正的评价方案,对学生的高中选课内容、会考成绩、社会实践、特长、论文写作、推荐信及面试情况进行综合评价,去除原先那种"唯知识考核"的取向。这种在高考考试设置和录取过程中,既重视学生对基本知识掌握程度的考察,同时又重视学生对所学知识的应用能力和社会实践等非智力因素的考察,才能为高校选拔到高质量的生源。三是规范高校招生自主权。自主招生这一做法使高校在多样性选拔人才上拥有更多的自主权,在一定程度上适应了社会主义市场经济的需要,扩大了高校的办学自主权,使高校真正成为独立办学的法人实体。同时对提高学生整体素质,推动学生素质教育方面起着一定的积极作用。自主招生容易在监管上形成盲点,出现自主权滥用的情况。所以应进一步规范自主招生工作程序,结合学校实际制定相应的实施方案。并将招收信息向社会公布,实现最大限度地将自主招生透明化,从招生计划,招生过程到结果的完全透明,根除"潜规则"的生存土壤。在进行自主招生权力规制时,规制措施一定要具体,赋予规制措施强大的刚性,防止弹性操作。

6.完善高校招生监督制度,防范廉政风险的发生。针对现实高校招生监督制度不健全,监督惩罚力度不够的现象,必须从制度上对高校招生监督制度的监督范围,监督内容进行严格细致具体化的界定,明确监督内容和监督程序,加大惩罚力度。首先,根据《普通高等学校招生暂行条例》和《普通高等学校招生管理处罚暂行规定》等相关法律法规及政策性文件,对招生的目的、过程、实施程序等进行科学的细化,摒除抽象化的原则性规定,制定科学的、充分细化的、具有可操作性的制度规定。同时,对相关违反规定的处罚办法细则进行具体化规定,将监督的内容严格细化到招生工作的所有相关细则,使监督的范围和内容充分细化、明确,实现监督程序法制化。其次,整合社会监督、校内监督的力量,使所有监督程序、范围、内容公开化,为全社会建立一个完整高效的监督平台。最后,统一监督处罚的治权,改变以往那样所谓的"进行适度、有力的党内、校内,甚至是法律上的制裁"模棱两可的弹性惩处方式,做到将监督惩罚事权归于一隅,防止政出多门的弹性空间。

7.建立健全高校招生信息公开制度。随着教育部"阳光平台"的建立,各高校也都有了自己的信息公开平台,相关考生和家长可以通过平台了解自己所需的信息。但是高校招生信息的及时性、有效性和充分性还远远不够。由于信息公开的拖延,信息公布的时间差为滋生不公正留下了空间,增加了监督的难度。为了弥补这些不足,相关教育行政主管部门和各高校应该依托现在高度发达的网络技术和各地方的权威媒体,对招生信息进行及时、有效、充分地发布。信息公布除了涉及相关机密和隐私外,其余均须如实公布。具体包括招生的具体配额数目、专业、考试标准、考试安排、成绩发布、考生补偿权利状况、各高校的基本情况、录取时的提档程序、资格审查程序、通知书的发放程序、录取结果等都必须及时、有效、充分地通过上述手段让考生知晓。这样,从考试、录取都透明化地呈现于社会公众面前,防止暗箱操作。在具体落实形式上,高校可以设立咨询接待制度,通过网络或现场进行答疑,提供咨询。然后高校将录取学生的信息进行公示,接受相关人员的审查。同时,建立高校招生信息获取权的救济机制,使考生和公众可以通过司法审查程序自觉维护自己的信息获得权,以对高校招生权进行有效的监督和制约。

8.借鉴外国高校招生权力配置,提高招生廉洁度。依法治招,权责分明,如可借鉴美国高校自主招生的经验,正确处理国家、地方招办、考试机构、高校考生之间的关系。适应我国高等教育大众化进程的需求。建立高校招生管理的法人治理制度,高等教育大众化扩大了高校招生规模,拓宽了高等教育的入口,要求不同类型不同层次不同培养模式的高校选拔人才的招生制度与之相适应,高校招生权力下放成必然趋势,招生录取的自主权扩大后,高校选拔录取的管理工作就显得尤其重要。依法行政、依法治招是深化高校招生管理制度改革的核心,要尽快建立和完善各项规章制度。进一步明确政府、高校和考生三者之间的权利与责任,逐步形成高校自主招生自我约束,地方招办监督服务国家的宏观调控的管理体制。可以采取招生录取模式多元化从而杜绝权力的集中配置情形。美国高校的入学考试与录取是基于现代意义上的教育评价,注重从多个角度发现考生的优势与发展潜能,每所大学都有自己特定的入学条件和要求,重视学生的综合素质。相比之下,我国的高考评价录取客观上偏重于引导学生掌握死板的书本知识。因此,我国高校招生当务之急是要改革单一的评价模式探索并建立有助于反映学生综合素质和个性特长的多元评价录取系统,构建综合评价体系的指导思想是以内容改革为核心。明晰综合考核考生素质的标准。坚持考试形式的改革,录取标准上,高校在以文化考核为依据的基础上应增加面试口试实验测试等考试方式,采用多元化综合化的录取标准,从而考查学生的综合学习素质。除此之外,高校在录取时应考查学生的中学学习情况和各方面表现。使考试成绩与平时的表现结合起来进行综合考察,全面评价学生的学习性向和未来发展的潜力。这样既有利于高校多角度地考察考生的素质和能力,自主灵活地选拔新生,避免录取标准的单一性,又能从根本上促进基础教育的健康发展,并使不同类型层次的高校创特色专业、育特色人才、办特色学校。

9. 实行考试与招生工作分离制度。目前，高校的自主招生权力过于集中，为了能够防范高校自主招生过程中产生的廉政问题，就要将高校的自主招生权力和考试权力分别开来，高校自主招生的考试工作可以委托专业的考试机构代为管理，而高校自主招生中的招生录取则由高校自主进行，这样将高校的考试部门与招生部门进行严格的区分和分离，能够有效制衡高校自主招生的权力，降低高校自主招生的廉政风险。自主招生考试中学生与考官的"双盲"分离。"双盲"分离制度是指在进行面试时考生与考官采用平行分组的方式进行，将考官随机分为几个小组，再将考生随机分为同等数量的小组，再由每一个考生小组出一名代表随机抽取对本小组进行面试的考官小组。在这样"双盲"的考试方式下，考官不知道将要对谁进行面试，而考生也不知道所要面对的考官，这样就避免了在面试过程中出现的"走后门"现象。

10. 让社会参与到高校招生监督中来。当前高等院校自主招生工作中所采取的监督制度是高等院校内部监督，也就是由高校内部员工组成的监督机构对本校的招生工作进行监督，但这很容易产生一个问题，就是在高校自我利益最大化与监督体制矛盾时，高校内部的监督体制必须服务于高校的整体利益，这就会出现监督机构失效的情况。因此，将社会监督引入高校自主招生中来可以完善监督体制，这也是中央在完善各个方面监督体制举措中所采取的一种更为有效的方法。通过社会监督帮助自主招生工作者更好地行使权力，更好地为高校招到质量更好的生源。

11. 促进高校自主招生信息公开化和透明化。公开化和透明化是做好高校自主招生监督工作的重要环节。高校的自主招生工作要做到有效的监督就必须做到自主招生工作的透明化和公开化。而高校在自主招生工作开展过程中很难做到信息的公开化和透明化，因此，高校在自主招生时就要将公示制度完善好，要将高校自主招生的各个流程结果进行对外公示，接受内部监督的同时还要接受外部的监督。这样双管齐下，做好高校自主招生廉政风险防范管理工作，促进高校自主招生工作更加公开化和透明化，促进高校自主招生工作有效开展。[①]在我国近几年的反腐工作中,公开工作信息是采用最多也是最有效的一种方法,高等院校自主招生也应该及时公开相关的信息,让更多的人通过公开的信息进行监督。我国很多高等院校也开始逐渐采取这种方式,不管是招生计划、要求、程序、决策等都进行了公开,的确降低了腐败的风险。

12. 建立健全内、外部监督机制。监督是促进高校自主招生廉政风险防范管理水平的有效途径。而高校现有的自主招生监督机制不健全,不能够有效监督到高校自主招生的每个环节。因此,高校自主招生部门要建立和完善自主招生内部监督机制或者体系,做好自我监督工作,对高校自主生的每个环节都要进行严格的监督和把关,切勿出现廉政风险问题。在外部来看,高校的自主招生需要外部力量以及社会力量的监督,这样能够弥补高校在自主招生过程中存在的内部监督失效的问题。高校自主招生的内部监督与外部监督机制建立健全,从而提高防范高校自主招生廉政风险的水平。

13. 建立健全高校自主招生的标准流程。高校自主招生的标准流程就是审核资格、笔试、面试、录取这四个环节。一是资格审核环节。在这四个环节中要对资格审核的标准进行统一和规范,切勿出现人为因素导致的不公平现象。二是在高校自主招生的笔试环节要对出题的标准和专家以及批卷的人员进行严格的把控,可实行招生与考试分离制度,由高校进行自主招生的录取工作,而考试工作则委托给专业的考试机构进行严格的管理即可。三是高校自主招生的面试环节,对于高校自主招生的面试工作,考场、考官以及面试题目都要进行严格的把控,要实行双隔离原则,即人员隔离和信息隔离,切勿出现面试问题、面试考官等内容外泄,诱发高校自主招生廉政风险问题。四是高校自主招生的录取工作,在录取工作开展过程中,要建立多方参与的录取机制,让老师、纪委以及校领导等参与到高校自主招生的录取工作当中来,在互相监督的过程中完成高校自主招生的录取工作,并将高校自主招生的录取结果对外公示,接受社会大众的监督与评价。

---

① 张瑜:《改革背景下的公立高校自主招生权之法治规制》,载《国家教育行政学院学报》2015 年第 10 期。